理解

·

现实

·

困惑

轻度
PSYCHOLOGY

The Psychology of Internet Addiction

开卷测试

阅读本书前，请完成以下量表

（相关结论可见本书第十四章拓展阅读部分）

健康网络使用程度量表

陈　述	评分等级				
	1	2	3	4	5
当我上网时,我喜欢专注在重要的事情上	1	2	3	4	5
当我上网工作或学习时,我喜欢制订计划并按计划执行	1	2	3	4	5
当我有工作、学习或人际关系等现实问题需要网上解决时,我喜欢立即着手解决	1	2	3	4	5
我上网主要是为了获取与工作或学业有关的信息或知识	1	2	3	4	5
我上网主要是为了获取对自身发展有帮助的信息或知识	1	2	3	4	5
我上网主要是为了获取专业领域的知识	1	2	3	4	5
当我使用网络工作或学习的时候,网络游戏、有趣的网站或视频等网络娱乐不会让我分心	1	2	3	4	5
我花费在网络娱乐(网络游戏、有趣的网站或视频等)上的时间是合理的	1	2	3	4	5
即使我想玩网络游戏或看有趣的视频,我也能先完成应该做的事情再娱乐	1	2	3	4	5
网络使用增进了我与家人的感情	1	2	3	4	5
网络使用增进了我与现实生活中好友的关系	1	2	3	4	5
网络使用提升了我的学业或专业能力	1	2	3	4	5
网络使用改善了我的学业或工作表现	1	2	3	4	5

1=非常不同意, 2=比较不同意, 3=不清楚, 4=比较同意, 5=非常同意

（资料来源：艾铭，汪燕，2018）

The Psychology
of Internet Addiction

"瘾"以为戒

网络成瘾背后的心理学

刘勤学 / 著

中国纺织出版社有限公司

内 容 提 要

我们为何会沉迷网络，欲罢不能？当网络使用突破自控边界，我们应该怎么办？网瘾戒断到底是一门生意，还是一门科学？网络成瘾心理学家深耕青少年网络成瘾问题研究十余年，从4个理论视角全面介绍网络成瘾是如何定义、如何形成的。详析4种网络成瘾类型：网络游戏成瘾、网络关系成瘾、网络信息成瘾、网络色情成瘾。为关注网络成瘾主题的家长、教育工作者和研究者提供测评、干预和治疗的具体建议与方案。

图书在版编目（CIP）数据

"瘾"以为戒：网络成瘾背后的心理学 / 刘勤学著
. -- 北京：中国纺织出版社有限公司 , 2022.10
ISBN 978-7-5180-9066-2

Ⅰ. ①瘾… Ⅱ. ①刘… Ⅲ. ①互联网络—病态心理学—研究 Ⅳ. ①C913.5 ②B846

中国版本图书馆 CIP 数据核字 (2021) 第 217817 号

责任编辑：关雪菁 朱安润 责任校对：高 涵
责任印制：王艳丽

中国纺织出版社有限公司出版发行
地址：北京市朝阳区百子湾东里 A407 号楼 邮政编码：100124
销售电话：010—67004422 传真：010—87155801
http://www.c-textilep.com
中国纺织出版社天猫旗舰店
官方微博 http://weibo.com/2119887771
北京华联印刷有限公司印刷 各地新华书店经销
2022 年 10 月第 1 版第 1 次印刷
开本：787×1092 1/16 印张：16.5
字数：314 千字 定价：88.00 元

前　言

网络时代，"网络成瘾"似乎是一个时髦的话题。身在学术圈，我也经常会碰到同行调侃自己是网络成瘾者。在这个随时随地网络互联的时代，我们的确无法脱离网络而生活，对网络产生依赖，也是再正常不过的事情。但是，如果我们上网查一查"网络成瘾"，你会发现，网络成瘾在媒体、大众尤其是为人父母者眼中，已然是洪水猛兽。这个问题催生出一系列匪夷所思的所谓"治疗方法"。从广受质疑的电击疗法、没有科学依据的"网瘾戒除营"到各式各样以控制身体和体罚为主要形式的封闭式干预，网络成瘾在学术圈之外成了一个可以让商家盈利、让大众害怕的"网络怪兽"。基于这样的商业目的，很多关于网络成瘾的宣传也往往偏离了其内在事实和本质。每每看到如此，我就深感一个研究者的责任，不仅在于关注自己的研究进展，还要注意开展相关的科普宣传，让科学研究离大众更近。这是我写本书的初衷之一。

从 2006 年至今，我关注网络成瘾并从事相关研究已经有 15 个年头，在这期间，从最开始的对问题的好奇、对现状的担忧，到现在的因为理解而相对平和的心态，我发现自己和这个领域的发展一样，也在不断成长。由于网络成瘾与赌博成瘾行为表现的相似性，早期研究者直接借鉴了赌博成瘾的筛查和诊断指标，对网络成瘾行为进行界定和筛查，之后不断有研究者针对这一命名的恰当性和行为本质是否具有病理性提出质疑，不断有研究者提出意义类似但是本质内涵相异的术语，如病理性网络使用行为、强迫性网络使用、网络依赖行为等，尝试从不同视角对这一问题进行深入探讨。但由于"网络成瘾"这一名词简单易懂且被大众熟知，该术语已经被接纳成描述这一问题行为的普遍术语。2012 年，网络游戏成瘾更是被《精神障碍诊断与统计手册(第五版)》(DSM-V)收录为成瘾亚类，这似乎意味着关于"网络成瘾是否属于成瘾"的争论暂时得到了一个答案。然而，网络使用内容丰富多样，网络使用行为亦因个体差异而千差万别。网络成瘾的亚类，如网络信息成瘾、网络关系成瘾、网络色情成瘾和网络游戏成瘾等行为，呈现出了不尽一致的行为模式和表现特征。因此，对网络成瘾来说，其一般性的影响机制是什么？有哪些科学的干预方法？是否因为其属于不同亚类而有不同的行为和干预方式？能否提前预防？这些都是本书将要探讨的问题。

除此之外，本书亦尝试让不同的读者都能够找到自己想要的答案。例如，对于关心孩子是否网络成瘾的家长，本书能够帮助其了解何谓网络成瘾、如何判别孩子是否是网络成瘾以及可以从哪些方面进行一些家庭内的预防和干预；对于学校教育工作者，本书可以帮助其从学校系统层面、个体特征层面对学生进行预防和筛查，并可以参考相关的干预方法开展预防性干预和治疗性干预；对于相关领域的研究者和心理学领域的学生，本书则试图尽可能翔实丰富地介绍相关科研进展和研究数据，以辅助其进一步的学术探索。

此书是我们秉着严谨认真的态度对网络成瘾领域的一个整体梳理，涉及该领域已有的理论基础、测量方式、影响因素、干预方式、亚类特征等多个方面。在成书过程中，我们已经尽量对该领域的研究成果进行了全面的搜索整理和严谨的筛选，但是由于时间、精力有限，可能未能详尽列数该领域的研究成果，如有疏漏之处，非常欢迎同行和读者朋友们批评指正。

在撰写本书的过程中，我要感谢我的学生们提供的所有协助，感谢我的研究生丁子恩、辛璐、张荃、宋雪、孙丽君、刘晓丽、胡雨檬、曾丽芳、蒋欣玥、吴佳荫、黎霁辉、刘佩鑫以及我组内的本科生吕娜、朱硕、原佳莹、邹彩玲、张玲玲、胡琼、黄晶菁、陈罗康卉、潘悦、高小也、刘星、浦克涵在资料整理、初稿写作和文字校对等方面的协助。

最后，由于作者的时间、精力和学识有限，在对已有研究结果的整理和论述中存在的疏漏和不足之处，恳请广大读者朋友们不吝指教。

刘勤学

2021 年 7 月 22 日

目　录

Part Ⅱ
第二部分　网络成瘾的影响与形成

Part Ⅲ
第三部分　网络成瘾的类型

Part I | 第一部分

什么是网络成瘾

第一章

网络时代的变革

开脑思考

1. 互联网作为人类文明的产物，全面而深刻地影响了人类的思想和行为。追根溯源，互联网是在什么背景下出现的？它又是如何一步步进入千家万户的？

2. 随着互联网使用门槛的降低，互联网用户群体变得越来越庞大。网络时代的到来究竟为人类的社会带来了怎样的变化？如何理解网络空间对人的行为的改变？

3. 网络空间作为新的社会环境和心理环境，到底是一个虚拟世界，还是一个真实世界？网络空间又与现实世界有何不同？《头号玩家》中的世界离我们还遥远吗？

关键术语

互联网，网络社会，网络空间，网络文明，三度影响力原则，网络人际互动，网络心理特征，网络新行为

1776 年 3 月，瓦特制造的第一台实用性蒸汽机在英国波罗姆菲尔德煤矿点火，照亮了人类生活的一个新时代。20 世纪中期，人类发明创造的舞台上，降临了一个不同凡响的新事物，众多学者认为这是另一项可以与蒸汽机相提并论的伟大发明，这项可能创生新时代的事物，叫作互联网。曼纽尔·卡斯特尔（Manuel Castells）认为，正如工业组织的形式是工业社会内贯穿一切的形式一样，网络的形式将成为贯穿一切事物的形式。❶

---

❶ 本章部分内容来自纪录片《互联网时代》。

第一节　网络的诞生与起飞

今天的互联网是一个广泛的信息基础设施，它通常被称为国家（全球或银河系）信息基础设施的初始原型。互联网不仅深刻影响了计算机通信技术领域的发展，也影响着人们的工作与生活。人们开始越来越多地使用互联网完成电子商务、信息获取和社区运作等领域的任务（Novick et al.，2009）。互联网的发展意味着在人类信息交流的世界里，处于特权地位的中心被解构了，每一个普通的个人与每一个恢宏的机构，划时代地拥有了平等的地位。

回顾伊始，那是 20 世纪 60 年代末，互联网这个庞然大物才刚刚诞生。

一、互联网的起源

1957 年 10 月，苏联向太空发射了人类第一颗轨道卫星。两个月后，时任美国总统的德怀特·戴维·艾森豪威尔（Dwight David Eisenhower）在演讲中表达了对本国国防科技的担忧。1966 年春，罗伯特·泰勒（Robert Taylor）提出由高等研究计划局（Advanced Research Projects Agency，ARPA）出面，构建一个小型的实验网络，称之为 ARPAnet。

1970 年 12 月，ARPA 研发了网络控制协议（Network Control Protocol，NCP）。NCP 的主要功能是建立连接和释放连接。NCP 操作包括从发送主机到接收主机的存储和转发消息。当一个主机发送一条消息后，它被禁止发送另一条消息，直到收到下一条信息的请求。这一系列的请求形成了一个连接，连接将发送主机和接收主机之间的两个进程连接起来。

最初的 ARPAnet 只将 4 所大学的 4 台主机设立为它的节点，一年后，节点扩大到 15 个。1973 年，ARPAnet 跨越大西洋，利用卫星技术，与英国、挪威实现连接，开始了世界范围的登录。

　　人类科学技术的全面发展，为互联网的出现提供了充足的条件。但是由于地区差异，人类并没有做好迎接互联网的心理准备。不同的国家、不同的领域，甚至一个国家内不同的地区，出现了很多被称为"科研网""校园网""法国网"的网络，画地为牢的"小圈子"一个个出现。在让这些说着不同语言、遵循着不同戒条的邦国敞开门扉、互相接纳、形成统一网络的过程中，如何解决电子设备规范连入、数据传输共同标准问题等显得尤为重要。1973 年 5 月 22 日，罗伯特·梅特卡夫（Robert Metcalfe）提出了"以太网"的概念。次年，温顿·瑟夫（Vinton G. Cerf）和罗伯特·埃利奥特·卡恩（Robert Elliot Kahn）推出了 TCP/IP 协议（Transmission Control Protocol/Internet Protocol）❶，加快了进程消息的传递和接收速度。IP 地址可以让用户在全球互联网中联系任何一台想要联系的计算机，实现不同的网络、不同网络上的不同计算机一起工作。

　　1983 年 1 月 1 日，TCP/IP 成为人类至今共同遵循的网络传输控制协议。同年，原本意义的 ARPAnet 退出历史舞台，并改名为"互联网"。

二、互联网的演变与崛起

　　互联网出现了，但是人类已经创造的关于文字、声音、图像的不同文本，在电脑硬盘的底层深处，依然是无法沟通的不同符号世界。

　　1989 年，供职于日内瓦欧洲核子研究组织总部的伯纳斯·李（Berners Lee）发现，人们一般都能接触并使用电脑，但是每台电脑的系统各不相同，因此他认为应该存在一个假想的、虚拟的空间，使不同的系统能够交换数据。

　　1991 年，伯纳斯·李和他的同伴带来了超文本传输协议（Hyper Text Transfer Protocol，HTTP）和超文本标记语言（Hyper Text Markup Language，HTML）。HTTP 和 HTML 就是电脑之间交换信息时使用的语言。也就是说，当你在电脑上点击一条链接，就会自动进入你想查看的页面，之后电脑就会利用电脑之间的语言与其他电脑进行沟通，这就是

---

❶　TCP/IP（传输控制协议/国际协议）是指能够在多个不同网络间实现信息传输的协议簇。

HTTP。网络世界新生之际，只有专业人士才能通过复杂的代码程序前往特定的地方、捕捉特定的信息，但伯纳斯·李编写的网页编辑程序使普通人也不会在互联网中迷路。他贡献的超文本浏览器及相关协议，就是我们每次键入网址时出现的 HTTP。他命名的 World Wide Web，就是人所共知的 WWW，中文译为万维网。于是，网页的概念出现了。

1991 年，互联网被商业开发，新的主干网被用来提供通信服务。1995 年，基于万维网的网景公司得到了商界的极大重视。1996 年，互联网企业的风投资额占当年风险资本总额的 60%。

1995～2003 年，世界范围内的上网人数从两千万人增加到五亿人。

2001 年 1 月 15 日，维基百科（Wikipedia）正式上线。作为当今规模最大、最流行的网络工具书，截至 2021 年，维基百科各种语言版本共拥有词条数超过 5 300 万个，其中中文词条已超过 113 万个。

2006 年，《时代周刊》年度风云人物——"You"，即每一个使用互联网的普通人。

2007 年，苹果手机的问世让长期以来被网线束缚的互联网获得了新的自由。触摸的人机交互方式让冰冷的金属拥有了温暖的人性，而开放的应用商店为表面上千篇一律的移动智能手机创造了万千不同的内心。

2009 年，萨尔曼·可汗（Salman Khan）创立可汗学院（Khan Academy），利用网络视频进行免费授课，该平台目前已涵盖了从幼儿园到高中的所有教学科目。

2012 年 12 月 31 日，美国《新闻周刊》发行最后一期纸质版报刊。

2013 年 11 月 11 日，淘宝日销售额达 350 亿元。

截至 2021 年 3 月 31 日，世界互联网普及率达 65.6%，全世界网络人口约为 51.69 亿。各地理区域详细信息见表 1-1（数据摘自 https：//www.internetworldstats.com/stats.htm）。

表 1-1 世界互联网使用和人口统计

世界地区	地区人口（截至 2021 年 3 月）	地区人口占比（%）	地区网络人口（截至 2021 年 3 月）	普及率（%）	增长率（2000～2021 年）（%）	地区网络人口占比（%）
非洲	1 373 486 514	17.4	594 008 009	43.2	13 058	11.5
亚洲	4 327 333 821	54.9	2 762 187 516	63.8	2 316.5	53.4
欧洲	835 817 920	10.6	736 995 638	88.2	601 3	14.3
拉丁美洲/加勒比海	659 743 522	8.4	498 437 116	75.6	2 658.5	9.6
中东地区	265 587 661	3.4	198 850 130	74.9	5 953.6	3.9
北美洲	370 322 393	4.7	347 916 627	93.9	221.9	6.7
大洋洲/澳大利亚	43 473 756	0.6	30 385 571	69.9	298.7	0.6
总体	7 875 765 587	100.0	5 168 780 607	65.6	1 331.9	100.0

三、中国互联网的发展

1987 年 9 月 20 日，按照 TCP/IP 协议，一封以英德两种文字书写，意为"跨越长城，走向世界"的电子邮件，从中国寄达德国。

1994 年 4 月 20 日，中国国家计算机与网络设施（The National Computing and Networking Facility of China，NCFC）工程通过美国斯普林特（Sprint）公司接入互联网 64K 国际专线，中国实现了与国际互联网的全功能连接，成为接入国际互联网的第 77 个国家。

1995 年 1 月，中国邮电电信总局（邮电部电信总局）分别在北京、上海设立了 64K 专线，专线通过电话网、数字数据网（Digital Data Network，DDN）专线以及 X.25 网等方式开始向社会提供互联网接入服务。同年 5 月，张树新创办"北京瀛海威科技有限责任公司"，主管互联网服务供应商（Internet Service Provider，ISP）业务。

1997～1999 年，中国网站规模迅速从 1 500 个发展到 15 000 余个。后来形成中国互联网商业格局的大公司，在这一时期基本都已诞生。

2000 年 11 月 10 日，中国移动推出"移动梦网计划"，提供接入平台和信息通道，各服务供应商利用"移动梦网"这一平台向用户提供各类信息和应用服务。

1997～2005 年，中国的网民规模从 62 万人迅速增至 1 亿人以上。随着网络规模的快速扩张，中国互联网的商业价值也逐渐得到了认可，一些互联网公司开始摆脱对移动增值模式的过度依赖。

2007 年 12 月 18 日，国际奥委会与中国中央电视台共同签署了"2008 年北京奥委会中国地区互联网和移动平台传播权"协议，这是奥运历史上首次将互联网、手机等新媒体作为独立转播平台列入奥运会的转播体系。

2008 年，中国网民数量达到了 2.53 亿，成为世界上网民最多的国家。

2009 年，中国的网络覆盖率达到 22.6%，首次超越了全球平均水平。

2014 年 2 月 27 日，中央网络安全和信息化委员会成立。这是中国网络安全和信息化国家战略迈出的重要一步。

截至 2018 年 6 月，中国拥有人工智能企业 1 011 家，占全球总数的 23.3%；人工智能领域，中国在论文总量和高被引论文数量上都排在世界第一，中科院系统 AI 论文产出全球第一。

截至 2020 年 12 月，中国网民规模达 9.89 亿，较 2020 年 3 月新增 8 540 万，互联网普及率达到 70.4%。其中，我国农村网民占比为 31.3%，规模为 3.09 亿；中国手机网民规模达到 9.86 亿，占整体网民的 99.7%；我国网民使用台式电脑、笔记本电脑、平板电脑及电视上网的比例分别为 32.8%、28.2%、22.9% 及 24.0%；我国拥有网站总数为 443 万个，".CN"域名网站数为 295 万个；市场上检测到的移动应用程序（APP）在架数量为 345 万款；国际出口宽带为 11 511 397Mbps，较 2019 年底增长 30.4%。

中国，作为全球人口第一大国，作为一个强大的独立文明持续传承的国度，作为在现代化路途上攀登和跋涉的发展中国家，与互联网的相遇，对人类和中国自身来讲，都是一个历史性大事件。互联网激活了一个古老民族孕育已久的渴望，使中国逐步融入时代发展的潮流。

第二节　网络时代带来的影响

彼得·克斯汀（Peter Kirstein）说："互联网像蒸汽机一样，掀起了一场革命。"计算机的横空出世，使我们从以物质、黄金为基础的社会，进入了以能源、信息为基础的社会。在互联网时代，海量信息全球流淌，人与人、人与物、物与物紧密联系在一起，人们有理由预见，财富、生活、交往、创造、观念又会发生一轮立体且激烈的变革。

一、网络时代的人类社会变化

有观点认为，网络社会的出现是远超工业革命意义的重大变革，人类走入网络社会不是历史的终结，而是"人类历史的刚刚开始"（卡斯特，2001）。

从人类技术的演变和文明进化的进程看，每一个新的重大技术变革阶段，都对应着一个相应的历史阶段（芒福德，2009）。人类就是在这些历史阶段中，在明显的技术和社会形态的转化间，整体推动人类历史的进步。研究者从人类社会行为特征出现的角度，提出了网络文明时代社会变革的 5 个层面（何哲，2017）。

（一）人类生存：从物理生存到现实与虚拟空间混合生存

孙伯鍨（2001）指出，人类的生存本质存在 3 个水平：第一个是自我身体的生存，即人类本身具有的生理系统与外界环境进行能量和物质的交换，实现自身的新陈代谢以及后代的延续；第二个是个体精神意识层面的生存，即个体通过思维和感觉系统形成对外界的认知和自我评价及发展，并形成相应的意识与思维存在；第三个是个体之间的社会存在，即个体通过社会组织的形式从事经济、政治、社会、家庭活动等。何哲（2017）进一步指出，在这 3 个水平中，互联网除了不能满足个体本身生理系统的需要外，其具备的越来越强的互动性和真实性为人类在个体的精神存在和社会存在方面提供了新的工具和选择。同时，以"物理 ＋ 网络"形成的混合空间也能够产出更为多样的物质产品，能够更好地支撑个体生理层面的存在与活动。所以，网络文明时代的人类将同时存在于物理与网络的混合状态之中。

(二)社会信息：由相对匮乏向相对丰裕与透明转变

人类社会的早期，包括农业社会、工业社会以及后工业社会，从本质上看都处在信息相对匮乏的时期。那时信息产生、储存和传播的成本较高，信息仅仅围绕在生产或决策单元，如个体和组织。为了解决信息传递的问题，政府担负起了公共通信与传播的责任，整个社会形成了中心型信息收集与分发体系。

在网络时代，互联网极大改变了通用信息的分布，通用信息变成了可以公开获取的信息；原先相对专业的信息，也由信息的分享逐步变成相对通用的信息；对于最核心的专业信息，即便互联网尚未实现彻底的便利获取，但是专业信息与通用信息是存在依附关系的，当围绕某一专业知识的周边通用知识容易获取时，那么，与之相关的高度专业的信息，也就逐渐半透明化，网络社会就形成了一种信息丰腴、密集分布的态势（何哲，2017）。网络社会的"物理＋网络"共生格局使信息可以渗透到每个社会角落，改变了传统社会点状信息分布的格局，形成了总体均匀的网络信息分布。

(三)社会结构：由等级科层制向平坦网络型转变

自人类社会形成之时，各种等级科层结构就形成了。从最微观的社会单元——家庭到小的村庄、氏族，再到地方政府，直至国家，都存在金字塔式的等级科层结构。传统社会的等级科层体系的形成，虽是自古以来的统治阶层有意识设计的结果，但也是在传统社会信息分享能力有限的前提下，社会组织不得已的必然选择（恩格斯，1972）。这种科层制的发展一方面使人类社会具有更为强大的自我组织结构和对自然资源的整合与调度能力；另一方面，它也加剧了社会结构的畸化、分配的不平等，阻碍了信息的共享和创新的发展。

然而，网络社会从社会基础层面改变了社会的信息能力，各种社会主体在信息工具的辅助下，缩小了相应的信息获取和决策辅助能力的差距。更重要的是，通过结成复杂的社会结构来获取、分析、精纯、传输信息，并用于社会行为决策的模式，已经不再成为一种必然。这就使传统社会发展出的复杂社会信息结构逐步演变为扁平、网络化的社会结构。

(四)生产合作：由近距离向远距离跨时空转变

在传统时代，所有的经济行为具有 3 个典型的特点：生产活动的近场化、经济决策的近场化和经济交易的近场化(何哲，2017)。

生产活动的近场化是指从农业种植到工业制造再到服务提供的过程，都是近距离发生和组织的。农业时代的农民直接在居住地附近进行耕种，而到了工业时代就形成了密集的制造业区域中心。所以，传统时代的服务和消费都是围绕在服务提供者和消费者近距离范围内的。

经济决策的近场化是指传统时代的经济行为者只能通过近距离地观察价格、产量等信息进行经济行为的决策。在农业时代和工业时代，由于经济信息无法直接传递，往往形成了较大范围的生产信息失真，从而导致经济决策的失败。

经济交易的近场化是指由于传统社会信息能力低下，交易者只能逐级传递信息，不能同时掌握全局信息以实现远距离的调度。随着商业活动的发展，虽然在农业时代形成了全国范围的农产品市场，甚至产生了丝绸之路等跨国贸易，但这还是属于近场化的交易。

互联网的出现，直接改变了经济领域的形态。起初，互联网在经济领域只是简单地被用于经济信息的传递，随后发展为电子商务系统，并进一步渗透到生产领域，形成了工业互联网。未来整个经济活动与互联网会进一步高度融合，并形成高度发达的智能物联网。生产者和消费者之间的地域差异被逐渐缩小，生产者和生产者的协作距离也被进一步加大，形成了互相渗透、互相转移的覆盖模式。在这种模式下，人类经济行为的形态正在发生彻底的改变。

(五)各种人类社会组织形态：将跨越全球而存在

在人类社会早期，人类仅仅在地球上为数不多的适宜生存的区域建立氏族社会并形成早期文明；从工业革命之后，商业组织逐渐开始跨越地理边界，形成全球性跨国公司；第二次世界大战以后，人类通过国际政治合作，形成了以联合国为核心、以其他相关国际组织和区域性合作架构为格局的跨国界组织形态(Drori，Meyer，& Hwang，2006)。然而，这种组织形态的基础仍然是传统的地理国家，普通个体的生存状态也依然没有摆脱地理的约束。

网络文明形成了跨越全球地理域的社会组织形态。在网络文明时代的社会组织形态下，人的生活本身是全球分布的，人类可直接在互联网上获取经济与公共服务资源，通过全球网络配置资源，社会组织管理更多依赖网络聚集而不是现实聚集。此外，传统时代中人的心理归属总是以血缘、地域、民族、国家等生理、物理特性为依托，而在网络文明时代，全球各地的人们在实体归属的基础上，也将围绕若干网络虚拟平台或者身份进行聚集和认同，他们在现实中是某个民族的人，但是在网络上可能因为另一种身份而更被认同。这种组织结构并不严格地以现实生理、物理特性为基础，因此这种认同和组织结构也更为动态，一个人可以较为容易地改变自身的集群归属和属性认同。

正在发生的以网络为核心的社会变革，是人类有史以来最为重大的社会变革。其意义不但堪比工业革命，更会远超工业革命。人类自工业革命以来的社会形态构建，与工业革命同时代甚至超前的思想启蒙时代的制度构建努力密切相关。在新的时代面前，原先的技术工具可能是无效的，甚至是适得其反的。这就需要人类不但要接受网络社会的新观念并做好准备，更要有能面向未来、构建人类新文明形态的勇气和长远眼界。

二、网络空间的心理特性

从门户网站到搜索引擎再到社交媒体，互联网的发展已经取得了划时代的进步。在个人生活、公共事业、商业活动、科学创造等领域，日新月异的技术、产品和服务已经使互联网成为一个以高创新和高潜力为标志的最具魅力的新兴行业。与人类历史的任何一个时期相比，个人的自我表露、娱乐、休闲的方式都更加丰富，人与人之间的交往和互助的方式都更加多元。网络技术仍然在不断地发展与创新，人们对技术改变生活的心态已经从被动接受转变为充满期待。

作为新的行为发生发展的平台，网络空间的特性在很大程度上影响了个体在这个空间中的心理与行为表现（Piazza & Bering, 2009）。有研究者将网络空间的心理特性进行了划分，将之分为空间特性、时间特性、人际特性和自我特性（周宗奎，刘勤学，2016）。

（一）网络空间的空间特性

在网络空间中，空间距离因素对行为的影响力被大幅削弱。人们可以忽略地理距离和物理阻隔，可以随时随地与他人联系、提供支持以及保持亲密感。个体也可以随时连接网络，实现与外界联络、搜索信息、完成购物等活动。网络的空间特性使个体一方面能够在网络中找到和自己兴趣爱好相似的人；另一方面，也更易于自我认同，建立人际关系（周宗奎，刘勤学，2016）。

（二）网络空间的时间特性

在现实生活中，人际交往基本上都是同步进行的。而在网络环境中，人们可能会通过电子邮件、论坛、微博等手段进行交往。网络空间的非同步性不仅使个体可以对消息的回应进行充分地思考，不必因慌乱而出错，也使个体可以在短时间内穿梭于多个关系中，甚至可以在同一时间与多人聊天，感受到更多的可控性和自主性（Valkenburg & Peter，2010）。

（三）网络空间的人际特性

在虚拟空间中，人与人的交往不再具有日常交往中存在的可触性和可感性，只是存在一种功能上的现实性（Salter，Green，Duncan，Berre，& Torti，2010）。在网络空间中，个体也看不到对方的表情和身体语言，即使随着技术的发展，音频与视频技术越来越有效、成熟，身体和触觉方面的互动仍然是不存在或有限的，这体现了人际互动的新行为方式特点。在网络人际交往中，交往主体以一种符号的形式出现，一旦网络昵称发生改变，交往主体就会变成另外一个人了（Salter et al.，2010）。同时，个体在网络空间里可以隐藏自己的身份信息、外貌特征或是人格倾向（Young，1998），这种特性也可能使个体在社交中有选择地呈现个人信息，促进关系的建立（McKenna，Green，& Gleason，2002）。

（四）网络空间的自我特性

网络空间对个体自我的心理活动具有去抑制性（disinhibition）的效果，这是网络环境带来的个体自我控制层面的新特点（周宗奎，刘勤学，

2016）。抑制是指一种受自我意识、对社会影响的察觉和对公众看法的担心约束的行为（Zimbardo，1977），去抑制则是这些因素的缺失。网络中的去抑制性可能会通过 2 种方式体现：一种是人们可能会利用网络表达令人不快的情绪或举动，通常是辱骂或是欺凌他人；另一种是人们可能会通过网络开诚布公地讨论一些面对面交流无法讨论的问题。

人类生活在一个"更大的网络，更小的世界"中，移动互联网带来的时空便利性，使人们在心理上很容易将网络空间看作是自己的思想与人格的延伸。在这里，个人思想的界限模糊了，人们会感觉自己的思想与他人的思想可以轻易相遇。另外，深度学习等技术将不同个体和群体在各种问题解决过程中展现的智慧以高效的方式提取并融合起来，储存在各种人工智能系统中。"群集智慧"慢慢成为人类智慧活动的新形式，使人类获得更强大的问题解决能力和行为组织能力。

三、网络时代下的个体行为变化

20 世纪 60 年代，美国哈佛大学的心理学教授斯坦利·米尔格拉姆（Stanley Milgram）设计了一个连锁信件实验，提出了六度分隔理论——简单地说，即最多通过 6 个人，你就能够和任何一个陌生人建立联系。如今，随着大数据时代的到来，有研究者提出，六度分隔在社会网络上的传播遵循了"三度影响力原则"（three degrees of influence rule），即我们的行为、态度、情绪都会影响我们的朋友（一度）、朋友的朋友（二度）和朋友的朋友的朋友（三度）（Christakis，2009）。在我们所在的社会网络中，人与人之间的连接通过三度影响力原则，最终影响成千上万的人，同时我们也会受到成千上万人的影响（朱丽，杨杜，2015）。在这样一个存在全新的心理与行为的"第三空间"，人类的心理与行为究竟会受到怎样的影响呢？根据中国互联网信息中心第 41 期报告，我们可以从网络空间中人的行为、人际互动等方面，探讨个体在互联网中的 8 种主要新行为。

（一）网络社交

沟通是个人生活、商业、教育、娱乐等活动的基础，是人类生活的核心。在信息时代背景下，随着互联网的发展，新的沟通交流形式——网络社交——应运而生。这种新型社交方式具有明显的工具性特征，即双方并非面对面进行交流，而是借助特定的工具实现沟通（谢新洲，张炀，

2011)。

　　网络社交的兴盛依托于社会性网络服务（Social Networking Service,
SNS)的发展，SNS 包括社交软件和社交网站。2002 年，世界上第一个
SNS 网站在美国建立，之后我国也开始追赶 SNS 热潮，各种各样的 SNS
网站相继出现，如早在 2003 年出现却由于缺乏运营经验关闭的友友觅、
亿友、粉丝网等，还有 2005 年问世的大学生社交网络校内网。经过漫长
的等待和蓄势待发期，2008 年后，人人网、51、海内、SG 论坛、雅虎关
系、搜狐白社会、腾讯 QQ 校友、中移动 139 社区等 SNS 网站遍地开花，
门户网站新浪和网易也开始触及 SNS 领域，分别推出 SNS 产品新浪朋友
和梦幻人生，当时新兴的用户群体"90 后"成为其目标用户。

　　《2014 年中国社交类应用用户行为研究报告》对这类社交网站给出了
狭义的定义，即与脸书网（Facebook)形态和功能类似的、基于用户真实
社交关系，为用户提供沟通、交流平台的社交网站，这些网站一般鼓励
用户尽可能提供真实信息。目前在中国，典型的社交网站包括微信朋友
圈、QQ 空间、新浪微博、百度贴吧、豆瓣网、知乎、天涯社区等（中国
互联网络信息中心，2017)。

　　早期的 BBS 论坛，以天涯、虎扑为主要代表，曾一度成为社交网站
中的领袖；由传统门户网站新浪开发的新浪微博独具特色，起初因符合
网民的快餐式阅读习惯的 140 字容量而得到青睐；由兴趣集合用户的豆
瓣在社交网站浪潮的冲击下也依然保持可观的流量，热门小组如"哇靠这
么巧！你也来团购啊！"发展势头强劲，独立成立小组网站哇靠团，维持
稳定流量的同时实现广告位创收，得到了可观的营销收入；而将用户群
体锁定为在校大学生的超级课程表也成为校园社交的"领军人物"，拥有
1 500 万用户（滕燕，2017)。互联网社交网站发展势头正猛，SNS 的日益
升温也使其逐渐走进了学者的视野。

(二)网络学习

　　如今，随着互联网技术的快速发展以及智能手机等终端设备的大规
模普及，数字化、移动化在线学习已经成为人们接受教育的新方式。以
在线学习平台为代表的在线教育服务正在重塑传统的学习习惯，使人们
能够随时随地进行碎片化学习。相较传统教育模式，在线教育具有学习

时间碎片化、学习地点无限制、内容针对性强、在线互动效率高、可重复学习等优势，对推动传统"被动式"课堂教学模式向"互动式"在线学习方式的转变发挥了重要作用(李雅筝，2016)。

"慕课"音译自 MOOCs (Massive Open Online Courses，大规模在线公开课程)，是一种基于网络技术和智能技术发布课程资源，满足世界各地人们求知欲的教育模式。2011 年，斯坦福大学的教授塞巴斯蒂安·特隆(Sebastian Thrun)和彼得·诺维格(Peter Norvig)第一次将他们的课程放到互联网上并大受欢迎，他们决定将这种全新的学习模式发展下去，由此，全世界第一个慕课平台——优达学城(Udacity)——出现了。2013年，欧盟正式启动了欧洲的"大规模在线公开课程"计划，其正式上线的门户网站(OpenupEd)是第一个多机构合作的泛欧洲慕课平台。慕课包括演讲录像(一般被分成 10～15 分钟的片段)，还有针对个人或者小组的学习任务。慕课对所有能应用网络的用户都是免费开放的(Cormier & Siemens，2010；Kop & Carroll，2011)。学习者可以学习不同的课程，所有课程内容都对学习者开放，通过该课程产生的研究(包括课程发布者和学习者的研究)也都可对公众分享和开放。此外，慕课教学平台还提供一系列指导性活动，旨在让学生测试自己对课程内容的理解和吸收水平。附加视频资源与社交媒体也成为慕课较有特色的内容(陈吉荣，2016)。通过慕课，不同学校、地区的学生可以实现更好的互动，这对增进他们的社会认知、建立更加宏观的社会视野起到帮助作用(刘震，张祎嵩，2018)。

在慕课不断繁荣的同时，其问题和危机也慢慢暴露出来。2013～2014 年，国外慕课平台数量不增反减，课程数量增速也逐渐放缓。以知名平台(Coursera)注册人数统计为例，到 2014 年底，该平台的注册人数在 2013 年基础上仅增加了 1/10，与早期数以十万计的注册规模相比显著减少。2015 年以后，慕课开始进入理性发展的"后慕课时代"，该平台2015 年拥有约 1 000 门课程和 1 000 万用户，而截至 2022 年，平台注册用户数已达 8 700 万人，平台拥有 4 000 多门课程。2014 年前后，我国国内慕课用户规模开始飞速增长：2014 年，国内慕课用户仅 150 万人，2015 年增长至 575 万人，增长速度高达 283%，2016 年，国内慕课用户1 105 万人，增长率稳定至 92%(蔡灵，薛胜文，李方庭，沈哲彦，2016)。截至 2020 年 3 月 31 日，慕课主站用户数超过 5 800 万人，总选课人次超过 1.6 亿(北京师范大学,2020)。总体来看,目前我国慕课处于一个相对稳定的发展阶段,但是要想取得进一步的突破和发展仍有一定的困难。

随着在线教育产业的蓬勃发展和市场规模的增长,巨大的市场蛋糕吸引了在线教育创业企业蜂拥而至,在线教育创业项目可谓遍地开花。2015 年第十二届全国人大第三次会议中,"互联网+"行动计划的制订首次被列入政府工作报告。"互联网+"生态战略已成为国家重要发展战略之一。目前,从业务领域来看,国内在线教育市场可划分为:语言学习类、出国留学咨询类、职业教育及技能提升类、在线学习工具类等。

可以说,在线教育已成为人们普遍接受的学习方式,也必将形成教育数字化和终身学习发展的主流趋势。未来地球上的每个人都可能享有平等的教育权利,都可以分享这个世界,畅游知识殿堂。

(三)网络购物

电子商务是指在网上开展商务活动,通过应用互联网技术使关键业务流程转型(王岩玮,2017)。20 世纪 70 年代,电子商务的应用初具雏形,主要用于银行间电子资金的转账。1994 年,由于万维网的出现,杰夫·贝佐斯(Jeff Bezos)创办了全球第一家商对客(Business to Customer,B2C)电子商务公司——亚马逊(Amazon),从此全球电子商务时代拉开帷幕。进入 21 世纪以来,电子商务以新服务、新应用、新模式推动了企业的经营与运作,极大地拓展了用户和市场资源,其业务领域也逐渐扩展到政府、教育、医疗、金融等各个行业。购物网站也经历了从无到有、从有不少缺陷到逐渐完善的变化(曲乃云,2010),全球的大中型企业几乎都有自己的网站。

中国人口规模庞大,电子交易需求日益增长,这催生了网上支付的结算方式。网上支付被应用在人们日常生活的各个方面:如文化娱乐(游戏、电影、电子书等)、日常消费(手机充值、网络平台购物等)和个人理财(基金投资、银行账户自助办理等),这些都离不开网上银行和第三方电子支付产业的迅猛发展。

在互联网发展之前,人们购物的途径集中在线下实体店。互联网的横空出世在空间上压缩了消费者和商品的距离,为人们带来了便利(金雯婧,2016)。预计在 2021 年,全球电子商务销售额总额将达到 4.921 万亿美元，其中 19.5％将来自在线购物（Keenan，2021）。据 2021 年《中国网络购物市场研究报告》显示，截至 2020 年 12 月，我国网络购物用户规模达到 7.82 亿，较 2020 年 3 月增长 7 215 万，占网民整体的 79.1％；据统计，7.82 亿网络购物用户中，手机网络购物用户规模达到 7.81 亿，较 2020 年 3 月增长 7 309 万，占手机网民的 79.2％。

互联网购物平台的出现提供了比任何线下购物形式都丰富的购物渠道和内容。消费者只需要一台具有上网功能的设备就可以足不出户地完成不同类别的产品采购，而网店店主们也可以通过一台联网的电脑或一部联网的手机，在不同的地点上班。随着互联网技术的进步和发展，消费者对网络购物的偏好日益变化，网络购物行业将在渠道、购物方式等方面呈现更多的新特征。

(四)网络游戏

在东方文化中，几千年来，"玩"一直被视为不具正当性和合理性的生活态度。不仅中国有"玩物丧志"的说法，西方文化中也有类似的格言。但实际上，游戏是人的天性，也是人性最根本的需求之一。游戏的历史，几乎和人类的历史一样漫长。

第一批真正意义上的网络游戏可追溯到 20 世纪 60 年代末，在美国高校服务器中诞生的《太空大战》(Space War)等游戏。第一代网络游戏因为技术的限制和定义未明确，大多都只是试验品，在各大高校的主机上运行，机器重启后游戏的相关信息即会丢失，第一代网络游戏也因此无法模拟一个持续发展的世界。从 70 年代末开始，一些专业的游戏开发商和发行商开始涉足网络游戏，它们与运营商合作，推出了第一批具有普及意义的网络游戏，如《凯斯迈之岛》《阿拉达特》等。

随着用户规模的扩大和游戏厂家的不断探索，我国网络游戏的运营机制也开始形成。从 2003 年开始，我国网络游戏进入高速发展阶段，高投资回报率、投资周期短、市场空间巨大等特点吸引了大量资本和人才进入。同时，网络游戏产业的迅猛发展引起了政府的关注，2003 年网络游戏相关技术研发正式列入国家"863 计划"。网络游戏市场的迅速膨胀刺激了网络服务业的发展，网络游戏开始进入收费时代，许多消费者都愿意为网络游戏支付高昂的费用（庹祖海，2010）。2006～2010 年，大型多人同时在线角色扮演游戏(Massive Multiplayer Online Role-Playing Game,MMORPG)成为市场的主导力量,同时国内网络游戏企业纷纷组建自己的研发团队,自主研发的网络游戏开始成为国内网络游戏市场的支柱。从2011年至今,随着移动互联网技术的兴起和智能终端的普及,网页游戏和移动游戏的营业收入呈现爆炸式增长。这两类游戏的快速崛起一方面得益于移动技术的普及和大规模应用,另一方面顺应了游戏用户对碎片化时间、移动化场所的娱乐需求。网页游戏和移动游戏,尤其是代表移动互联方向的移动游戏,将继续成为整个网络游戏行业最大的增长点。

随着全球互联网的发展以及电脑、智能手机、平板电脑等电子设备的更新换代,网络游戏载体、类型不断丰富,游戏品质不断提高,各细分游戏类型均有庞大的受众群体。全球游戏市场迅速崛起,市场规模逐步扩大。2020年全球游戏市场规模达1 794亿美元,同比增长19.63%;2016~2020年,全球游戏市场规模复合增速达到13.2%,其中约50%的收入来自亚太地区,截至2020年,中国、日本和韩国分别占据着亚太地区游戏市场规模的前三名。

到目前为止,国内网络游戏市场所迸发出的巨大经济效益和社会影响力,已经为各方所认识。特别是随着移动互联网平台的兴起、国家"互联网+"战略思维的提出以及相关法律法规的出台,中国网络游戏产业从基础环境到政策环境,再到法律环境,都逐步进入良性循环的轨道。由于这个市场的技术门槛在逐渐降低,各大公司和集团纷纷进入这一行业,市场的竞争日渐激烈,资本门槛被逐步抬高,如今网络游戏产业步入了一个竞争激烈、群雄并起的"战国时代"。

(五)网络视频

网络视频作为当下最重要的互联网应用之一,在短短几年之内就已经开始在人们生活中占据重要部分。有学者认为网络视频就是将各种类型(包括模拟的和数字的)、各种格式的视频转换成适合网络传输的数字化视频格式,并通过互联网进行传播的一种媒体(詹青龙,常承阳,顾建峰,2010)。2005年2月15日,全世界最早的视频分享网站YouTube在美国注册,在全球范围掀起了一场网络视频的革命。同年4月,国内最早的两家视频分享网站56网和土豆网相继上线。2006年,PPS网络电视服务平台诞生，它利用 P2P(Peer to Peer)技术，实现了用户在网络视频平台上自由点播电视节目的功能，从此国内涌现出一大批视频网站。2007 年 12 月 29 日，经国家广播电影电视总局、国家信息产业部审议通过，信息产业部网站发布了《互联网视听节目服务管理规定》(广播电总局、信产部 56 号令)，如此一来，视频网站就从混乱无序进入了一个有政策限制的有序发展之中。

根据中国互联网网络信息中心第 48 次报告，截至 2020 年 12 月，网络视频(含短视频)用户规模达到 9.44 亿，较 2020 年 12 月增长 1 707 万，占网民整体的 93.4％。其中短视频用户规模为 8.88 亿，较 2020 年 12 月增长 1 440 万，占网民整体的 87.8％。从行业自身发展来看，网络视频行业移动化、精品化、生态化进程变得更加明显。从终端设备的使用情况来看，随着大屏手机的普及，手机与电脑、电视、平板电脑等设备收看视频的体验差距明显缩小，同时由于手机在私人化、碎片化等方面存在明显优势，用户愈发倾向使用手机观看网络视频。从视频类应用的发展情况来看，以快手为代表的移动端短视频应用在 2017 年迅猛发展，并吸引了阿里、360、字节跳动等大型厂商进入该领域。

在网络视频行业内部，搜狐、腾讯、阿里、爱奇艺等厂商均陆续在 2017 年发布了视频内容创作计划或投资视频内容创作机构，以通过这样的方式获取的独家原创内容吸引观众。此外，网络视频企业还积极与文学、漫画、电影、游戏等相关内容行业进行联动，生态化平台的整体协作能力和商业价值正在逐步凸显。

(六)网络新闻

1995 年 1 月 12 日，由教育部主办的《神州学人》杂志进入互联网，成为中国首家网络新闻媒体。同年 10 月 20 日，《中国贸易报·电子版》在互联网上线，成为国内首份在互联网上发行的日报。1996 年 10 月，广东人民广播电台建立互联网网站，同年 12 月，中央电视台建立央视网。1998 年，商业网站进入新闻传播领域，"新闻"开始作为业务增长的助推器，新浪、网易和搜狐都建立了各自的新闻频道。当时的多数网络媒体仅仅是在互联网上建立起自己的网站，将传统媒体内容"原封不动"地放到网上，这些传统媒体的互联网版本在扩大媒体读者范围和影响力方面起到了积极作用，却没能发挥出网络传播的优势，缺乏自主性和创新性。

2005 年，互联网技术全面升级，新的互联网产品模式——WEB 2.0 到来。至此，受众不再仅是信息的被动接受者，他们可以参与到新闻的生产、传播之中，并不断确立信息"传者"的地位。2006 年全国两会期间，人大代表和政协委员首次通过博客公开自己提交的议案和建议，互联网为人们参与政治活动、发表政治意见提供了新途径。

随着移动互联网的普及和移动终端的应用，移动新闻客户端也在不断发展。早在 2009 年，《南方周末》便开发出移动新闻客户端，之后各类新闻媒体纷纷开发自己的新闻 APP，如人民日报、今日头条、腾讯新闻等。根据《第 48 次中国互联网络发展状况统计报告》，截至 2021 年 6 月，我国互联网新闻用户规模达到 7.60 亿，较 2020 年 12 月增长 1 712 万，占网民整体的 75.2%。根据《第 47 次中国互联网络发展状况统计报告》，截至 2020 年 12 月，手机端网络新闻用户规模为 7.41 亿，占手机网民总体的 75.2%。当前新闻类 APP 表现出蓬勃向上的发展态势，这些软件使受众增加互动、快速发布新闻信息，做到平台与传统媒体同步发展，为新媒体提供发展的空间（刘杨，朱晓宇，2018）。

网络新闻媒体肩负着重要的历史责任和时代使命，今天的新闻工具比以往任何时候都多，每一个新闻组织都在努力提高受众的参与程度。在这个世界里，媒体是全球化的、社会化的、是无处不在和廉价的，原来的受众现在急速成为信息传播过程中充分的参与者，现在的媒体不只被用于生成能够被许多个体消费的信息，而且越来越明显地成为能够聚集和支持组织的工具之一。

（七）网络音乐

对于"网络音乐"这一概念，文化和旅游部（原文化部）在其《关于网络音乐发展和管理的若干意见》中，首次以官方的名义对其做出了准确定义：网络音乐是通过互联网、移动通信网等各种有线和无线方式传播的音乐产品，其主要特点是形成了数字化的音乐产品制作、传播和消费模式（柏辰，2017）。从内容上看，网络音乐作为音乐产业的重要组成部分，除了具备一般音乐产品所具有的特点之外，它还具有传播方式和本体内容的独特性。由于互联网本身所具有的高效、多元、自由、交互等诸多特性，网络音乐也因此具有了简洁化、多元化、个性化、生活化等诸多特点。

基于网络音乐的数字化和网络化特点，随着互联网的发展和个人电脑的普及，网络音乐企业也在不断发展，数字音乐技术逐步走向成熟。国际唱片业协会（IFPI）2005年发布的数据显示，当时的音乐市场还是环球、索尼、百代及华纳这四家唱片公司的江山。而自智能手机普及以来，网络音乐产业有了新的高速增长点，同时，线上表演、网络直播等诸多新兴网络音乐产业模式的兴起也为网络音乐未来进一步发展提供了更加广阔的空间。2011年底，我国拥有网络音乐公司452家，在此后的几年时间里，网络音乐公司的数量一直在以每年100家左右的速度增长。但是在充分甚至稍显过度的市场竞争之后，整个网络音乐产业逐渐形成了阿里、腾讯、百度、酷狗、酷我与网易等几大巨头并立的态势，产业的核心资源开始向这一中心聚拢。

从网络音乐与其他新生业态的融合来看，音乐与社交、短视频的融合较为顺利，在国内，于2016年底上线的音乐短视频社区应用抖音，在2017年用户规模快速增长，并在11月以10亿美元的价格并购了北美同类产品。2015年12月，国家广播电视总局（原国家新闻出版广电总局）出台《关于大力推进我国音乐产业发展的若干意见》指出，计划在"十三五"期间，打通音乐创作、录制、出版、复制、发行、进出口、版权交易、演出、教育培训、音乐衍生产品等纵向产业链，连接音乐与广播、影视、动漫、游戏、网络、硬件播放设备、乐器生产等横向产业链，基本形成上下游相互呼应、各环节要素相互支撑的音乐产业综合体系。在国家相关部门的指导下，中国音乐产业规模逐渐扩大，在线音乐作为音乐产业的重要环节，其发展前景广阔。中国互联网网络信息中心报告显示，截至2021年12月，我国网民中网络音乐用户规模达6.81亿人，占网民总体的67.4%，较2020年12月增长3.5%；手机网络音乐用户规模达6.57亿人，占手机网民总体的66.6%，较2020年3月增加2 379万人。

扫描拓展

音乐做伴，助人好眠？

（八）网络直播

　　网络直播是一种高互动性的娱乐方式，通过网络电脑端和手机移动端，将不同人的丰富生活实时呈现在人们面前，同时能够与受众互动。作为一种新型的媒体形式，网络直播成为一种新的信息形态，在传统视频网站领域掀起了新的浪潮。在它的影响下，优酷网、爱奇艺、搜狐视频等视频网站都陆续推出了自己的网络直播服务业务。新兴的网络直播平台和传统视频网站并驾齐驱，网络直播平台受到资本和受众的极大关注，我们正在走向"全民直播"时代，2016 年也被称为"中国网络直播元年"。此外，2017 年，国内众多媒体使用网络直播报道两会成为一大亮点，人民日报、新华网和中央电视台等多家主流媒体应用网络直播技术进行现场直播。据调查，截至 2021 年 6 月，网络直播用户规模达 6.38亿。其中，电商直播用户规模为 3.84 亿，同比增长 7524 万；游戏直播的用户规模为 2.64 亿，同比减少 452 万；真人秀直播的用户规模为 1.77亿，同比减少 875 万。三种直播使用率总和为 81.8%。除传统的电脑端直播应用如 YY 直播等，手机移动端直播应用如斗鱼直播、虎牙直播等以外，以腾讯、酷狗为代表的其他类应用也嵌入直播功能。新型的网络直播理念向手机移动端转移，随时听、随时看、随时播的思维和操作方式更拉近了粉丝与主播的距离。

　　网络直播从本质上来说还是一种信息传播的过程，网络主播将自身正在参与的活动、事件，如游戏竞技的过程、演唱表演的场景，甚至是吃饭、睡觉的画面通过网络实时传递给观看的受众。与传统的大众媒介传播信息的方式不同，网络直播的过程增加了许多新的特点，实现了传者（网络主播）与受者（观众）之间的即时互动，并且通过弹幕这一新型的互动交流方式，不同的受者之间也实现了在同一直播间的相互交流和沟通，实现了信息的共享。其展现的直播内容和场景也更加丰富，可以随时、随地直播任何合法的内容。网络直播这一新的媒体形式与传统媒体形式相比产生的新特点和新影响，极大地促进了媒介的发展（阴法锐，2017）。

　　随着互联网的发展，具体的网络应用越来越多。已有研究发现，网络行为会受到各种因素的影响，如个体的人格、年龄、社会经济地位等。此外，网络行为对网络使用用户的身体、认知、社交和情绪也有着各种各样积极和消极的影响（Barak，2008；Joinson，Mckenna，& Postmes，2007；Valkenburg & Peter，2006）。也有研究者将网络作为工具，探查、监测、记录和分析个体和群体在网络中的各种行为，考察网络使用对人的心理和行为的影响，如"记忆的谷歌效应"、网络对基本语词的加工机制等（Sparrow，2011；刘思耘，周宗奎，李娜，2015）。

过去，人们以自己的生存范围为基础，建构了亲密关系和情感依赖群体，它成为我们的责任感、爱和恨、亲与近的来源。而现在，互联网正在重新界定千百年来我们的情感与距离之间的关系，今天，手机连接的外部世界比现实的周围环境更强大、更具吸引力。同时，网络本身所具备的匿名性、方便性、空间穿越、时序弹性等多个独特特征，更是吸引了大量的年轻人沉迷其中、无法自拔，成为网络的"囚徒"。

═══ 拓展阅读 ═══

网络的进化意义

人类的智慧与技术的演进总是相辅相成的，随着人类的不断进步，网络会在各个方面更新与完善，而这又会进一步对人类产生深远的影响。

首先，网络影响着人们的生理发展和身体健康。突发公共卫生事件让人们更多地关注到自身的健康问题，而能够承载丰富的运动教学素材的社交媒体网络便成为了居家运动的不二之选（Kim，2022）。蝉妈妈数据平台显示，截至 2022 年 4 月，抖音平台健身主播刘畊宏的直播单次最多观看人数已破 5000 万。此外，技术的不断发展使得实时监测与记录健康数据的平台持续地迭代，人们在更全面地了解有关自己身体机能的信息的同时，也可以在网络社区讨论与健康相关的知识，促进自身的健康饮食和体育锻炼（Persky，Sanderson，& Koehly，2013）。

其次，网络对人们的认知发展也有着重大影响。有研究者发现人类的智商表现随着时代的进步出现了持续的增长，即"弗林效应"（Flynn Effect）（Flynn & James，1984）。他们发现从第二次世界大战以来，人类的平均智商每十年大约提高 3 个百分点。研究者认为，这并不代表我们比我们的父母聪明，只是我们聪明的方式与其不同

（Carr，2010）。这种变化体现在我们拥有更多的思维方式，这也揭示了为什么我们越来越善于解决抽象以及视觉测验部分的智商测试，而我们的个人知识、基本技能却很少或没有进步。除此之外，在网络不断融入人们生活的过程中，它也给人们提供了多元的信息。由于大脑的可塑性，网络会潜移默化地改变着我们的认知模式，使人们逐渐形成"在线大脑"（online brain）（Firth et al.，2019）。在注意资源方面，来自不同方面的信息流似乎在鼓励人们进行注意切换和多媒体任务，而不是将注意力集中在一个任务上。在记忆方面，学者发现，相比信息内容本身，人们对信息存放的位置记得更清晰，这也被称为"谷歌效应"（Google Effect）（Sparrow，Liu，& Wegner，2011），这表明人们已经逐渐将网络看作信息储存的数据库，并将其纳为自己记忆的一部分。

综上可知，网络的进化与人类身心发展是密不可分的，并且其作用并不是非黑即白的，其具体的作用和影响机制值得研究者们进一步探索。

第二章

网络成瘾的界定

开脑思考

1. 一个人爱打网络游戏，可以认为他网络成瘾吗？
2. 网络成瘾到底如何定义？它和"病理性网络使用""强迫性网络使用"或者"网络依赖行为"这些不同表述是否为同一个概念？在这些不同名称的背后，真正的差异是什么？我们应该如何看待这些差异？
3. 读完此章，你能否发现一个更简单便捷的方式，帮助人们更快、更准确地判断自己是否网络成瘾呢？

关键术语

　　网络成瘾，强迫性网络使用，病理性网络使用，网络依赖，病理性赌博，网络游戏成瘾，网络关系成瘾，网络信息成瘾，网络色情成瘾

　　从 1995 年网络成瘾概念提出至今，该领域的研究非常丰富，是网络心理学领域研究最多、最获关注的亚领域。本章分别从网络成瘾概念的提出与发展、概念争论与归属、成瘾亚类型 3 个方面进行梳理，以期为读者提供对网络成瘾概念的系统概观。

第一节　概念提出与发展

　　关于网络成瘾的定义，目前学术界尚无统一的界定。从 1995 年起，学者们陆续提出了自己对"网络成瘾"概念的界定。

一、网络成瘾概念的提出

"网络成瘾"或"网络成瘾障碍"（Internet Addiction Disorder，IAD）的概念是由纽约市的一名精神病医生戈德伯格（Goldberg）于 1995 年首先提出的，意指由于不适当且时间过长的网络使用而导致对网络的耐受（指需要更好的电脑设备、更多软件程序或者更长的使用时间）、戒断反应（指停止或减少使用网络时产生的不适反应）、持续的上网欲望与行为失控现象，且这种行为现象会对个体的生理、心理及社会功能造成损害。随着临床案例的不断增加，美国心理学会（American Psychological Association，APA）于 1997 年正式承认网络成瘾研究的学术价值。随后，网络成瘾很快引起了临床心理学界和医学界的关注。

在最初的研究中，金伯利·杨（Young，1996）结合对网络成瘾的实际研究，为判断个体是否网络成瘾提出了 8 个问题。如果个体对下列问题给予了 5 个以上的肯定回答，就可以判定为网络成瘾：

（1）你是否沉溺于互联网？

（2）你是否需要通过逐次增加上网时间以获得满足感？

（3）你是否经常不能抵抗上网的诱惑及很难停止上网？

（4）停止使用互联网时，你是否会产生消极的情绪体验和不良的生理反应？

（5）你每次上网实际所花的时间是否都比原定时间要长？

（6）上网是否已经对你的人际关系、工作、教育和职业造成了负面影响？

（7）你是否对家人、朋友和心理咨询人员隐瞒上网的真实时间和费用？

（8）你是否将上网作为逃避问题和排解消极情绪的一种方式？

金伯利·杨基本上直接借用了原有的赌博成瘾的测量和概念。但是关于"网络成瘾"这一概念的使用是否合适，仍然存在争议。到目前为止，对"网络成瘾"这一现象的称谓也存在一定差异，如网络成瘾（Internet Addiction，IA)、网络成瘾障碍、病理性网络使用（Pathological Inter-net Use，PIU)、问题性网络使用（Problematic Internet Use，PIU)等，但各种名词的内涵基本是一致的（Davis，2001；高文斌，陈祉妍，2006；Ca-plan，Williams，& Yee，2009)。

二、网络成瘾概念的发展

1996 年，格里菲斯（Griffiths)在《自然》杂志上提出成瘾的 6 个共同的核心特点（Griffiths，1996):

(1)突显性（salience)；

(2)心境改变（mood modification)；

(3)耐受性（tolerance)；

(4)戒断症状（withdrawal symptoms)；

(5)冲突性（conflict)；

(6)复发性（relapse)。

他认为包括网络成瘾在内的任何成瘾都可以把这几个特点作为操作性定义（Griffiths，1999)。

之后，坎德尔和乔纳森（Kandell & Jonathan，1998)把网络成瘾定义为"一种对互联网的心理依赖，而不考虑使用者上网做什么"。我国台湾学者周荣和周倩（1999)基于物质成瘾的定义，将网络成瘾定义为"由于重复的网络使用导致的一种慢性或周期性的着迷状态，并给个体带来难以抗拒的再度使用网络的欲望。同时个体会产生想要增加使用时间的张力与忍耐、克制、戒断等现象，对于上网所带来的快感会有一种心理与生理上的依赖"。这种对网络成瘾的界定在中国临床医学界和社会科学界比较有代表性。

欧居湖（2003)定义网络成瘾为"以网络为中介，以网络中储存的交互式经验、信息等虚拟物质、信息为成瘾物引起的，个体在网络使用中沉醉于虚拟的交互性经验、信息中不能自主，长期和现实社会脱离，从而引发生理机能和社会、心理功能受损的行为。"原北京军区总医院成瘾医学中心主任陶然通过对大量网络成瘾者进行临床观察研究，得出网络成瘾的定义是：个体反复过度使用网络导致的一种精神行为障碍，表现为对网络的再度使用产生强烈的欲望，停止或减少网络使用时出现戒断反应，同时伴有精神及躯体症状。根据《中国青少年健康教育核心信息及释义（2018版）》，网络成瘾是指在无成瘾物质作用下对互联网冲动使用的失控行为，表现为过度使用互联网后出现明显的学业、职业和社会功能损伤。

三、网络成瘾的命名

关于网络成瘾的命名，目前学术界尚无统一的定论。但是比较有代表性并且使用较为广泛的有3种：网络成瘾障碍、病理性网络使用和网络行为依赖（Internet Behavior Dependent，IBD）。网络成瘾障碍是戈德伯格根据《精神障碍诊断与统计手册（第四版）》（DSM-IV）中关于药物成瘾的诊断标准提出的概念，把网络成瘾视为一种类似精神障碍的心理疾病。但这种网络成瘾的概念受到了不少学者的质疑，他们认为网络用户对网络的着迷不同于对化学物质的依赖。基于此，戴维斯（Davis）主张以"病理性网络使用"取代网络成瘾的提法，认为网络成瘾是一个精神科术语，不能扩展到每个人都可能过度使用网络的行为。霍尔（Hall）和帕森斯（Parsons）提出了"网络行为依赖"的概念，认为网络行为依赖的并发症包括意志消沉、冲动控制障碍和低自尊。他们认为网络的过度使用弥补了个体在其他生活方面缺少的满意感，是普通人生活中都有可能遇到并需要克服的问题。网络行为依赖仅仅是一种适应不良的认知应对风格，可以通过基本的认知行为干预加以矫正。虽然这3种定义存在一些区别，但是在实际应用中的具体测量方式却大致相同，其核心内容都包括对网络使用行为的依赖性、耐受性、与现实生活的冲突性以及脱离网络使用行为后出现的戒断症状等。

虽然学者们对网络成瘾概念的表述方法不同，但他们都一致认为，网络成瘾是对网络的过度使用，并且过度使用网络会造成社会功能的减弱。也有学者提出，目前对网络成瘾的界定都存在一定的缺陷，虽然都指出了过度使用网络这一特点，但并没有明确指出网络成瘾对应的是非工作和非学习目的。

第二节　概念争论及归属

目前，网络成瘾的概念仍存在很大争议。比如网络成瘾是否存在，即网络成瘾是一种新的成瘾症，还是其他心理、生理疾病的一种表征？是否为病理性问题？能否用"成瘾"命名？

一、网络成"瘾"吗？

有人认为，网络用户对网络的着迷不同于对化学物质的依赖，是正常生活中都可能遇到并需要克服的问题，因此用"成瘾"并不恰当，于是他们主张用"病理性网络使用""网络过度使用""网络行为依赖"等名词来指代这一问题。也有学者认为，虽然"网络成瘾"不是对物质的生理依赖现象，但网络成瘾具有精神依赖、耐受性高、社会功能受损、使用网络行为难以控制且出现戒断反应等成瘾症状，与"成瘾"的内涵具有一致性，因此可以用"成瘾"来表述。

在目前所有正式的诊断标准体系中，都没有关于网络成瘾的诊断依据，同时网络成瘾也没有被广泛接受的诊断标准。根据格里菲斯等人（2007）的观点，研究者需要区分对网络的依赖和通过网络的依赖。他本人主张网络成瘾是后者，即多数网络成瘾只是将网络作为从事其他成瘾行为的媒介，网络只是一个成瘾平台，是形式，而不是成瘾的具体内容。譬如通过网络玩游戏，个体也能形成游戏成瘾。他认为，即使不在网络平台玩游戏，这些成瘾者在现实生活中也会通过其他形式迷恋游戏活动。但他同时也强调，个体的某些网络行为（如网络性行为）只能通过网络进行，因为网络具有匿名性和去抑制性，即个体在网络环境中会有较少的约束感，能够进行较开放的自我表达。由于这些原因，有人强调将网络成瘾限定在现有精神障碍（如赌博成瘾）的范畴之内，而不是单列出来（Shaffer, Hall, & Bilt, 2000）。然而，一部分研究者强调网络成瘾是一种独立的精神疾病，并将其当作是一种独立的成瘾性行为或者是冲动控制障碍（Potenza, 2008；Yau, Crowley, Mayes, & Potenza, 2012）。近年的研究认为网络成瘾具有部分成瘾性行为的特征，如强烈的欲求、耐受性和退缩(Block & Jerald，2008)。据此推理，布洛克和杰拉尔德(Block & Jerald，2008)提出了4条将网络成瘾诊断为成瘾性行为的标准：

(1)过度的网络使用，伴随失去时间知觉或者忽视基本的驱力；

(2)退缩性，包括愤怒感、抑郁以及不能使用网络时的精神紧张；

(3)耐受性，包括对更好的电脑设备、更多软件程序或者更多使用时间的需求；

(4)不利的结果，包括争执、撒谎、较差的学业成绩、社交孤独和疲惫感等。

二、网络成瘾是"病"吗？

关于网络成瘾病与非病的界定，学术界也有许多不同的说法。美国《精神障碍诊断与统计手册(第五版)》(DSM-V)在2013年5月收录了陶然制定的网络成瘾临床诊断标准，将其作为网络游戏成瘾(Internet Gaming Disorder，IGD)的临床诊断标准，这相当于将"网络成瘾"视为行为成瘾类精神疾病。但直至目前，关于是否可以将网络成瘾界定为疾病，争议仍是较大的。陶然等(2008)认为网络成瘾(尤其是重度网络成瘾)不仅是精神疾病，也是生理疾病，他们认为网络成瘾符合世界卫生组织(World Health Organization，WHO)关于疾病的基础概念，网络成瘾者已经呈现出生理疾病的症状。他们还指出，应该将轻度网络成瘾和重度网络成瘾进行分类诊治，因为它们的症状表现不同。轻度网络成瘾的症状主要表现在精神层面，没有引发身体机能障碍，可被定义为精神疾病；重度网络成瘾可被认定为生理疾病，因为个体常常伴有内分泌紊乱或佝偻、颈椎疾病等生理性症状，不能完全按照精神疾病的方法治疗，需要进行心理疏导和药物辅助治疗。近些年，有研究者对网络成瘾患者的病理性特征进行了验证。大连医科大学的王延东(2013)检测了网络成瘾青少年脑内神经递质的变化，发现他们脑内的谷氨酸、多巴胺、γ-氨基丁酸、五羟色胺、去甲肾上腺素的含量比正常人低，抑制性递质含量较高。徐运(2016)对青少年IGD病例组和健康组进行对照分析发现，青少年IGD患者的血清 Hcy❶、UA❷ 代谢紊乱，血清 Pb、Zn❸ 水平异常，研究者认为血清 Hcy、UA、Pb、Zn 水平的变化与网络游戏成瘾程度有一定的相关性。王延东（2013）对网络成瘾者做了 SCL—90 测试，结果显示，他们的躯体化、强迫、人际关系敏感、抑郁、焦虑、敌对、恐怖、偏执、精神病性等因子以及总均分和阳性项目数均高于全国青年常模。周晓琴等人（2014）通过调查研究发现，有 20％以上的网络成瘾大学生存在强迫、抑郁、焦虑和冲动等症状。罗江洪（2011）的研究表明，网络成瘾青少年的情绪、心理和行为问题比同龄人更严重。他们具有抑郁、焦虑等情绪特质，生活质量不高、家庭功能不良、缺少社会支持、不能自主管理时间、习惯采用消极方式应对困难。他们的五羟色胺（5-HT）水平降低，DA 和NE❹ 水平升高，而 5-HT 和 NE 水平都与网络成瘾程度相关。网络成瘾青少年的血清 Pb 浓度高于对照组，但 Zn、Mg、Ga 浓度却低于对照组。综上所述，无论是否把网络成瘾界定为一种疾病，客观上，网络成瘾者都会出现一些身心方面的病理性症状。张作记（2008）认为，网络成瘾者虽然没有物质和生理依赖，但因长期上网引起的病理性心理依赖，必然会引起生理的病理性变化。

时至今日，尽管学术界对网络成瘾是"成瘾"还是"问题行为"存在一定的争论，但研究者们一致认为这一概念至少包括 2 个方面的内涵：一是个体的网络使用行为无法控制；二是个体的日常功能因此受损（刘勤学，方晓义，周楠，2011）。2012 年，美国精神病学会发布的 DSM-V 初稿将其界定为网络使用障碍（Internet Use Disorder，IUD），并归入物质使用和成瘾障碍亚类（section Ⅲ of substance use and addictive disorder）。但是在 2013 年出版的正式定稿中，只将"网络游戏成瘾"放在第三章"新出现的测量方法与模型"（emerging measures and models）中"有待深入研究

❶ 血清 Hcy 是同型半胱氨酸，又称高半胱氨酸。研究表明，Hcy 代谢紊乱会引起中枢神经系统生物胺神经递质内平衡的紊乱，可能通过影响中枢神经发育导致精神疾病。

❷ UA 指尿酸，是人体嘌呤代谢的终产物。高浓度尿酸会促进脂质过氧化，氧化应激损伤神经元，导致一系列精神症状的出现。

❸ Pb、Zn 分别指人体含有的血微量元素铅元素和锌元素；下文中的 Mg 和 Ga 分别指镁元素和钙元素。大量研究证实，微量元素会影响神经递质的释放、传递及合成，其水平变化或出现代谢障碍，可能导致脑结构、功能的异常和心理行为的改变。

❹ 五羟色胺（5-HT）是重要的中枢性神经递质；DA 指多巴胺，是体内与动机活动和愉快情绪密切相关的重要神经递质；NE 指去甲肾上腺素。

的情况"(conditions for further study)这一部分(American Psychiatric Association，2013)。这就意味着，目前网络成瘾性质的界定仍需更进一步的研究。

===== **拓展阅读** =====

物质成瘾 VS 行为成瘾

成瘾的概念源自临床医学中病人对药物产生依赖的现象，比如成瘾者对酒精、尼古丁、阿片类药物或者处方类药物的依赖，后扩展到毒品滥用或相关的物质依赖(如咖啡因)，称为药物成瘾(drug addiction)或物质成瘾(substance addiction)。药物成瘾都具有相应的生化机制和明显的生物学效果。WHO于20世纪50年代将药物成瘾定义为因反复使用某种依赖性或成瘾性药物而引起的周期性或慢性中毒，其主要症状包括3个方面：

(1)强迫性用药并不择手段地去获取药物；

(2)出现耐受性，即药量有加大趋势；

(3)对药效产生生理性依赖，停止用药会有生理上的不良反应。

目前，物质成瘾在全球范围内都是一个非常严重的问题，并且呈现出低龄化趋势(Potenza & Prinz，2015)。

生理生化研究发现，成瘾物质首先破坏了身体的正常生理平衡。人体内本身就有一种类似阿片类物质的存在，当从外部大量摄入阿片类物质时，外来的阿片类物质逐渐取代了内在的阿片类物质，扼制了原来人体内正常阿片类物质的形成和释放，从而破坏了人体内代谢的正常平衡，形成生理和心理的依赖。只有不断增加这种外来阿片类物质的摄入，个体才会感到愉快。若突然停止使用，补偿机制就会失衡，从而导致停药反应。这样，机体的正常运行机制逐渐产生需要补偿这种外来物质的需求，即产生了身体对该外来物质的依赖性。由于这些物质通过中枢神经系统起作用，某些神经递质会使人产生一种愉悦感，这种愉悦感从心理上强化了个体对该物质的依赖。成瘾严重的个体很难顾及一个正常社会人的各种责任和义务，导致家庭和工作都受到严重损害，有些人甚至为得到该种物质不惜使用任何手段，乃至实施违法犯罪行为。

随着研究的深入，基于药物摄入的成瘾定义受到了挑战。人们发现在一部分人身上存在着过度沉迷某种事物或活动的行为，而这些行为并不像酗酒和吸烟那样涉及物质的摄入。因此，针对药物成瘾，行为科学家提出了行为成瘾（behavioral addiction）概念，常见的行为成瘾包括赌博成瘾、色情成瘾、游戏成瘾等。这些成瘾行为可能并不涉及任何具有直接生物效应的物质，而是以某些有强烈心理和行为效应的现象为基础。现在，以行为定义为基础的成瘾概念被学术界广泛接受。根据这种观点，行为成瘾是指一种异乎寻常的行为方式，个体由于反复从事这些活动，导致其生理、心理健康受到明显的影响，一些日常功能受到损害。具体包括 7 个方面，具备其中的 3 条以上即可认为个体已经有成瘾倾向，5 条以上可以认为个体已经成瘾：

（1）容易产生耐受性；

（2）出现戒断症状；

（3）行为的不可预估性，即行为的时间、频率和强度都大幅超过预期；

（4）多次试图戒除或控制却没有成功；

（5）花大量的时间准备或从事这一行为，或要很长时间才能从其后果中恢复过来；

（6）影响正常的社会交往、职业或娱乐活动；

（7）明知这一行为已经产生生理或心理方面的不良后果，但仍然坚持这一行为。

可见，新成瘾概念更关注成瘾对个体造成的心理、社会功能的损害，关注行为的不可控性。无论是吸毒还是赌博，如果个体强迫性地重复某种行为，导致自身日常功能、社会功能等受损，即对这种物质或行为"上瘾"。这样，成瘾的研究范围就由最初的物质层面扩大到行为层面，"成瘾"不再单纯指物质依赖，而被区分为物质成瘾和行为成瘾。

2013 年修订的 DSM-V 将行为成瘾增设为一种新的精神疾病类别，认为行为成瘾与传统的药物依赖临床表现相似、遗传学易感性类似，并且都作用于共同的大脑奖赏环路，理应合并为一种疾病类别。同时，DSM-V 将"病态赌博"（pathological gambling）改为"赌博障碍"（gambling disorder），因为"pathological"一词冗长且含有贬义。在诊断标准中，DSM-V 剔除了 DSM-IV 中关于违法犯罪的条目(曾有过违法行为，如诈骗、盗窃、挪用资金赌博)，原因是患者回答此类条目的检出阳性率非常低，会使病理性赌博的诊断阈提高。此外，在 DSM-V 中只需要满足 9 项诊断标准中的 4 项或以上(而不是 DSM-IV 中提出的 5 项或以上)就可以明确诊断行为成瘾。由此推测，如果采用新的诊断标准，行为成瘾的诊断率会大幅增加。

第三节 成瘾亚类型

关于网络成瘾亚类型的区分方法有多种，阿姆斯特朗(Armstrong)认为网络成瘾大致可以分为以下 5 类：

(1)网络关系成瘾(cyber-relational addiction)，指沉溺网上聊天或者在色情网站上结识新的朋友；

(2)网络色情成瘾(cyber-sexual addiction)，指着迷于成人话题的聊天室或网络色情图片、视频、音频、文字等内容；

(3)网络强迫行为(net compulsions)，指无法抑制冲动地进行网络赌博或拍卖、购物等行为；

(4)网络信息成瘾(information overload)，指强迫性地浏览各种网页来查找和收集信息；

(5)电脑成瘾(computer addiction)，指强迫性地沉迷网络游戏或编写程序(Armstrong & Phillips，2000)。金伯利·杨在阿姆斯特朗的基础上对网络成瘾亚类型进行了修订，将电脑成瘾改为计算机成瘾。

根据网络的用途，戴维斯(2001)将网络成瘾分为 2 类：一类是与主体的易感特质相关的特定性网络成瘾(如网络游戏成瘾、网络色情成瘾)，研究表明，这种网络成瘾者一般具有抑郁、焦虑和物质依赖等人格特质，这些人通过互联网缓解焦虑、满足需要，即使不选择网络这种方式，也会以其他形式表现出成瘾；另一类是泛化性网络成瘾(如网络聊天成瘾、网络信息成瘾)，这种成瘾与人格特质关系不大，更多与社会功能有关，主要是由社会疏离感和社会支持不足导致的，这类成瘾者一般没有具体的网络使用内容，导致其成瘾的深层原因是家庭或者人际交往方面出现的问题。本节将对网络游戏成瘾、网络关系成瘾、网络信息成瘾、网络色情成瘾 4 个成瘾亚类型进行梳理介绍。

一、网络游戏成瘾

网络游戏成瘾是指在没有明显的成瘾物质使用的情况下，个体网络游戏使用行为出现冲动或失控的现象，过度沉溺网络游戏导致个体心理功能和社会功能受损。

网络游戏成瘾的主要症状有以下 5 点：

(1)对网络游戏有不可抑制的渴望：网络游戏成瘾者的认知、情感和行为都紧紧围绕网络游戏这个中心，思维被网络游戏控制，无心学习、工作；

(2)对网络游戏的耐受性增强：个体一旦网络游戏成瘾，其上网玩游戏的时间与日俱增，但对延长的时间没有感知，一旦其减少上网时间或被迫停止上网行为会烦躁不安；

(3)矛盾与自责心理：成瘾者能够意识到过度沉溺网络游戏的危害，但又难以割舍在游戏中收获的快感和愉悦感，尝试戒除，却难以做到，因此产生矛盾心理；

(4)网络游戏戒断的反复性：成瘾行为得到一定的控制后，会反复发作，并表现出更强烈的成瘾倾向；

(5)出现生理症状：出现如肢体疼痛等不适反应，少数成瘾者还可能出现体重下降、酗酒或吸烟等情况。

二、网络关系成瘾

根据行为成瘾的症状，有研究者将**网络关系成瘾**定义为"个体过度关注网络社交平台，被登录或使用网络社交平台的动机所驱使，并为其投入大量的时间和精力，以至于最终损害其他社交活动、学习或工作、人际关系、心理健康和幸福感"（Andreassen et al.，2014）。

有的学者将网络关系成瘾定义为"因过度沉溺网络人际关系的建立、

维持和发展，导致过度使用网络社交平台，从而使个体在现实生活中的社会功能受损，身心健康受到危害"（孟昕，2017）。网络关系成瘾的个体常常不计后果、不分场合地使用社交网络平台。当个体被限制使用或者不能使用社交网络平台时，他们会产生消极情绪甚至适应性不良。但也有研究者认为，社交网络过度使用只是社交网络使用不当或长时间使用造成心理与行为不适，其症状还达不到网络成瘾的程度，对这一现象使用"问题性社交网络使用"（problematic social networks usage）一词更为准确，它与精神性成瘾障碍有着较大差别（Laconi，Rodgers，& Chabrol，2014）。

三、网络信息成瘾

网络信息成瘾，指个体强迫性地从网上收集无关紧要的或者不迫切需要的信息，并堆积和传播这些信息。曹建琴等人认为，网络信息成瘾是指网络使用者因害怕信息不足而强迫、无目的地浏览网页，搜索和查找数据资料（曹建琴，周玉秋，方运江，姚大志，2009）。通过现代科技设备能搜集到大量信息，这可能会导致个体产生错过信息的恐惧，从而提高检查信息的频率，甚至对此成瘾（Przybylski，Murayama，DeHaan，& Gladwell，2013）。网络信息成瘾者常具有强迫性人格缺陷，具有这种人格特质的个体做事追求完美，一旦有信息没有收集就会令其痛苦不安，但强迫性收集到的信息量超过其处理能力极限时，就可能导致紊乱，这时网络信息带给他们的不再是快捷方便，而是心理上的痛苦与困惑。

有学者认为，网络信息成瘾也叫信息过载，但与信息过载相关的研究都为信息管理、经济学、营销管理、图书馆管理等领域的研究，针对的是信息过载这一社会现象，而不是心理学中所指的网络信息成瘾。有代表性的观点认为，信息过载是指信息量超过个人接受和处理的能力，从而导致人们出现厌烦和焦虑的现象（Schick，Gordon，& Haka，1990）；有学者认为，信息过载是指个人在处理信息过程中产生焦虑和疲劳的现象（Li & Li，2011）；也有学者认为信息过载就是接受了过量的信息，如研究者定义信息过载是个体接受大量信息而无法在一定时间内恰当地处理（Liu，2014）；苏西克和莫塞尔（Soucek & Moser，2010）则认为信息过载是个体体验大量超过个人信息加工容量的信息这一过程；格罗斯（Gross，2014）定义信息过载是个人与网络之间的通信输入没有得到有效处理或利用，导致信息加工出现故障的现象。周玲（2001）认为信息过载是指人们在工作或学习过程中，如果接收到的具有潜在价值的信息的数量过多，就会造成信息使用效率降低的现象；曾晓牧（2004）认为信息过载是海量信息与有限的信息处理能力之间的矛盾造成的，个体不能有效地对信息进行整合和利用。

四、网络色情成瘾

网络色情（cybersex） 一般是指通过各种网络途径进行的与性爱、色情相关的网络行为（Döring，2009）。一些网络色情活动具有很强的互动性，例如色情聊天室等；而另外一些活动则相对被动，例如浏览色情文学、观看色情影片等。很多研究指出，浏览色情作品（文学、影片、图片等）是传播最广的网络色情形式，至少在男性群体中如此（Paul & Shim，2008；Shaughnessy，Byers，& Walsh，2011）。尽管正常的、适度的网络色情行为对个体来说是无害的，甚至可能对个体的情绪调节、性欲释放等产生积极影响（Grov，Gillespie，Royce，& Lever，2011；Hald & Malamuth，2008），但是过度沉迷网络色情活动，会对个体的身心健康、生活、工作等各方面产生不良影响，这种现象被称为**网络色情成瘾**。

另外一些学者则将网络色情成瘾视作纵欲障碍（hypersexual addiction）或者性成瘾（sex addiction）的一种特殊表现形式（Egan & Parmar，2013；Kaplan & Krueger，2010），因此在定义及诊断网络色情成瘾时往往采用性成瘾障碍的标准。如古德曼（Goodman，1998）认为，性成瘾是一种适应不良的性行为模式，会导致个体出现符合临床显著性的损伤或心理困扰，在 12 个月之内出现 3 个及以上的症状表现就可判定为性成瘾，这些症状包括：耐受症状；从事长时间高频率的性活动；持续渴望且难以戒断；对社交、职业、生活各方面产生了严重影响等。欧扎克和罗丝（Orzack & Ross，2000）在诊断和研究网络色情成瘾时参照了古德曼（1998）关于性成瘾的诊断标准。

有研究者对意大利的一个网络成瘾自助团体成员自我报告的症状进行了深入研究，归纳出了网络色情成瘾者的 5 个典型症状（Cavaglion，2009）：

（1）沉迷：网络色情行为已经成为他们生活中最重要的活动；

（2）情绪缓解：网络色情行为成为他们摆脱和逃避消极情绪的工具；

（3）耐受性：他们需要越来越多的网络色情行为才能获得与之前类似的情绪上的解脱感；

（4）戒断症状：当网络色情行为因故不能持续或忽然减少时，他们在生理上和心理上会产生严重的不良反应；

（5）冲突：因为沉迷网络色情活动，个体与周围人、与自己内心以及与学习和工作之间都产生了较大冲突。

钱尼和迪尤（Chaney & Dew，2003）对网络色情作品成瘾者进行了质性研究，结果发现他们的症状表现与线下色情成瘾（offline sexual addiction）或者纵欲障碍的描述并不完全一致。这些过度使用网络色情内容的个体，主要症状表现可以概括为以下 5 个方面：

（1）强迫性使用；

（2）否认，即不承认网络色情行为给自己或他人带来了不良影响；

（3）由于沉迷网络色情作品而产生情绪改变；

（4）在线解离（online dissociation），即在从事在线色情活动时出现精神上、情感上的分离；

（5）为了满足社会联结的需要而沉迷网络色情内容。

其中在线解离症状在其他类型的线上活动中也有所体现（Schimmenti & Caretti，2010）。因此，网络色情成瘾不应该仅仅作为纵欲障碍或者网络成瘾的亚类型，而是兼具二者的典型特征，属于二者的交叉部分（Griffiths，2012）。因此，研究网络色情成瘾时应该兼顾两种角度。

扫描拓展

网络成瘾，家庭干预

第三章

网络成瘾的流行特征

开脑思考

1. 调查发现，不同发展阶段的个体，如不同年龄阶段的中小学生和大学生，其网络成瘾的发生率存在显著差异。试想，大学时候的你和中小学时候的你对网络有哪些不一样的认识？
2. 你认为网络成瘾发生的群体主要有哪些？你是否属于其中的一个群体？
3. 调查数据显示，不同文化背景下网络成瘾的发生率存在差异，如何理解这一差异？

关键术语

网络成瘾，流行特征，流行率，易感人群，青少年，大学生，文化差异

互联网的使用范围越来越广，各个领域都钟情于互联网的优势，网络的使用几乎遍布大街小巷。尽管关于互联网的最新调查结果可能有时效性，但本章分别从网络成瘾的流行率及年龄性别分布、文化差异、影响因素等方面进行梳理，以期能为读者提供这一问题行为的流行特征全貌。

第一节　网络成瘾的流行率及群体特征

根据国内外的大量研究，我们总结了网络成瘾的流行率及群体特征，主要针对青少年和大学生两个群体，对网络成瘾的性别和年龄分布特点

进行了梳理。

一、网络成瘾的流行率

目前，我国的网络成瘾问题不容乐观，有相当多的研究者针对不同地区的不同样本进行了调查研究，总体上讲，网络成瘾流行率存在普遍偏高的态势，但因调查地域和使用工具的不同而有所差异。

在北京地区，雷雳和杨洋（2007）采用其自编的《青少年病理性互联网使用量表》进行调查发现，青少年的网络成瘾检出率仅为 5.8%；而在武汉地区，罗江洪和吴汉荣（2007）采用金伯利·杨的《网络成瘾测验》(Internet Addiction Test，IAT)测查中学生的情况，发现其网络成瘾率为9.0%，其中半数以上为网络游戏成瘾，并且性别差异显著；范方等（2008）用《青少年网络成瘾预测问卷》对长沙市 1 363 名初中学生施测，结果显示，成瘾及成瘾倾向检出率为 13.8%，6 个月后的再测结果为15.4%；宋桂德等人（2008）在天津市区对随机抽取的来自 9 所学校的8 694 名学生（6 所中学和中专、大专、大学各 1 所）进行问卷调查发现，处于青少年时期的学生（中专、初中和高中）的网络成瘾检出率最高，其中中专生为 11.69%，初中生和高中生分别为 5.98% 和 5.95%，按学习阶段和性别加权后，网络成瘾的检出率为 6.90%，其中男性为 9.50%，女性为 4.17%。

刘辉等（2006）采用中国疾病预防控制中心提供的《青少年健康相关行为调查问卷》对江苏省的 18 102 人进行调查，发现上网率为 74.0%，而成瘾率为 8.3%，男生高于女生。李永占（2007）抽取郑州市区 2 所封闭式学校（重点、普通高中各 1 所）和 4 所开放式学校（普通、职业高中各 2 所），共 6 所学校的 784 名高中生进行调查，发现网络成瘾者 68 人，全体有效被试网络成瘾率为 8.7%，男生网络成瘾率显著高于女生，重点高中网络成瘾率显著低于全体被试，而职业高中网络成瘾率显著高于全体被试，封闭式学校网络成瘾率显著低于开放式学校。张伟波等（2021）使用金伯利·杨编制的《网络成瘾测验》对上海的 3 021 名初中生进行调查，结果发现网络成瘾比例为 17.51%，不同年级和不同性别的网络成瘾比例差异有统计学意义；在广州地区，研究者也用金伯利·杨的《网络成瘾测验》，在 10～18 岁的青少年中进行调查，发现网络成瘾的比例占 26.2%，其中大部分属于中度成瘾（Xin et al.，2018）；也有研究者用陈淑惠编制的《中文网络成瘾量表》(Chinese Internet Addiction Scale, CIAS), 在中国台湾地区的初中生中施测, 成瘾的检出率为 17.4%(Lin, Wu, You, Hu, & Yen, 2018)。一项针对中国 20 895 名 7~12 年级中学生的调查显示, 31%处于青少年时期的学生有网络成瘾问题(Guo et al., 2018)。

《2020 年全国未成年人互联网使用情况研究报告》显示, 部分未成年网民存在过度使用网络的行为, 未成年网民工作日平均每天上网时长在 2 小时以上的为 11.5%, 节假日平均上网时长在 5 小时以上的占 12.2%。2010 年, 华中师范大学佐斌教授和马红宇教授主持了一项针对青少年网络游戏成瘾的调查研究(佐斌, 马红宇, 2010)。研究采用大样本调查的方式, 在我国东部、中部和西部地区的 10 个省市区进行问卷调查和访谈。调查对象包括各个年龄阶段的在校学生、学生家长、社会青年、管理人员和网吧经营人员等 8 类。研究共发放调查问卷 104 600 份, 回收有效问卷 100 201 份。调查结果显示, 当前我国青少年网络游戏成瘾者占参与网络游戏青少年的 4.1%, 占所有被调查青少年人数的 3.2%; 未成年人中这两个比例分别为 3.6%和 2.9%。在青少年网络游戏成瘾者的学段分布方面, 大学生网络游戏成瘾者的比例均高于其他学段学生的比例。具体到被调查者性别和所在地域的分布情况如表 3-1 所示。

表 3-1　青少年网络游戏成瘾的比例及分布

范围		成瘾者占玩过网络游戏同龄者的比例(%)	成瘾者占全体同龄青少年的比例(%)
年龄	全部	4.1	3.2
	18 岁以下	3.6	2.9
	18 岁以上	4.3	3.5
性别	男生	5.8	4.9
	女生	1.7	1.1
地区	东部	4.3	3.4
	中部	4.2	3.2
	西部	4.1	3.1

2012 年, 华南师范大学的胡谏萍等人对中国和美国青少年网络成瘾的状况进行了比较研究(胡谏萍, 严正, 喻承甫, 张卫, 2012)。通过对

国内 1997 年至 2011 年的 14 篇研究文献进行总结，研究者发现中国大学生群体的网络成瘾流行率介于 1.62%～17.9%，中学生群体的网络成瘾流行率介于 2.4%～23.4%。总体而言，中国青少年群体的网络成瘾流行率略高于美国青少年群体。

综合国内外的研究结果，青少年网络成瘾的比例介于 4%～12%，男生的成瘾比例稍高于女生，存在一定的学校类型和年级差异。

大学生的网络成瘾发病率在世界范围内被广泛研究。结果表明欧洲研究样本的发病率介于 1.0%～18.3%（Alimoradi et al.，2019；Kaltiala-Heino，Lintonen，& Rimpelä，2004；Pallanti，Bernardi，& Quercioli，2006；Siomos，Dafouli，Braimiotis，Mouzas，& Angelopoulos，2008；Villella et al.，2011）。中东样本的发病率与此类似（1.0%～12.0%）（Canan，Ataoglu，Nichols，Yildirim，& Ozturk，2010；Ghassemzadeh，Shahraray，& Moradi，2008）。亚洲地区的发病率略高，介于 5.46%～25.3%（Cong，Huang，& Zhao，2016；Chi，Lin，& Zhang，2016；Gupta，Khan，Rajoura，& Srivastava，2018；Tateno，Teo，Shiraishi，Tayama，Kawanishi，& Kato，2018）。国际性大学的发病率介于 6.0%～35.0%（Niemz，Griffiths，& Banyard，2005）。

诊断标准的不一致和缺乏大型的流行病学调查导致我们很难确定病理性网络使用在普通人群中的发病率。只有挪威和美国的 2 个大型流行病学研究分别确定了病理性网络使用的发病率为 0.7% 和 1%（Bakken et al.，2009；Elias et al.，2006）。

二、网络成瘾的性别和年龄分布

(一)性别分布

在网络成瘾的性别分布方面，虽然没有全国范围的统计，但是从来自全国各地的研究文献报告的结果可以发现，总体情况为男性的成瘾比例高于女性。

曹建琴与才运江(2010)采用系统分层整群抽样方法，对大庆市 2 010 名大中学学生的网络使用情况进行调查研究，结果表明，大中学学生网络成瘾的发生率为 10.7%，其中男生网络成瘾的发生率为 16.2%，女生为 7.0%。不同性别群体的网络成瘾发生率的差异具有统计学意义。王瑜、王馨竹和宁晓兵（2007）针对大学生网络成瘾的调查分析得出了类似的结论，该研究调查了 514 名在校大学生，结果表明，男生的网络成瘾比例显著高于女生。孙彩虹、费学萍、夏薇和武丽杰（2007）对哈尔滨市中学生网络成瘾现状的调查研究结果也显示，在随机抽取的 1 454 名中学生中，网络成瘾的检出率为 4.36%。在所有参与调查的被试中，男生成瘾被试所占比重为 6.32%，女生成瘾被试所占比重为 2.56%，男生的成瘾比重高于女生。广州市青少年网络成瘾影响因素调查报告显示，在随机抽取的 939 名大中学生中，网络成瘾的检出率为 8.25%，男生的成瘾率（10.88%）高于女生（5.99%），比率差异具有统计学意义（刘伟佳等，2012）。南阳市城区青少年网络成瘾倾向状况及其相关因素的调查显示，在 3 637 名在校中学生和大学生中，网络成瘾的检出率为 7.34%，其中男生（10.72%）的成瘾率明显高于女生（3.49%）（李文梅，2010）。陶宇与李彩娜（2009）随机选取西安两所初高中 6 个年级的有过上网行为的中学生，发放问卷 1 000 份，发现男生的网络成瘾倾向显著高于女生。

相比之下，国外研究中较少报告网络成瘾者的性别比例，在报告有具体数字的研究文献中，得出的结论与国内研究者得出的结论类似，即男性的网络成瘾比例高于女性。来自非洲的研究者对青少年网络成瘾的流行性和影响因素的研究结果显示，虽然正常网络使用者中女性占多数，但是在成瘾风险组被试和成瘾组被试中，男性的比例显著高于女性，其比例具体为：成瘾风险组（男）25.7% v.s.（女）15.3%，成瘾组（男）5% v.s.（女）1.7%（Adiele & Olatokun，2014）。意大利学者从 86 名接受临床治疗或者咨询的网络使用者中选取了 33 名患者进行研究，结果发现，有 21 名患者达到了临床上网络成瘾的标准，而其中女性患者仅有 1 人（Tonioni et al.，2012）。来自美国的研究者对家庭因素影响中国青少年网络成瘾的中英文研究文献综述显示，在中国青少年网络成瘾的性别构成方面，男性被试的比例高于女性被试（Li，Garland，& Howard，2014）。另外有研究者对韩国青少年网络成瘾的情况进行调查发现，在 525 名被试中，有 3.4%（18 名）的被试达到了问题性网络使用的标准；对成瘾被试的性别进行卡方检验的结果显示，男性被试的成瘾比例（3.9%）显著高于女性被试（2.6%）（Yu，Kim，& Hay，2013）。

此外，也有研究者采用《中文版网络成瘾量表》对 893 名大学生进行问卷调查，研究结果显示网络成瘾存在显著性别差异，女性网络成瘾水平显著高于男性，研究者认为出现这一结果可能是由于女性比男性更重视亲密关系（周慧玉，马云霄，王磊，2017）。但总体来看，男性的网络成瘾比例显著高于女性，网络成瘾存在性别差异。

（二）年龄分布

目前尚未有关于网络成瘾年龄特征的统计研究。国内针对网络成瘾问题的研究主要在青少年群体，特别是大中学生群体中进行。但是从已有研究的结果中可以发现，青少年群体，特别是高中生和大学生群体，是网络成瘾发生的主要人群。可能的原因在于该年龄阶段的个体心智发展尚未成熟，冲动、感觉寻求等人格特征处于较高水平，且面临的学习压力较大，缺乏成熟的情绪疏导和压力缓解的方式。

1. 青少年

欧居湖（2003）使用自编《青少年学生网络成瘾鉴别量表》和自编《青少年学生基本情况与网络成瘾影响因素问卷》对 2 012 名青少年进行调查，筛选出网络成瘾者 810 名，占比 40.3％。张德明和龙兵（2018）抽取泸州市的 1 317 名青少年，采用《网络成瘾问卷》《艾森克人格问卷》《一般自我效能感量表》和《社会支持量表》进行调查，结果显示泸州市青少年网络成瘾率为 11.2％，其中网络游戏成瘾占 72.3％。张志华和孙业桓（2018）系统检索了 2012 年 1 月 1 日至 2016 年 12 月 31 日间发表的有关中国中学生网络成瘾的研究文献，最终共纳入 25 篇文献，累计调查中学生 72 832 名，网络成瘾者共 6 859 名；依据网络成瘾判断标准 1、标准 2 和标准 3，我国中学生网络成瘾率分别为 10.78％（9.19％～12.48％），6.92％（4.72％～9.51％）和 10.37％（7.62％～13.49％）。3 种标准结果均显示，男生网络成瘾率高于女生。总体而言我国中学生网络成瘾呈流行趋势，男生高于女生，初中生和高中生无明显差别。研究者李玲、于全磊、张林和金盛华（2015）根据金伯利・杨的《网络成瘾诊断问卷》（Internet Addiction Diagnostic Questionnaire，IADQ）对 4 631 名青少年进行调查，筛选出网络成瘾者 158 名（其中男性 110 名，女性 48 名），占比 4.2％。

总体来看，青少年网络成瘾的发生比例介于 4％～12％。

2. 大学生

有研究者对 910 名中国台湾地区大学生进行研究，13.74％符合金伯利·杨的《网络成瘾诊断问卷》诊断标准，9.78％符合布伦纳（Brenner）的《互联网相关成瘾行为量表》中文第二版诊断标准，5.93％同时符合这两种诊断标准（Chou，Chan，& Tsang，2004）；林绚晖等（2001）使用金伯利·杨的《网络成瘾测验》，对福州某大学的 329 名大学生进行调查，发现成瘾比例为 9.6％；王立皓与童辉杰（2003）使用金伯利·杨的《网络成瘾诊断问卷》对江西某大学的 329 名大学生进行调查，筛选出 12 名成瘾者（其中男性 10 名，女性 2 名），占比 3.6％；张宏如（2003）对江苏某大学的 658 名大学生进行调查，筛选出网络成瘾者 42 名（其中男性 34 名，女性 8 名），占比 7.3％。对 26 篇近年文献进行元分析的结果表明，中国大学生网络成瘾率逐年上涨，平均检出率为 11％，其中男性的检出率（16％）高于女性（8％），中国南部地区的检出率为 11％，北部地区为 11％，东部地区为 13％，中西部地区为 9％（Shao et al.，2018）。国内众多研究结果显示，大学生网络成瘾（量表诊断，非临床诊断）的比例介于 6％～13％，男性的成瘾比例稍高于女性。

(三)网络成瘾存在年龄和性别差异的影响因素

为什么网络成瘾存在年龄和性别方面的差异？为什么不同研究者得出不同的网络成瘾比例？总结出以下 6 个方面的原因：

(1)从研究者使用的工具来看，有的研究者采用的是金伯利·杨的《网络成瘾测验》或《网络成瘾诊断问卷》，有的研究者采用陈淑惠编制的《中文网络成瘾量表》，有的研究者采用自编网络成瘾量表，所以可能会出现年龄和性别的差异。

(2)从年龄来看，七年级、八年级、高三的流行率明显高于其他年级。究其原因，可能由于七年级、八年级的学生怀着好奇的心理去上网，因新奇导致网络成瘾；高三的学生则更容易借助网络逃避现实，缓解学业压力。

(3)从性别来看，男性成瘾率高于女性。研究者们目前还不能清楚解释这个现象，一般是从身心特点和文化传统的角度来分析。较之女性，男性青少年更不甘寂寞、活泼好动，更喜欢新奇的刺激，更喜欢玩网络游戏。遇到困难和情绪困扰时，女性常喜欢逛街购物或者找闺蜜借助亲密关系来排遣；而男性则更倾向于上网呼朋唤友打游戏进行消解。

（4）从经济水平来看，不同研究者抽取的样本存在经济发展水平的差异，有的被试家庭经济水平较高，接触网络的机会比经济水平较低的被试多，更容易导致网络成瘾。因此，有可能因经济水平差异而导致网络成瘾存在性别和年龄差异。

（5）从学校类别来看，不同学校对学生的监管制度不同，诸多学校对九年级、高三的学生格外重视，可能会导致网络成瘾的年龄差异。

（6）从网络环境差异方面看，以往研究中青少年使用网络的情况不够普遍，现在的青少年相比之前更频繁地与网络接触，所以可能导致网络成瘾研究结果出现性别和年龄差异。

第二节　网络成瘾流行率的文化差异

有研究者对网络成瘾进行了跨文化研究，尤其是比较了中、美青少年网络成瘾的问题，提出了多种影响因素。我们从个人因素、家庭因素、上网地点以及法律监管等方面进行了梳理。

一、跨文化研究

随着信息时代的到来，网络使用已经在全世界范围内普及。随着这种使用的普及，网络成瘾也已经成为全球性的问题，得到了世界各国研究者的关注。世界各地的研究者就本地区网络成瘾问题开展调查研究，为全面理解和努力解决该问题提供了机遇。但是目前关于网络成瘾的跨文化比较研究仍然较少。

有研究者对中、美两国青少年的网络成瘾问题进行了比较研究（胡谏萍等，2013）。该研究比较分析了 2 个指标：网络成瘾的发生率和测量工具。研究共选取了 23 篇中、美两国的研究文献，其中中国 14 篇，美国 9 篇。结果发现，在第一个指标上，中国青少年的网络成瘾流行率明显高于美国青少年。美国大学生网络成瘾的流行率介于 1.2%～9.8%，中国大学生则为 1.62%～17.9%；在第二个指标上，美国学者在进行各自的研究时使用了许多不同的研究工具，而中国研究者使用的研究工具较为统一。美国研究者使用的测量工具大多是借鉴 DSM-IV 中涉及物质滥用、冲动控制障碍或者病理性赌博的条目改编而成。尽管使用的工具不一致，但是工具的信效度较好，客观地反映出美国青少年网络成瘾的真实情况。而中国研究者测量网络成瘾的工具较为统一，普遍使用的测量工具有金伯利·杨的 8 项目《网络成瘾诊断问卷》、金伯利·杨的 20 项目《网络成瘾测验》和陈淑惠等人编制的《中文网络成瘾量表》。

二、中、美青少年网络成瘾流行率影响因素

胡谏萍等研究者（2012）认为，个人因素、家庭因素、上网地点和法律监管 4 个方面的不同，造成了中、美网络成瘾流行率的不一致，另外，张瑞瑞（2015）认为社会层面的一些因素也会导致中、美网络成瘾流行率的差异。

(一)个人因素

个人因素方面，主要为非适应性认知、上网动机和基本心理需要的差异。

关于非适应性认知，中国和西方有着不同的结构和内涵。在西方，有研究者发现非适应性认知包括社交便利和压力应对 2 个维度，在美国主要与网络的社交方面（如对在线社交的偏好）有关（Davis，2001）；而在中国，研究者发现，非适应性认知不仅体现在个体认为网络社交自我的强大，还可能体现在与社交活动无直接关系的网络自我价值感，因此非适应性认知很可能还包括"自我价值的维度"（麦玉娇，2008）。美国和中国青少年的非适应性认知不仅维度不同，而且对网络成瘾的影响也有差异。在中国，青少年网络成瘾发生与维持的过程中，自我实现和压力应对这 2 个维度比社交便利的作用更为重要。这表明，与西方青少年群体相比，中国青少年的非适应性认知内容更为复杂，这可能可以解释中、美青少年网络成瘾流行率存在差异的原因。

在上网动机和基本心理需要方面，中国和美国青少年的差异也较大。应对压力、寻求能力需要和自主需要的满足是中国青少年主要的上网动机。中国的基础教育体制仍然是"学业至上"格局，这造成中国青少年自小学起就一直面临升学压力，相对来说其自主需要的满足较为欠缺；而在美国，降低孤独感和满足关系需要的上网动机可能对网络成瘾起着非

常重要的影响。研究发现，孤独的美国青少年更多地使用网络，更多地从网络中寻找情绪支持，并且报告更满意的网络人际活动（Morahan-Martin & Schumacher，2003）。

（二）家庭因素

家庭因素方面，家长对青少年网络活动的态度和了解程度的差异起着重要的作用。中国家长对青少年网络活动多持消极态度，更倾向于关注网络的消极影响。中国的调查结果显示，82％的父母担心青少年通过网络与陌生人联系，62％的父母担心青少年在搜索信息时看到不良信息。而美国家长有较为积极的态度，绝大多数父母相信网络有利于青少年学习新鲜事物，87％的父母认为网络有助于学校教学，只有6％的父母认为上网对孩子没什么好处（Lenhart，Simon，& Graziano，2001；孙彩平，卢敏，赵彤，2008）。中、美两国的父母对青少年网络活动的了解程度也存在差异。在美国的相关研究中，94％的父母会与青少年讨论上网内容，超过90％的父母有时或一直都知道自己的孩子玩哪些网络游戏。积极的态度和适当的了解，可能会减少网络成瘾的发生，这在一定程度上也可以解释中、美青少年群体中网络成瘾流行率不同的原因。

此外，研究发现中国农村青少年网络成瘾流行率显著高于城市青少年，这主要是因为农村青少年的父母通常文化程度不高，缺乏对网络的认识和了解，更有一部分农村的青少年为留守子女，父母常年在外打工，缺乏对孩子上网行为的监督。关于家庭因素对网络成瘾发生的影响，中、美研究也存在差异。中国研究者发现，家庭功能不良、亲子冲突过多、父母对子女的严厉惩罚、拒绝、否认以及父母对青少年疏于监督和约束都是青少年网络成瘾的强预测因素，且有研究报告显示，对网络成瘾的家庭治疗效果显著（Shek，Tang，& Lo，2009）。多数学者认为受儒家文化的影响，中国父母较多采用专制型教养方式，当这种教养方式遭遇家庭功能不良而导致亲子冲突时，会对青少年产生严重不良影响。此外，专制型教养方式不利于青少年自主需要的满足，而寻求自主需要的满足是青少年上网的重要动机。在美国，少有关于家庭因素影响青少年网络成瘾的研究报告。

（三）上网地点

造成中、美青少年网络成瘾发生率差异的第三个可能的原因是上网地点。根据中国互联网络信息中心（CNNIC）2016 年 8 月发布的《2015 年中国青少年上网行为研究报告》，截至 2015 年底，在家、学校和网吧上网的青少年网民比例分别达到 89.9％、25.5％和 24.2％。而美国 2000 年底调查的结果显示，青少年报告的主要上网地点，83％在家里，11％在学校，只有 1％在网吧。研究发现，到网吧使用网络的青少年更可能发展成为网络成瘾者（Recupero，2008）。网吧的集体上网氛围常使青少年难以自控而更容易沉迷网络。同美国相比，中国有更多的青少年通过网吧使用网络，这可能是中国青少年网络成瘾率高的一个重要原因。

(四)法律监管

第四个影响因素是法律监管。在网络普及率较高的美国，青少年的网络成瘾为什么没有中国严重？研究发现，高效执行的国家法律监管起着非常重要的作用（Jaeger & Yan，2009）。自 1996 年以来，美国联邦政府就开始出台网络管理相关的法律措施。有 26 个州制定了相关的地方法案，明确要求公共图书馆、学校和家庭等必须采取措施，防止未成年人上网获取淫秽等有害信息。而在中国，对互联网的法律监管还在不断完善。2008 年 8 月 1 日出台了第一部专门针对网络游戏管理和规范的部门规章——《网络游戏管理暂行办法》，起到了积极作用。2019 年，国家新闻出版署印发《关于防止未成年人沉迷网络游戏的通知》，建成网络游戏防沉迷实名验证系统。2021 年 6 月 1 日，新修订的《中华人民共和国未成年人保护法》施行，开启未成年人网络保护的新篇章。2021 年 8 月 30 日，国家新闻出版署下发《关于进一步严格管理切实防止未成年人沉迷网络游戏的通知》，严格限制向未成年人提供网络游戏服务的时间并落实网络游戏用户账号实名注册和登录要求。

(五)社会层面

青少年网络成瘾问题的产生，与社会中存在的问题密切相关。美国社会问题不断，有研究者认为这样的社会环境无形之中为美国青少年沉迷于网络暴力游戏并使用暴力解决问题做出了"榜样"（张瑞瑞，2015）。这可能是导致中、美青少年网络成瘾流行率差异的原因之一。

综上所述，大学生和青少年的网络成瘾问题被广泛研究，总体而言，网络成瘾流行特征表现出性别和年龄差异，男性的网络成瘾比例显著高于女性，不同年级的学生网络成瘾的比例有所不同。网络成瘾还存在文化差异，本章重点对中、美青少年网络成瘾进行了比较，并从个人因素、家庭因素、上网地点、法律监管和社会层面多个方面具体阐述了中、美青少年网络成瘾流行率不一致的原因。

===== 拓展阅读 =====

数字土著与网络成瘾

互联网在我们的生活中扮演着越来越重要的角色，它不仅影响着青少年和大学生的生活和学习，也与幼儿的成长和发展密切相关，引起了研究者的广泛关注。在这个信息化的时代，数字技术在幼儿发展方面发挥着越来越重要的作用。儿童一出生便处于信息发展迅猛的社会中，他们每天的生活和学习几乎被各种数字技术设备（电视、手机、电脑、平板、游戏机等）包围，他们无时无刻不在接触这些数字媒体。他们是典型的"数字土著"（digital natives）。"数字土著"的概念由马克·普伦斯基（Marc Prensky）于2001年首次提出，指的是在数字时代出生、成长起来的一代人。北京师范大学余胜泉教授对"数字土著"的基本特征进一步解释：他们在丰富的信息技术环境中成长，对新技术的习得更具优势，并善于利用技术促进学习。现如今，这些"数字土著"们初次接触数字媒体的年龄越来越小，使用数字媒体的时间越来越频繁。但是曹培杰和余胜泉（2012）的研究结果表明，并非所有的"数字土著"都对技术有着天生的能力，他们使用技术的方式、方法和熟练程度也存在着显著差异。虽然各种数字技术在"知、情、意、行"等方面对儿童的发展有积极影响，但是，在儿童阶段，他们的身心发展还不成熟，好奇心重、自控力差，他们不确定如何选择数字技术以及浏览的内容，使用方式和对数字技术的不同选择也有可能给儿童发展带来严重威胁与消极影响，例如网络成瘾、网络暴力，这些会对儿童的身心产生严重的不良影响。

与青少年和成年人网络成瘾的研究规模相比，有关小学生网络成瘾的有效研究还比较少。苏州大学的李捷（2018）在陈淑惠编制的《中文网络成瘾量表》基础上编制了《儿童网络游戏依赖量表》，对苏州市文萃小学四、五、六年级和科技城实验小学四、五年级的学生展开研究，结果显示，儿童网络游戏依赖水平在性别上存在显著差异，男生高于女生；儿童网络游戏依赖总体水平在年级上存在显著差异，四年级高于五年级。在中国东、中、西经济地带 16 个省（直辖市）的 30 955 名小学生中进行的问卷调查显示，网络成瘾的检出率达 2.4%（邬盛鑫等，2020）。过度地使用网络会对小学生的学习生活产生深远的负面影响。

相较于成人，儿童对网络游戏更易产生依赖。加之当下生活节奏的加快，家长经常奔波在外，关心和了解孩子的时间少之又少，经常出现智能手机或平板电脑陪伴孩子的情况。在孩子自身因素和社会环境因素的影响下，儿童由最初的网络游戏初探到沉迷其中、形成依赖，最终导致成瘾，影响健康发展。

探究儿童网络成瘾的原因，很多人认为是由于处于儿童阶段的"数字土著"们缺乏自控力。但有研究结果表明，新一代儿童的延迟满足能力较之前的儿童更强。我们猜测可能是由于信息技术普及等因素导致儿童智商提高，早教项目的开展使儿童的思维能力在训练中得到一定提升，父母教养方式的改变以及幼儿教育质量的提高也都可能成为儿童延迟满足能力提高的潜在因素。所以，未来的研究可以从多方面综合考虑"数字土著"们的网络成瘾因素和解决措施。

扫描拓展

独特文化，成瘾特异？

第四章

网络成瘾的理论模型

开脑思考

1. 互联网本身的特征是网络成瘾的重要发生因素，随着技术的不断更新和新产品的不断出现，你认为还有哪些网络本身的因素可能会导致个体更易网络成瘾呢？
2. 现在越来越多的理论模型，如交互系统模型、生态系统理论等，将互联网本身的特征、环境因素和个人因素结合在一起进行探讨，思考一下互联网特征与网络成瘾的关系之间可能还存在哪些中介、调节变量呢？
3. 基于你自己的网络使用经验，你倾向于支持哪一种理论模型呢？你的理由是什么？

关键术语

　　ACE 模型，社会线索减少理论，去抑制效应，行为—认知模型，失补偿理论，人格影响—认知—执行模型

　　一段时间以来，由青少年网络成瘾引发的相关问题日趋严峻。许多研究者都十分关注网络成瘾这一问题，提出了网络成瘾的各种发生机制、理论模型及干预措施。网络成瘾到底是由什么因素导致的呢？研究者分别从不同的视角对这一问题进行了回答。本章分别从网络特征视角、个体特征视角、交互视角这 3 个角度进行阐述，梳理了网络成瘾发生机制的 3 个视角方面的内容，以期构建社会、学校、家庭三位一体的网络成瘾教育机制。

第一节　网络特征视角

　　互联网本身的特征包括：交互性、匿名性、去抑制性、超个人性、选择性以及时空延伸性。我们梳理了以下 3 种理论模型进行解释，有助于我们从互联网本身特征的角度深入理解网络成瘾的发生机制。

一、ACE 模型

　　金伯利·杨（1998）提出网络成瘾的 ACE 模型，A、C、E 分别指代匿名性（anonymity）、便利性（convenience）、逃避现实性（escape）。匿名性指用户在网络中可以隐藏自己的真实身份，可以做自己想做的事情，说想说的话，不用担心自己受到现实身份的约束；便利性指用户通过网络这个工具给自己的生活提供许多方便，如购物、点外卖等；逃避现实性指用户在现实生活中遇到困难可以在网上寻求安慰，借助网络分散自己的注意力，形成一定的缓冲。ACE 模型认为，个体网络成瘾的主要原因是个体在与网络的互动中感受到的这些回馈或者网络在这些方面的强化。网络成瘾出现的物质基础、互联网本身的特征以及个体在使用互联网时经历的强化和需要的满足都可以在一定程度上解释网络成瘾现象。

二、社会线索减少理论

　　社会线索减少理论（reduced social cues theory）认为，在以计算机为媒介的交流中，有限的网络带宽导致了交流过程中社会线索（包括环境线索与个人线索）的减少。这使个体在互动情景中判断互动目标、语气和内容的能力降低。而且，由于网络的匿名性和使用规范的不完善，网络空间中个体对自我和他人的感知会发生变化，从而使受约束行为的阈限降低，并由此产生了反规范与摆脱控制的行为（Kiesler et al.，1984）。这些均有可能进一步导致个体的网络使用行为不可控，并进而形成网络成瘾。

三、网络的去抑制效应

　　舒勒（Suler）等研究者提出网络所具有的 6 大特征会使网络存在去抑

制效应，从而使个体的在线行为，尤其是在线交往行为受到比现实中更少的约束和限制（Suler & John，2004）。网络的 6 个特征包括：匿名性、隐蔽性、异步性、自我中心式的反馈、发散的想象性和降低的权威性。这些因素都会导致个体在网络上表现出和线下或者真实的自己不太一样的行为。而网络的去抑制化效应已经被证明和网络成瘾存在相关。

第二节　个体特征视角

针对个体特征，目前有研究者从不同的视角出发提出了不同的理论模型。我们从个体人格、自我认同发展等方面进行了梳理。

一、"富者更富"理论

克劳德等人（Kraut et al.，1998）经过追踪研究发现，网络在对人们生活的影响上有矛盾之处。他们对美国宾夕法尼亚州的 93 户 256 名居民进行了追踪研究，了解在开始上网的一到两年的时间内网络对他们的社交水平和心理健康的影响。最后有 73 户 169 名居民完成了追踪调查。在所研究的这个人群样本中，网络被广泛地应用于交流。然而研究发现，网络使用得越多，人们与家人的交流就越少，社交的圈子也越小，而且抑郁和孤独的比例随之增加。

研究的结果证实了"富者更富"（the rich get richer）模型，即对于外向的人和有较多社会支持的人来说，使用网络会产生较好的结果；而对于那些内向和有较少社会支持的人来说，使用网络反而使结果更糟糕。研究结果发现，外向的人，网络使用越多，孤独感会越低；而内向的人，网络使用越多，孤独感越高（Kraut et al.，2002）。该研究表明，心理行为发展具有连续性，互联网使用所产生的积极或消极影响可能是原有心理行为发展水平的一个反映，网络使用的影响会因个体特质而异。

二、艾森克人格理论

奥查德和富尔伍德（Orchard & Fullwood，2010）在综述了目前有关网络使用和人格特征相关研究之后提出，艾森克的三因素理论是目前研究媒体偏好和个体特征时相对来说最合适的人格理论，并认为该理论在网络使用的研究中也发挥了重要作用。其综述中发现，内向的个体相对来说更偏好网络交往；神经质得分高的个体看重网络交往，但是不喜欢网络讨论，同时有可能使用网络来逃避孤独感；而精神质较高的个体似乎对网络没有特别的兴趣，其网络使用行为呈现出分散性。同时，进一步的研究发现，内向性和神经质等人格特质均能预测网络成瘾。

三、自我认同发展问题理论

一些发展学理论家（如 Greenfield，2004；Lloyd，2002；Subrahman-yan et al.，2006）一致认为，像网络攻击性和网络成瘾这样的青少年网络行为是和发展需求相关的。格林菲尔德（Greenfield，2004）认为，青少年面临的主要任务是建构和发展出个体自我认同，这有可能会有 2 个结果：一个是适应的，是成功的；另一个是非适应的、失败的。有证据显示，没有成功解决自我认同危机可能会导致青少年在面临挫折时出现言语或者行为攻击，在建构自我认同时感到迷茫、困扰。研究者发现，青少年的网络交往存在着较高水平的攻击性，如在聊天室里使用种族侮辱和露骨的性相关的表达（Subrahmanyan et al.，2006）。他们认为，这是由于青少年在发展自我认同危机中的失败给自己带来了高水平的焦虑，从而在一个限制性相对较低的环境（如网络）中产生了一些不受欢迎的行为。这样的自我探索的困惑、高水平的焦虑均会增加个体网络成瘾的可能性。

第三节　交互视角

网络成瘾可能不仅是某一种因素造成的，而是多方面交互作用的结果，可以从网络使用的动机、需求、认知等方面进行解释。

一、交互系统模型

张阔、林静和付立菲（2009）提出交互系统模型，认为网络成瘾应该从多方面进行寻找原因，不仅仅是某一因素导致的。交互系统模型中网络成瘾的起因主要是家庭环境和个体所经历的压力事件，这些会导致个体的挫折经历和体验，使个体感受到自尊降低，甚至会导致社会功能失调。个体的需求在现实世界得不到满足，于是寻求在网络虚拟世界中的暂时满足。网络的匿名性、海量信息、交互性和便利性等特点，能够暂时满足个体在现实世界中无法满足的需要，使他们的生理、心理的不平衡通过网络活动短时间内得到补偿。因此，长时间在现实生活中经历挫折的个体，就可能通过持续上网的方式逃避现实、满足需要，最终，挫折体验、社会功能失调和网络活动提供的暂时满足形成相互交织的恶性循环，上网行为逐渐成为个体活动的中心，使个体逐渐产生欲罢不能的病理性依赖。

还有研究者验证了交互系统模型中其他因素对网络成瘾倾向影响的交互作用。金盛华等人（2017）对来自全国 7 个省的 1 216 名青少年进行问卷调查，发放《网络社交频率问卷》《网络成瘾倾向问卷》和父母自评的《社会经济地位问卷》并进行分析，发现社会经济地位和网络社交频率对网络成瘾倾向的影响具有交互效应：在高社会经济地位的家庭中，青少年的网络社交频率对网络成瘾倾向的影响不显著；而在低社会经济地位的家庭中，青少年的网络社交频率对网络成瘾倾向的影响是显著的。金盛华对这一现象的解释是高社会经济地位家庭的青少年在网络社交过程中不会过度投入，较少通过网络社交维护自身自尊和寻求社会支持；而低社会经济地位家庭的青少年在现实生活中的社会支持较少，更容易在网络社交过程中寻求社会支持，相比高社会经济地位家庭的青少年更容易产生认知适应不良，更容易引发病理性网络使用。

二、沉浸体验理论

"沉浸体验"（flow experience，又称心流）的概念最早由米哈里·契克森米哈伊（Mihaly Csikszenmihalyi）提出，也被称为"最佳体验"（optimal experience），指的是人们对某一活动或事物表现出浓厚的兴趣，并能推动个体完全投入某项活动或事物的一种情绪体验。米哈里·契克森米哈伊之后系统地提出了沉浸理论模型，他认为个体所感知到的自己已有的技能水平与外在活动的挑战性相符合是引发沉浸体验的关键，即只有技能和挑战性呈平衡状态时，个体才可能完全融入活动，并从中获得沉浸体验。后来，斯维彻和威斯（Sweetser & Wyeth，2005）在米哈里·契克森米哈伊提出的沉浸理论的基础上提出了有关网络游戏的沉浸理论。该理论认为网络游戏的以下 8 个特征可以令玩家在玩游戏的时候产生沉浸体验，这 8 个特征是：集中注意、匹配挑战、玩家技能、控制感好、目标清晰、提供反馈、沉浸如醉和社会互动。后来不少研究者的实证研究结果也证实了沉浸体验对游戏成瘾的作用（魏华，周宗奎，田媛，鲍娜，2012）。

三、认知—行为模型

戴维斯（2001）提出认知—行为模型（见图 4-1）。这一模型认为网络成瘾是一个动态变化的过程，包括病因、发展和结果 3 个因素。病因主要是指导致网络成瘾的外界因素，如互联网本身的特征以及网络成瘾者的个性特征，如冲动型人格；发展是指在不适当的认知下形成网络成瘾的过程；结果是指网络成瘾的症状。该模型将病理性网络使用（Pathological Internet Use，PIU）的原因分为近端因素和远端因素。近端因素为非适应性认知（maladaptive-cognition），是模型的中心因素，也是 PIU 发生的充分条件；远端因素为 PIU 发生的必要条件，包括精神病理学因素（又称个体易患素质）和压力源，其中精神病理学因素指当个体具有抑郁、社会焦虑和物质依赖等素质时，更容易发展出病态网络使用的行为；压力源指不断发展的互联网技术。

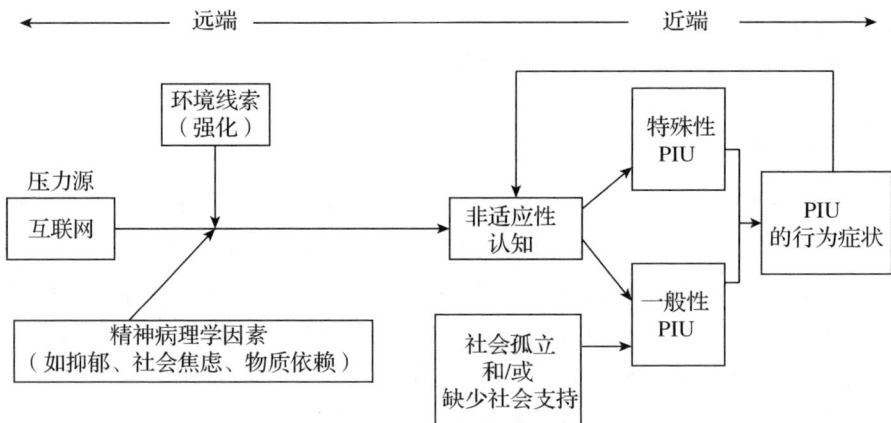

图 4-1 戴维斯的认知—行为模型

　　戴维斯将 PIU 分为 2 种，一种是特殊性 PIU，特殊性 PIU 包括过度地使用网络功能（比如赌博、游戏等），是其他成瘾行为在网络上的具体表现，是对于网络中某种特定功能的成瘾；另一种是一般性 PIU，这种网络成瘾与网络的过度使用有关，与网络中某种具体功能无关。一般性 PIU 发生的原因在于网络这一交流环境的独特性，主要体现在不同于现实世界的匿名性和交互性。其发展过程为：一般性 PIU 的个体在现实生活中缺乏社会支持，他们只能通过网络寻找社会支持，随着互联网的发展与普及，网络社会支持的范围越来越大，个体消耗在网络上的时间越来越长，形成非适应性认知，进而导致网络成瘾。

　　戴维斯强调，PIU 的认知症状先于情感或行为症状出现，并且导致了后两者的发生。有 PIU 症状的个体在某些特定方面有明显的认知障碍，从而加剧个体网络成瘾的症状。例如，张锦涛等人（2014）的研究表明，这种认知障碍在网络虚拟世界和现实世界的区分中以及虚拟自我和现实自我的认同中能够得以体现。他们通过整群取样的方法选取北京市某所高校的 2 250 名大一新生作为调查对象，使用问卷调查了大学新生网络使用时间、网络社交使用时间占网络使用总时间的比重、网络使用的背景性渴求以及网络成瘾程度之间的关系，结果发现网络社交使用比重可以直接正向预测网络成瘾，网络社交使用比重在网络使用时间预测网络成瘾这一关系中起调节作用，即相对于较少使用网络社交的被试，较多使用网络社交的被试表现出更高的网络成瘾程度。张锦涛认为，大学新生刚刚进入一个新的环境，正在进行一个社会适应的过程，这个时候过多地从网络上寻求社会支持，而不是在现实中建立新的社会关系，可能会增加个体对网络的依赖性，进而可能会逐渐导致病理性网络使用。

四、阶段模型

　　格若霍（Grohol，1999）提出了阶段模型，认为所谓的网络成瘾只是一种阶段性的行为（见图 4-2）。该模型认为网络用户大致要经历 3 个阶段：第一阶段，网络新手被互联网迷住，或者有经验的网络用户被新的应用软件迷住；第二阶段，用户开始避开导致自己上瘾的网络活动；第三阶段，用户的网络活动和其他活动达到了平衡。格若霍认为所有人最后都会到达第三阶段，但不同的个体需要花的时间不同。那些被认为是网络成瘾的用户，只是在第一阶段被困住，需要寻求帮助才能跨越这一阶段。

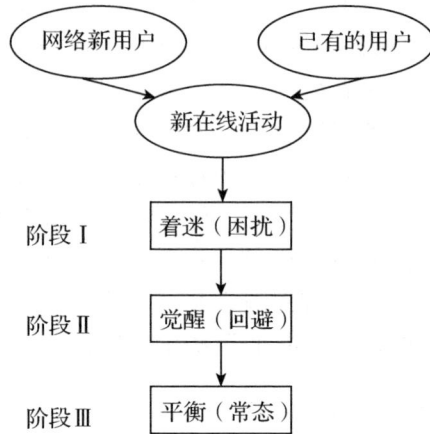

图 4-2　格若霍阶段模型

五、"用且满足"理论

莫里斯和欧根（Morris & Ogan，1996）借用大众沟通的游戏理论（play theory in mass communication）和"用且满足"理论（use and gratifications approach）来解释网络成瘾现象。"用且满足"理论有 2 个重要假设：

（1）个体选择媒介是以某种需要和满足为基础的，个体希望从各种媒介资源中获得满足感或接受信息；

（2）媒介是通过使用者的意图或动机来发挥作用的，它将焦点由从媒介的直接作用中得到需求满足的"被动参与者"转向媒介使用中的"积极参与者"，强调了个体的使用和选择。研究者证明媒介满足了个体的以下需求：解闷和娱乐（diversion，逃离日常事务的限制，逃离问题带来的负担和情绪释放）；人际关系（personal relationship，陪伴和社交）；个体认同（personal identity，个人自我认同，对现实的探索以及价值感的增强）（McQuail，Blumler，& Brown，1972）。

有研究者指出所有的媒介使用者本质上都有 5 类相同的需要：一是认知需要，即增加信息、知识和理解力有关的需要；二是情感需要，即与增强美感、愉悦和情绪经验有关的需要；三是个体整合需要，即与增强可信度、自信、稳定性和地位有关的需要，是认知和情感因素的整合；

四是社交整合功能，即与增强和家庭、朋友以及世界的联系有关的需要；五是与逃离或释放紧张有关的需要（Song，2003）。另有研究者从专门针对互联网的满足感的概念中提取了 7 个网络满足感因素：虚拟交际、信息查找、美丽界面、货币代偿、注意转移、个人身份和关系维持，并且认为这几个因素都有可能增加用户的网络成瘾倾向（Song et al.，2004）。

六、心理需求的网络满足补偿模型

不少研究者将马斯洛的需要层次理论运用到网络行为的解释中，认为网络能够满足个体的基本心理需求（Suler，1999；才源源，崔丽娟，李昕，2007）。万晶晶（2007）通过实证研究，在大学生网络成瘾群体中发现了心理需求的补偿满足效应。该研究发现，心理需求的现实缺失完全通过网络满足补偿影响大学生网络成瘾。心理需求现实缺失越多，网络满足优势越大，从而导致大学生网络成瘾趋势越为严重。方晓义和万晶晶等人（2010）进一步发现，个体具有 8 个与网络有关的心理需求，相对于现实满足途径来说，网络具有满足优势，而网络满足优势能够直接预测大学生的网络成瘾倾向。刘勤学等人进一步开展实证研究并总结提炼，提出了心理需求的网络满足补偿理论。该理论认为，个体在进行心理需求的满足时，会无意识地将现实满足途径和网络满足途径进行比较，一旦发现了网络在需求满足上的优势，个体就会倾向于越来越多地选择网络来进行需求满足，从而发展成网络成瘾。该理论还提出，不同的网络行为可能会对应不同的需求满足优势（Liu，Fang，Wan，& Zhou，2016）。目前该理论在国内外得到了很多研究的证实。

七、失补偿理论

高文斌和陈祉妍（2006）在临床案例和实证研究的基础上，参考网络成瘾既有理论，基于个体发展过程提出了网络成瘾的"失补偿"假说（见图 4-3）。"失补偿"假说将个体发展过程解释为 3 个阶段：

（1）个体顺利发展的正常状态；

（2）在内因和外因作用下发展受到影响，此时为发展受阻状态。在发展受阻状态下，可以通过建设性补偿激活心理自修复过程，恢复常态发展；如果采取病理性补偿则不能自修复，最终发展为"失补偿"，导致发展偏差或中断；

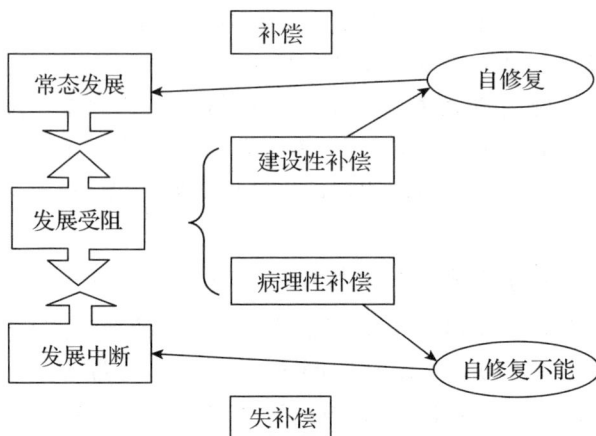

图 4-3 "失补偿"假说图示

（3）如不能改善则最终导致发展中断。"失补偿"假说对网络成瘾的基本解释为：网络使用是青少年心理发展过程中受阻的补偿表现。如进行建设性补偿，则可以恢复常态发展，完成补偿，即正常的上网行为；如形成病理性补偿，则引起"失补偿"，导致发展偏差或中断，即产生网络成瘾行为。

八、社会—认知理论模型

班杜拉（Bandura，1986，1999）提出的社会—认知理论模型（social-cognitive model）对互联网心理学的研究具有广泛影响。研究者在互联网使用研究中引入了社会—认知理论为理论框架（Larose，Maestro，& Eastin，2001）。社会—认知理论强调行为、环境以及个人决定物（自我调节、预期、自我反应与反省等）三者之间的交互作用。在社会—认知理论框架内，互联网使用被概念化为一种社会认知过程，积极的结果预期、互联网自我效能、感知到互联网成瘾与互联网使用（如以前的上网经验、父母与朋友的互联网使用等）之间是正相关的；相反，消极的结果预期、自我贬损及自我短视与互联网使用之间是负相关的。这反映了互联网使用可能是自我调节能力的一种反映。班杜拉（2001）认为，现代社会中信息、社会以及技术（信息技术）的迅速变化促进了个体的自我效能感与自我更新，能力较好的自我调节者可以扩展他们的知识与能力，能力较差的自我调节者在此方面可能落后。

九、社会—心理—生理整合模型

鉴于网络成瘾理论普遍存在视角单一的状况，国内学者刘树娟和张智君（2004）认为，在众多实验和理论成果基础上提出的社会—心理—生理整合模型可以更好地解释网络成瘾。网络成瘾作为一种错综复杂的社会和心理现象，在进行研究时需要综合考虑多方面因素，单从某一方面进行网络成瘾行为分析的做法是不足取的。他们认为，网络成瘾是社会环境因素、心理因素以及生理因素交互作用的产物，同时存在复杂的内部机制。其中，社会环境因素主要是家庭环境、社会文化和社会生活事件等。家庭教养方式、家庭功能、教师期待、教学质量及社会文化等均属于该因素，影响个体的现实和网络行为。心理因素方面，抑郁、孤独、自尊及冲动的控制失调等均是值得密切关注的影响因素。生理因素方面，长时间的上网会使大脑的多巴胺水平升高，生物因素的变化可以改变人的唤醒水平，唤醒影响着人的成瘾行为。需要指出的是，生理因素对网络成瘾的影响是一种长时间的累积效应，而非短期内的即时效应。网络成瘾的社会—心理—生理模型中的各个因素不是彼此独立的，它们的影响是交互的。例如，环境的一些因素可促使网络新手积极地使用网络，而这时如果个体由于其他的某种原因出现认知失调，那么他们就很容易形成网络成瘾。由此可见，环境因素是网络成瘾的外因。环境、生理因素总是和心理因素共同调节着个体的行为。

十、网络使用动机与社会—心理健康的关系模型

张锋、沈模卫、徐梅、朱海燕和周宁（2008）提出互联网使用动机、病理性互联网使用行为与其相关社会—心理健康的关系模型。其中，互联网使用动机包括信息获取性动机和人际情感性动机 2 种模式；病理性互联网使用行为包括上网冲动性、分离/逃避和网上优越感 3 个初级因素；互联网相关社会—心理健康包括孤独感、社会参与度、一般性抑郁、生活幸福感和生活满意度 5 个初级因素，并被进一步概括为社会健康和心理健康 2 个维度。研究结果表明，基于信息获取性动机使用互联网有助于相关社会—心理健康水平的提高；基于人际情感性动机使用互联网更容易导致病理性互联网使用行为，并由此对使用者的社会—心理健康产生负面影响；大学生使用互联网的积极效应大于消极效应，信息获取性动机对社会健康有更强的积极效应，而人际情感性动机对心理健康有

更强的消极效应(张峰等，2008)。

十一、使用满意度理论

根据使用满意度理论(Parker & Plank，2000)，当人们对使用互联网感到满意时，就会被刺激，从而更频繁地使用它，最终可能导致网络成瘾。因此，父母应该减少消极的教育，如惩罚和拒绝，并为他们的孩子提供积极的教育，如温暖和理解，以增强孩子的自信、自尊和自我控制，从而可以防止网络成瘾的发生。

十二、人格影响—认知—执行模型

最近的一种人格影响—认知—执行(Interaction of Person-Affect-Cognition-Execution，I-PACE)模型强调易感性因素(如冲动、家长上网及态度)、情感及认知过程(如渴望)、与成瘾有关的刺激(如同龄人上网)及分组因素(如性别)都是网络成瘾发展及维持的潜在因素及过程(Brand et al.，2016)(见图4-4)。"I-PACE"是一个针对特定类型网络成瘾(游戏、

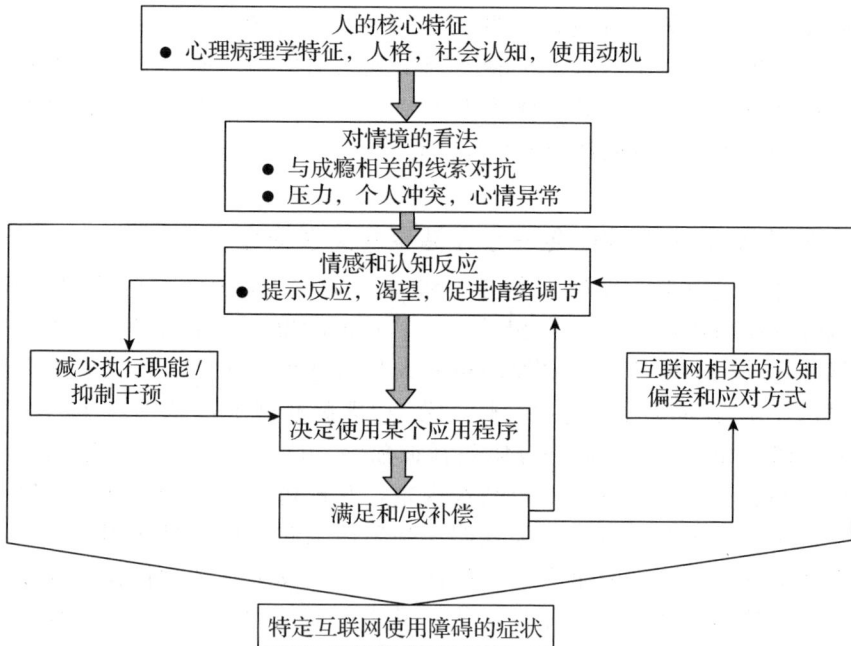

图 4-4 人格影响—认知—执行(I-PACE)模型

赌博、网络色情、消费和社交)的理论流程模型，该模型旨在反映特定的网络成瘾的发展与维持过程中的成瘾过程。特定的网络使用障碍被认为是诱发因素(如神经生物学和心理学构成)、调节因素(如应对方式和与网络有关的认知偏差)和中介因素(如对情景触发器的情感和认知反应以及执行功能降低)之间相互作用的结果。调节过程可以加强网络成瘾过程中的这些联系。

=== 拓展阅读 ===

人格影响—认知—执行模型 & 认知行为疗法

CBT-IA(Cognitive-Behavioral Therapy for Internet Addiction)是结合经典的认知行为疗法(Cognitive-Behavioral Therapy，CBT)元素和具体的互联网相关问题，专门为治疗网络成瘾而开发的疗法。CBT-IA 包括以下 3 个阶段：

(1)行为矫正；

(2)认知重建；

(3)减少伤害。

在一项针对 128 名网络成瘾者的研究中，CBT-IA 被发现在减轻症状、改变不良认知以及管理与网络成瘾症状相关的潜在个人和情境因素方面是有效的(Young，2013)。最近，CBT-IA 模型被应用于网络游戏成瘾病例，在这种情况下，CBT-IA 的互联网相关元素(例如，对自己互联网使用的不适应认知)可以被应用于网络游戏中。

当个体遭受网络游戏成瘾症状的折磨时，治疗师应该帮助患者戒掉游戏，并适度地将互联网的使用转向其他目的。这是最困难的一步，即 CBT-IA 的阶段——行为矫正。治疗师需要监控患者的互联网和技术使用情况，帮助患者重新调整对媒体和屏幕技术的使用。这也意味着刺激和情况控制，包括指导患者改变在家里的状况，使他们更不容易接触游戏(如计算机重组)。患者之后的行为成为进一步治疗的对象，例如能够完成日常活动，在日常生活中保持一个正常的生活规律，花时间在互联网以外的人/事上或专注于其他爱好(如运动)。网络游戏成瘾者需要投身于他们喜欢的其他活动，或者找到一些可以在戒除游戏的过程中令自己感兴趣的新活动。当 I-PACE 模型与 CBT-IA 合并时，CBT-IA 的第一阶段主要是制定处理情景方面和使用特定应用程序方面的决策。

具体来说，利用 I-PACE 模型和 CBT-IA 评估患者的应对方式和与互联网相关的认知偏差以及对游戏的情感和认知反应是非常重要的。在 CBT-IA 的第二阶段——认知重建，网络游戏成瘾者扭曲的认知使他们沉迷于游戏（例如，他们可能会感到孤独、不安，甚至抑郁，但当他们玩游戏时，游戏里的角色可能是一个伟大的战士，这使他们感到自信和受欢迎）。自尊心不强的患者可能会觉得自己不受欢迎，在他们的认知里，玩游戏是提升自尊的一种方式。CBT-IA 通过认知重构打破这种认知偏差和网络使用预期的模式（Young，2013）。网络游戏成瘾者认为玩游戏比日常生活中的其他任何活动都能获得更多的积极情绪，CBT-IA 可以帮助其认识到他们沉迷网络游戏只是为了避免消极情绪或逃避现实。这一点对于网络游戏成瘾者来说很难做到，但对于治疗过程来说，理解和改变这些不适应的想法是很重要的。同样，I-PACE 模型和 CBT-IA 的重点都是检验个体通过玩游戏获得满足感的机制以及在现实生活中不被满足的、通过过度游戏来获得补偿的需求。例如，一名患者承认他开始意识到他是通过网络游戏来满足自己在现实生活中无法被满足的需求，在这种背景下，CBT-IA 帮助患者制定更有效、更健康的应对策略，以应对现实生活中的压力和负面情绪，并找到健康的方法来提高其自尊和自我效能感，建立稳定的人际关系。

CBT-IA 的第三阶段——减少伤害，当患者意识到自己沉迷网络游戏是一种问题时，最常见的反应是罪恶感和净化循环。对大多数患者来说，真正的恢复需要观察游戏习惯背后的动机和期望。治疗师还必须帮助患者认识、处理和治疗与网络游戏成瘾同时发生的潜在问题，尤其是潜在的抑郁和社交焦虑。

为什么将网络使用障碍的理论模型（如 I-PACE）和现有的治疗方法（如 CBT-IA）结合起来用于临床实践是有帮助的呢？我们认为，理论模型的目的是总结一种疾病发展和维持的主要过程，这些模型对于过程中的特定研究假设是有用的。如果我们能更好地理解精神障碍现象学中涉及的核心过程，我们就能检查这些过程是否可以由现有的治疗方法来处理，如果不可以，如何用额外的特定技术来补充当前的治疗方案。另外，对治疗方法有效性的研究也可以启发该障碍的理论模型的构建。例如，如果我们看到认知重建对患者特别有帮助，那么很明显，认知过程（如期望）在维持该障碍方面占很重要的部分，如果研究者充分考虑了这些过程，现有的模型就可以被检验。所以，理论模型与治疗的关系是双向的。鉴于理论模型和治疗方法（以及诊断和预防）从来都不是绝对的或完美的，考虑如何将这两个领域成功地结合以提高准确性和有效性是很重要的。

扫描拓展

越是"高冷"，越易成瘾？

Part Ⅱ | 第二部分

网络成瘾的影响与形成

第五章

网络成瘾对个体的影响

1. 我们可能会有这样的感觉：从长时间的网络游戏中回到现实生活中时，会感到大脑一片空白、懒于思考。网络成瘾会"网住"我们的大脑吗？它会给大脑造成怎样的影响或危害？
2. 你相信有所谓的"网络成瘾人格"吗？为什么？
3. 网络社交已成为当下主要的社交途径之一，网络社交能代替传统的现实生活中的接触交往以满足青少年社交需求、促进其心理的健康发展吗？青少年沉迷网络社交对其社交能力的发展究竟有利还是有害？

认知损害，内隐认知理论，奖赏神经环路，优势反应抑制，冲动控制障碍，心理健康人格因素，情感异常，社交回避，社会存在理论，社会环境线索理论，社会功能损害

我们生活的这个时代，网络无疑丰富了人们的日常生活并带来了极大的便利。互联网提供的新鲜事物有利于培养青少年的开放意识、学习能力以及社会能力，也有利于激发青少年创造力和思维方式的形成。但网络同时是一把双刃剑，随着移动网络与智能手机的出现和普及，很多青少年成了"低头一族"，甚至染上网瘾。网络成瘾带来的危害不容小觑，本章将从身体和认知、心理和人际以及其他综合性危害 3 大方面，分别阐述网络成瘾对个体的影响。

第一节　身体和认知层面

网络成瘾的危害最直接的表现，就是会损害身体健康。视力、睡眠、注意、认知，这些与我们日常生活紧密联系的功能，都会遭受网络成瘾的攻击。

网络成瘾的青少年每天会花大量时间在网络上，长期坐在屏幕前不仅会引发腕关节综合征、背部扭伤等躯体损伤，还会对青少年的视力造成很大危害。有研究者专门对网络成瘾引发的身体伤害进行过研究，发现网络成瘾可能导致腕骨髓道症、眼睛干涩、偏头痛、背痛、饮食不规律、不能保持个人卫生、睡眠紊乱等一系列症状（KOrzack & Orzack，1999）。

首先，长期上网会损伤视力。研究发现人眼组织能吸收电脑的电磁辐射，从而使晶状体代谢功能下降，长此以往形成晶核，这是导致白内障、失明的主要原因之一。另外，由于上网时青少年的注意力高度集中，眨眼频率大幅降低，易引起眼体泪液分泌量不足，导致眼干、眼睛酸痛、视线模糊等现象。医学调查结果显示，经常使用电脑的人患"干眼症"的概率更高。

其次，电子产品在使用过程中会产生电磁辐射，会对人体造成隐形伤害。电磁辐射可以直接穿透包括人体在内的多种物质，长时间使用电子产品会使人体的血液、淋巴液和细胞原生质等物质发生变性，进而影响人体的循环系统、免疫系统及各种新陈代谢功能，并诱发各种疾患，如心血管疾病、肠胃神经官能症、紧张性头痛等（李超民，2012）。

除此之外，网络成瘾还会从精神上的依赖发展为躯体上的依赖，出现一系列躯体症状，如情绪低落、头昏眼花、双手颤抖、疲乏无力、食欲不振等。从生理上讲，这些症状都是由于上网时间过长，大脑中相关的神经中枢长时间处于亢奋状态而造成的过度疲劳症状（刘彦，2007）。

(一)睡眠问题

入睡困难可能会导致网络使用时间的增加(Tavernier & Willoughby，2014)，进而导致网络成瘾。反过来网络成瘾又会导致睡眠问题这类并发症的发生。很多网络成瘾评估工具都支持这一观点，如《网络成瘾量表》(CIAS；Chen et al.，2003)和《因特网使用情况调查》(Rotunda et al.，2003)中的项目都选用睡眠作为测评网络成瘾的标准之一。网络成瘾影响睡眠的可能机制有以下 3 种：

(1)网络的使用取代了睡眠；

(2)网络使用导致睡眠问题的增加，即睡前收到的信息内容增强了认知和情绪的觉醒，增加了睡眠障碍的风险，有关评估褪黑激素水平和情绪的研究证实了这一观点(Vernon & Barber，2017)；

(3)电脑、手机屏幕的强光照射延迟了昼夜节律(Cain & Gradisar，2010)。

同时，网络成瘾对昼夜节律的紊乱具有前瞻性的预测作用。过度使用互联网还会导致睡眠时间不规律(Nuutinen et al.，2014)。陈一龙(2016)在针对青少年开展的为期一年的追踪研究中发现，与非网络成瘾组相比，网络成瘾组平均夜间睡眠时间缩短 0.14 小时，报告需要的睡眠时间延长 0.27 小时，网络成瘾者睡眠质量差的时间也更长。还有学者研究了卧室中的智能手机对儿童睡眠质量的影响，证实了以上结果，并发现卧室中有智能手机的儿童有日间嗜睡的现象(Isaacs & David，2017)。这些睡眠问题将会导致青少年在白天处于精神不佳的状态，进而影响他们的日常生活，尤其是在学校学习时，他们会表现出困顿恍惚、无心听课等现象。睡眠问题还会对青少年健康产生影响。随着时间的推移，睡眠紊乱与抑郁情绪的增加会导致自尊下降(Lovato & Gradisar，2014；Roberts，Roberts，& Hao，2009)，并随之产生更多的外化行为(McGlinchey & Harvey，2015)。

(二)注意损害

罗庆华等(2007)采用斯特鲁普(Stroop)任务考察网络成瘾者的注意特征，发现成瘾组在彩色文字阅读任务(Stroop-c)中的正确数、完成时间以及彩色文字的色彩阅读任务（Stroop-cw）中的正确数均较非成瘾组差。说明与对照组相比，成瘾者的选择性注意及抗干扰能力受到了损害。张智君等（2008）采用点探测任务发现，与对照组相比，网络游戏成瘾者对出现在游戏图片位置同侧探测点的反应比出现在对侧探测点的反应快，表现出对游戏图片的注意偏向。

德克尔和盖伊（Decker & Gay，2011）分别采用普通英文词汇和《魔兽世界》专有术语2个类型的 Go/NoGo 任务进行研究，对比发现，网络游戏《魔兽世界》成瘾玩家在第二个类型的任务中辨别目标和干扰刺激的成绩更好，说明他们对《魔兽世界》专有术语表现出了明显的注意偏向。

图式的成瘾理论（schema-based theories of addiction）和内隐认知理论（implicit cognition theory）认为，成瘾是一种自发无意识的、无法控制的、难以中断的潜在认知行为（Stacy & Wiers，2010）。网络成瘾者更能注意到与网络相关的信息，并对其进行加工，形成图式，而储存在大脑中的这种图式又会在相关刺激的作用下被激活，进一步影响成瘾者对网络相关信息的注意。这种认知加工过程会越来越趋于自动化，导致注意力愈发难以避开这些刺激的干扰。另外，有些研究表明，注意力缺陷多动障碍（Attention Deficit and Hyperactivity Disorder，ADHD）是网络成瘾最常见的共病之一，成年网络成瘾者并发此障碍的患病率为 43.93%，且注意障碍症状与网络成瘾的相关性最大（Yen et al.，2007）。

(三)感觉和知觉损害

事件相关电位技术中的 N100 和 P300 是反映人的认知加工能力的重要指标，N100 反映人对听觉刺激的感觉加工，P300 反映知觉加工。贺金波等人（2008）采用事件相关电位技术，以网络游戏成瘾大学生为被试，探索了网络游戏成瘾者脑认知功能的变化。结果发现，成瘾者听觉 N100 的波幅显著高于非成瘾者，说明成瘾者可能存在感觉功能的易化，或者受到感觉寻求人格特质的影响。成瘾者听觉 P300 的波幅显著低于非成瘾者，说明网络成瘾者可能存在认知功能的损害（贺金波，郭永玉，柯善玉，赵仑，2008）。

N100 是给予听觉诱发刺激后 100 毫秒左右出现的负波，产生于听觉通路投射的皮层结构。N100 不只体现了个体对传入声音物理特性的反应，也体现了个体大脑皮层对刺激的意义和重要性的判断。研究发现，成瘾组产生了波幅更大、潜伏期提前的 N100，提示相同强度的声音刺激诱发了成瘾者更大强度的大脑皮层唤醒，吸引了成瘾者更多的注意（贺金波，郭永玉，柯善玉，赵仑，2008）。这种现象可以从 2 种意义上予以解释，一是成瘾者的感觉功能削弱了，出现了注意功能的易化，这一结果与赵仑和高文斌（2007）的早期视知觉的研究结果是一致的。青少年正处于身心发展时期，无论是脑功能还是心理机能都不成熟，如果长时间、无节制地暴露于千奇百怪的声音和五颜六色的刺激之下，可能会使其感觉功能受到负面影响；二是这种现象可能与感觉寻求有关。感觉寻求是对多变的、新异的、复杂的和强烈的感觉和体验的寻求倾向，包括兴奋与冒险寻求、体验寻求、去抑制、厌倦敏感性 4 个维度（Zuckerman，1994）。研究表明，在感觉寻求总分和去抑制维度上，网络成瘾青少年得分显著高于非成瘾青少年，而且去抑制分数对网络成瘾具有回归预测力（Lin & Tsai，2002）。事件相关电位研究也发现，同低感觉寻求者相比，高感觉寻求者产生了幅度更大、潜伏期更短的 N100 成分，且更容易发生感觉适应和耐受现象（贺金波，郭永玉，柯善玉，赵仑，2008）。

P300 一般被认为反映了人的较为复杂的认知加工过程，网络游戏成瘾者的认知功能下降，表明网络游戏成瘾可能具有与其他成瘾行为相似的对晚期决策加工的影响机制。网络游戏成瘾者认知功能下降的原因可能有以下 3 个方面：

其一，网络游戏成瘾者可能发生了类似于病态赌博和物质成瘾者的脑损害。物质致瘾原（海洛因、鸦片、大麻、酒精等）能够刺激大脑内的奖赏神经环路（奖赏中枢）和中脑边缘多巴胺系统产生更多的多巴胺、乙酰胆碱等神经递质，使成瘾者产生欣快感。对欣快感的记忆成为个体继续使用物质致瘾原的动力，以致发展为成瘾，长期的成瘾行为就会引起神经细胞和脑结构发生适应性的退行性改变，对大脑造成损害。P300 的发生源包括双侧前额叶、颞叶、顶枕联合区、边缘系统等，这提示网络游戏成瘾者存在这些脑区和系统的功能缺陷或障碍，也表明网络游戏成瘾与其他成瘾涉及某些相似的脑结构。

其二，网络游戏成瘾使青少年脱离了正常的教育轨道，丧失了学习知识、增长心智能力的机会，自然也会阻碍其认知能力的发展。

其三，游戏使他们的"心"逐渐远离现实生活，而他们又必须"身"在现实之中，无法平衡现实社会(父母、学校、社会)和虚拟世界(网络游戏)之间的矛盾和冲突，容易产生焦虑、孤独、抑郁、强迫等心理问题，甚至导致精神疾病和自杀行为，而这些心理和行为异常又会反过来影响他们的大脑，导致认知功能受损。另外，贺金波等(2008)还发现，P300幅值在组别和脑区之间具有显著的交互效应，成瘾组幅值的降低主要表现在右脑区，提示网络游戏成瘾者的认知功能损害主要发生在右脑区，这个结果与前人对抑郁症的研究结果是一致的。

(四)意志损害

一些研究者认为，网络成瘾是一种行为冲动障碍，或者至少与冲动控制障碍相关(Dong，Huang，& Du，2011)，即成瘾者的抑制(inhibition)功能，尤其是对优势反应抑制(prepotent response inhibition)的能力受损。有研究者使用《巴瑞特冲动量表》(Barratt Impulsiveness Scale，BIS)进行测量，结果显示，网络成瘾者的得分显著高于对照组。苏少兵和陈彩琦(2009)使用停止信号任务考察网络成瘾者的抑制功能，发现成瘾程度越深，反应速度越快，反应错误率越高，说明成瘾者的行为抑制能力受到了损害。有研究者(Decker & Gay，2011)采用 Go/NoGo 任务发现，与正常对照组相比，网络游戏《魔兽世界》成瘾玩家在该任务中的反应时更短，而错误反应率也更高，表现出了更多的去抑制效应。然而也有研究者使用 Go/NoGo 任务测试，发现网络成瘾者在要求抑制的 NoGo 情况下反应正确率显著高于对照组，说明成瘾者的行为抑制能力不仅没有削弱反而有促进。对该结果的解释是，被试可能得益于某些电脑游戏的经历，游戏给予他们更多的训练，从而帮助他们提高了对优势反应的抑制能力(Ding et al.，2014)。此外，张传柱(2010)按照抑制是否需要意志的参与，将其分为有意抑制和无意抑制，分别采用斯特鲁普任务和负启动实验范式测查网络成瘾者的能力。结果表明，对照组的有意抑制能力强于成瘾组，而在无意抑制方面，两组无显著差异。

一些研究者应用事件相关电位技术，采用 Go/NoGo 范式来验证网络成瘾者是否存在冲动控制障碍的神经反应(Dong et al.，2010)。Go/NoGo范式中对小概率刺激做出正确反应时诱发的 200ms 左右的负波——N2-NoGo 成分，被认为是反映反应抑制或冲动控制的成分。研究者使用金伯利·杨的《网络成瘾测验》筛选出成瘾被试和对照组被试各 12 名。实验的刺激材料是大写字母"O"和"S"，NoGo 任务的概率是 25%。实验结果显示，网络成瘾组的 N2-NoGo 平均波幅小于对照组，而 P300 波幅大于对照组，P300 潜伏期较对照组更长。实验结果显然支持了网络成瘾者存在冲动控制障碍的假设。但这种改变并非不可逆，有研究者进行实验发现在对成瘾者进行 3 个月的认知—行为治疗后，P300 的潜伏期可显著缩短(Ling，2011)。至于 P300 的改变，研究者认为，这个范式中的 P300 波幅反映被试成功抑制其反应冲动时付出的认知努力程度，而其潜伏期则反映认知效能(Dong et al.，2010)。P300 的这种改变说明网络成瘾者需要对冲突信息做出更大的抑制努力才能控制惯性反应冲动，但从结果看，成瘾者的努力并未得到理想的结果。

(五)行为决策损害

方平、陈满琪和姜媛(2009)认为决策可大致分为 3 个阶段：一是评估选项的效用并做出选择；二是执行第一阶段的选择，在此过程中需要完成一系列与执行功能有关的加工；三是体验决策的结果。前额叶、扣带回、眶额叶等脑区不仅与执行功能有关，也影响着决策行为的各个阶段。以往对阿片依赖等问题的研究也表明，决策与执行功能之间存在相关(朱千，2014)。决策功能损伤是物质依赖、病理性赌博及脑损伤等多种疾病的共同表现(Brand et al.，2005)。一项考察网络成瘾者的决策行为的研究发现，成瘾者的成绩低于正常对照组，且改善选牌策略的学习速度也明显慢于对照组(Sun et al.，2009)。帕夫利科夫斯基和布莱德考察《魔兽世界》游戏成瘾者发现，与非成瘾组相比，成瘾者决策能力得分更低、风险选择更多，且网络成瘾量表得分越高，在该任务中的表现越差(Pawlikowski & Brand，2011)。

奖惩系统是网络成瘾的一个重要生理基础，大量神经影像学的研究发现，网络成瘾者存在奖赏系统功能异常(Hou et al.，2012)。因此，网络成瘾者更偏向于寻求网络所带来的短期享受和满足，这种对长远利益的忽视反映了决策能力的低下。在延迟折扣任务中，网络成瘾者的延迟折扣率要高于控制组，表现为为了获得即时小奖赏而放弃未来的大奖赏(Saville，Gisbert，Kopp，& Telesco，2010)。而在另一些学者的研究中，却发现网络成瘾组对风险决策游戏中的后 40 张牌做出了更多有利的选择

(Ko et al.，2010)。但研究者讨论认为，成瘾者在此实验中的好成绩并不能推广到现实世界中。因为实验中，成瘾者更多地依赖躯体情绪标记信号（如心率、血压、腺体分泌等），而不是通过理性的推理来做决定，而这正导致了他们忽略沉迷网络所带来的负性后果。赌博任务所带来的奖惩是及时的、短暂的，而网络成瘾在现实生活中的影响却是延迟的、长远的。

事实上，成瘾者对这些行为后果的危害不是不知晓，可为什么其成瘾行为不能被阻止呢？一些研究者推测这是否与他们对奖罚反应的敏感性有关。有研究者采用功能性核磁共振成像（functional Magnetic Resonance Imaging，fMRI）方法，利用概率猜测任务（probabilistic guessing task）范式来探究此问题（Dong，Huang，& Du，2011）。研究选取成瘾被试 14 名，控制组被试 13 名。在实验中，首先在屏幕中间呈现两张扑克牌的背面，要求被试通过按键从中选择左边或右边的一张，根据其选择的扑克牌的花色产生 2 种结果：如果是红桃和方片则赢得 10 美元，黑桃和梅花则损失 10 美元。各种花色的扑克牌呈现顺序和实验中的赢输比例均是随机的。结果显示，"赢"的情况下，成瘾组被试的眶额皮层活性显著高于控制组，"输"的情况下，前扣带回的活性则显著低于控制组。眶额皮层对于价值引导行为具有重要的作用，眶额皮层活性强说明成瘾组对奖赏更敏感。前扣带回与厌恶刺激加工有关，有研究表明，前扣带回活性的增强与损失引起的不愉快等级增加有关（Dong，Huang，& Du，2011）。因此可以认为，成瘾组被试对金钱损失的反应较小，由此可以解释为何网络成瘾者沉迷网络而不担心由此产生的心理、生活和工作困难等负面后果。

第二节　心理和人际层面

网络成瘾不仅会直接对人的身体、认知造成伤害，还会影响青少年的人格、情绪情感以及社会能力的发展。具体体现在以下方面。

一、对人格发展的影响

艾里克森(Erikson, 1968)的心理社会性发展阶段理论指出，青少年期的发展课题是"同一性对角色混乱"。充分完成该阶段任务的青少年能形成自我认同感，明白自己是谁，接纳并欣赏自己。但是如果青少年过度使用互联网，则会占用这一专注自我探索任务的时间和精力，使青少年对这一问题的思考进一步延迟；并且由于网络的虚拟性、匿名性等特点，个体可能由于扮演过多的角色而有自我全能的感觉或幻想无限的自我，从而无法确定或限定自我定义、自己力所能及的一切选择和决断(张国华，雷雳，邹泓，2008)。

有研究者采用卡特尔 16 种人格测验(Cattell 16 Personality Factor Test，16PF)进行调查，发现成瘾者在自律性、情绪敏感性和反应性、警觉性、低自我暴露性和独立性 5 个维度的人格特征上得分更高(Young & Rogers，1998)。网络成瘾者往往是抽象思维者，较少遵守社会习俗，而且对他人的反应较为情绪化；相对来说，他们是更加敏感的、警觉的和内向的个体。金伯利·杨据此认为，那些具有很强的抽象思维能力的网络使用者在面对网上无限多的数据库和信息资源时会陷入一种心理亢奋状态，这种状态的持续和反复可能使个体形成病态网络使用，倾向于独处和厌倦社交的人也有可能成为病态网络使用者。国内关于网络成瘾与人格的研究也发现，大学生网络成瘾程度越高，其人格特质的稳定性、恃强性、敢为性、幻想性、自律性越低，而忧虑性、紧张性越高，并且网络成瘾者的心理健康人格因素、专业而有成就者的人格因素以及在新环境中有成长能力等人格特质的得分较低(李霞，2008)。此外，阎巩固(2001)发现大学生网络成瘾者在 16 PF 上的推理能力、支配性与非网络成瘾者相比有显著差异。谭文芳(2006)则发现网络成瘾与神经质呈正相关。

根据卡内基梅隆大学以及匹兹堡大学对过度使用互联网的个体的研究，网络成瘾者往往具有下列人格特点：喜欢独处、敏感、倾向于使用抽象思维、警觉和不服从社会规范等。同时，如果青少年过多地接触网络上的暴力和攻击内容(如网络游戏等)，则会形成或增强他们对于攻击行为的积极评价，从而增强青少年的攻击性倾向，并最终可能影响其人格(崔丽娟，胡海龙，吴明证，解春玲，2006；魏华，张丛丽，周宗奎，金琼，田媛，2010）。也有研究者专门针对人格变量和网络使用进行了文献综述和回顾，研究者根据艾森克的人格三因素理论模型梳理了已有的人格变量和网络使用行为之间的关系，认为人格是一种较为稳定的特质，个体在与电脑和网络的交互互动过程中，网络特点和人格特点会互相作用，并带来较为复杂的结果（Orchard & Fullwood，2010）。

二、情绪情感损害

许多研究发现，网络游戏成瘾的青少年广泛存在情绪和情感异常表现，如焦虑、抑郁、强迫等，这使他们表现出内向、害羞、不愿或不善于与人交往和情感沟通（Celik & Odaci，2013；Ryan & Deci，2000）。这些损害又容易使之缺乏社会支持，造成社会孤立和适应不良，从而倾向于自我怀疑和消极自我评价，形成较低的对现实生活的自我效能感。

焦虑和抑郁对网络成瘾有显著的预测作用（Yen et al.，2010；杨轶冰，李福华，2009）。国外的一些研究发现，网络成瘾者常表现出明显的抑郁和轻度躁狂症状，过度使用互联网会导致孤独和抑郁情绪的增加（Kraut et al.，2010）。王立皓和童辉杰（2003）的研究也证实了金伯利·杨（1998）的研究结果，即网络成瘾水平和社交焦虑显著正相关，且网络成瘾者在精神质和神经质特质的得分高于非成瘾者。神经质得分高表示个体存在焦虑、忧心忡忡、郁郁不乐、有强烈的情绪反应，甚至出现不够理智的行为，精神质得分高易发展为行为异常，加之缺乏与周围的人、环境、社会的交流，这种不良的个性特征，极易导致个体在现实生活中受挫，从而去追求在虚拟的网络中得到满足感。

有研究者（Young & Rogers，1998）研究指出，与抑郁相关的人格特征，如低自尊、缺乏动机、寻求外界认可、害怕被拒绝等，可能是促成网络成瘾发生的原因。青少年时期是发展亲密同伴友谊的阶段，若在现实人际交往中遭受种种压抑、其需要得不到满足时，个体会倾向于到网络中寻找精神依托和社会支持、建立人际关系、发泄自己的不良情绪。杨秋凤和林伟（2006）认为，大学生内心苦闷、希望在网络中发展人际关系的行为会促进网络成瘾的发生，网络成瘾反过来又导致学生个体焦虑和孤独的加深，因此，这是一个恶性循环的过程。

三、社会功能损害

网络成瘾者的社会功能存在不同程度的受损，比如辍学、离职、离婚，甚至犯罪等。许多学者因此认为，网络成瘾是一种危害不亚于酗酒和赌博成瘾的心理障碍（林琴，2005）。许多人因沉溺网络不能自拔，以致厌学、逃学、辍学、弃工，甚至自残、自杀或走上犯罪的道路。

（一）人际适应及人际适应不良

研究证实网络成瘾者有着较差的人际适应水平。人际适应即个体在人际交往过程中所应具备的和所应表现出来的人格特征。青少年在发展亲密同伴友谊时，若在现实生活中人际交往受挫，一般会出现一些诸如孤独、忧郁、内向、敏感、社交焦虑和恐惧等消极人格特征，更倾向于到网络中寻找精神依托和社会支持，发泄自己的不良情绪。而网络的虚拟性又为网络人际关系增加了神秘感和吸引力，给个体以强烈的认同和归属感。随着对这种网络双向交流功能的迷恋，个体的减少伤害性互联网使用效能感也就越来越被削弱，上网时间越来越长，病理性网络使用程度越来越严重。这与张运红（2006）的研究结果，即人际关系可直接预测网络问题使用行为相一致。

青少年过度使用网络进行社交，会引发"问题性社交"，或称"网络关系成瘾"（Moreau，Laconi，Delfour，& Chabrol，2015），它被视为是网络成瘾的一种亚类型。网络关系成瘾会对青少年的身心发展产生消极影响。因为网络中的人际交往以及建立的人际关系和现实生活中的情况有较大区别，根据社会存在理论（social presence theory）和社会环境线索理论（social context cues theory），与面对面交流相比，以计算机为媒介的交流缺乏语音线索，会使个体的社会存在感减弱，人就会变得更加冷漠（Hiltz，Johnson，& Turoff，1986；Short，Williams，& Christie，1976）。媒介丰富性理论（media richness theory）认为，评判媒介丰富与否的标准包括及时反馈、能够传播多种线索、自然语言的运用和个体对媒介的关注等。依据这一理论，面对面交流是最丰富的媒介，而以计算机为媒介的交流就缺少很多重要的特征信息和线索。这些理论阐释了网络使用对人际交往的基本影响。

实证研究结果显示，网络成瘾确实会对青少年现实中的人际交往有较大影响。网络成瘾一般会导致青少年的孤独感和抑郁情绪增加，使其社会卷入程度下降，从而降低心理幸福感（Kraut，1998）。社交网络中的个人信息资料和活动都是开放性的，青少年可以看到同一个圈子中的朋友的即时活动和行为表现。社交网络中同样存在社会比较，当青少年出现网络关系成瘾时，这种社会比较会增强，进而产生低自我评价、自卑、高焦虑等消极影响（Johnson & Knobloch-Westerwick，2014）。有研究发现，经常使用社交网络进行自我展示的青少年认为在脸书网中自己的朋友比自己幸福，跟他们相比，自己很多方面都表现得不好（Chou & Edge，2012）。

金伯利·杨（1998，1999）的研究指出，过度使用网络者存在社会参与程度降低和社会行为退缩的倾向，研究者在半数以上过度使用网络的大学生身上都发现了比较严重的人际关系、社会适应等方面的问题。研究者也发现青少年过度上网交友将导致社会疏离和社会焦虑（Turkle，1996）。与此类似，研究者发现，与网络聊天对象的关系越亲密，日常生活中的社交焦虑程度以及在学校的孤独感就越高（Young & Rogers，1998）。因此，对网络交往的依赖程度能够显著正向预测现实中人际交往的困扰程度（李菲菲，罗青，周宗奎，孙晓军，魏华，2012）。

研究者还认为，由于在网络上投入的时间和精力过多，网络成瘾会给青少年造成以下 3 种不良影响（李万兵，2006）：

（1）引发个体心理的孤独感和压抑感，导致自我封闭，形成社交心理障碍；

（2）引发人际交往中的责任危机和信任危机。网络社会的虚拟性和道德规范的弱化使青少年以游戏心理进行网络人际交往，并代入现实交往中，影响现实中的人际交往；

（3）导致情感危机，陷入网恋误区。由于网络交往的便利和不受空间限制等特点，青少年很容易找到和自己所谓"志同道合"的同龄人，从而陷入网恋的漩涡，加剧学业不良、情绪波动等后果，影响正常生活。

除此之外，研究发现，个体在社交网站拥有的朋友数量并不能够直接反映个体的社会支持情况，也较少有个体会直接利用社交网站来建立亲密关系。甚至由于个体过度关注其他人的状态、沉迷于网络社交，反而会影响个体自身的亲密关系以及一般人际交往。虽然也有研究者认为社交网站能够有助于个体表达真实的自我，并有助于其建立和维持基于网络发展起来的亲密关系(McKenna，Green，& Gleason，2010)，但是这种真实的自我表达会受到个体社交网站使用动机的影响，据拥有更多真实自我表达的个体报告，他们使用社交网站的动机是建立新的人际关系和维持已有的亲密关系(Tosun，2012)。

(二)社会适应能力

良好的社会适应主要表现为了解现实、正视现实、寻求积极的途径以改造现实。青少年时期被喻为人生发展的急风暴雨期，即生理和心理迅速走向成熟的时期，是个体社会化的关键阶段。当他们渴望自我独立、寻求友谊、自我实现的需要在现实中不能正常满足或不能完全满足的时候，他们有可能把精力转向虚拟世界，把网络空间当作满足自身需求的舞台。这样，他们对现实世界的关注、认识和适应必然会受到影响。青少年社会适应的各个维度均明显存在着随互联网使用程度的增加，适应性降低的现象，一定意义上说明了这一点。

有研究表明，青少年社会适应能力的下降与其网络成瘾程度存在负性强化过程，社会适应能力越差，网络成瘾程度越严重；成瘾时间越长，社会适应能力越差(卓兰芳，汪秀英，2008)。此外，网络成瘾者往往具有某些特殊的人格特征，而且大多数人在对互联网上瘾之前，常常已经患有其他的心理障碍，特别是抑郁症和焦虑症(昝玉林，2005)。这些消极人格特征也是他们病态地使用网络而无法适应现实社会的内在原因。

第三节　综合性损害

前两节介绍了已有研究发现的网络成瘾对生理、心理造成的危害，这些研究结果都是比较具体、具有针对性的。而在现实生活中，网络成瘾给青少年带来的危害常常以综合的形式表现出来，如学业不良、家庭中的亲子关系问题以及在道德、行为方面的不良影响。

一、对学业表现的影响

学业问题是过度上网给青少年带来的首要问题，网络成瘾者中有58%的人提到了学业上的失败（Young，1996）。网络最开始应用于校园是秉着促进学习和方便师生间沟通的初衷，但是调查发现86%的受访者（包括老师、图书管理员和计算机协调员）认为青少年的电脑使用并没有改善其学业表现（Barber et al.，1994）。研究者发现，青少年学生主观报告的互联网对他们日常生活产生的负面影响主要体现在学习和生活规律方面（Chou & Hsiao，2000）。研究者发现，58%的学生报告由于过度使用网络而造成他们的学习规律性下降、分数大幅下滑、错过上课时间等问题（Young，1996）。同时，网络成瘾还会造成青少年逃课和离校行为的增加。

国内研究显示，青少年学生日均上网超过 4 小时就会对学业有所影响，直接导致学业成绩下降，过度上网的学生学习时间更少（池桂波等，2001）、对学习更不感兴趣（吕媛等，2004）。有不少研究者综述了关于电脑科技发展和电脑使用对儿童和青少年学业表现的影响，其中还包括元分析研究，结果同样不容乐观。尽管有研究发现科技发展能够在一定程度上锻炼学生的信息搜索技能和学习技能，但是整体上促进效果不大（Roschelle，Pea，Hoadley，Gordon，& Means，2000）。

二、对家庭的影响

在现代社会，大部分青少年都是家庭中的独生子女，因此青少年网络成瘾对家庭的冲击和影响是巨大的。最直接的影响体现在青少年耗费了大量时间沉迷于网络，导致和家人朋友在一起的时间减少，增加了疏离感。其次，青少年网络成瘾会导致亲子冲突加剧，使亲子间的关系恶化（Yen et al.，2007）。此外，亲子关系带来的矛盾冲突也有可能增加青少年在网络上的危险行为，并进一步导致家庭内部矛盾加剧（程绍珍，杨明，师莹，2007）。

有研究发现，父母自身的网络使用行为和对网络使用的态度会对青少年的网络成瘾具有直接的影响。当父母自身行为和对网络使用态度相一致时，即父母较少使用网络且不支持使用网络时，青少年则会较少形成网络成瘾；而当父母行为和态度不一致时，即父母经常使用网络但是不允许孩子使用网络时，父母的行为则能更强地预测其孩子的网络成瘾(Liu, Fang, Deng, & Zhang, 2012)。因此，可能并不能简单地认为网络成瘾对家庭产生的负面影响过大，而应该全面考虑是否是父母本身或者不良的家庭因素加剧了这一影响。

三、道德感弱化、引发犯罪行为

网络上的信息良莠不齐，常掺杂着各种反动、暴力和色情等不良信息。另外，网络上社会道德规范的约束力也相对较弱，许多在社会生活中不被允许的行为在网络上却可以进行。这就会使长期接触网络的青少年受不良信息的影响而弱化道德感，产生不良行为甚至犯罪。

首先，青少年的网络成瘾会降低其在人际交往时的信任感、责任感。网络社会的虚拟性和道德规范的弱化会使青少年以游戏心理进行网络人际交往。长此以往，青少年就会形成固定的交往模式并将其带入现实生活中，引发责任和信任危机(李万兵，2006)。据调查，有31.4%的青少年并不认为"网上聊天时撒谎是不道德的"，有37.4%的青少年认为"偶尔在网上说说粗话没什么大不了的"，还有24.9%的青少年认为"在网上做什么都可以毫无顾忌"(黄巧玲，2000)。这些结果显示出网络对青少年法律意识的树立以及道德观念的培养的不利影响，同时，网络也不利于青少年形成系统的法律道德规范以及人生观、价值观。

其次，网络成瘾易引发青少年犯罪心理倾向和犯罪行为。网络中的不良信息已成为目前诱发青少年犯罪的重要因素之一。青少年明辨是非能力还比较弱，在长期接触网络后易模糊虚拟与现实的界限，将网络中的血腥暴力行为，如抢劫、攻击甚至杀人等搬到现实生活中来。有学者研究发现青少年长期接触暴力电子游戏会提高生理唤醒，导致攻击行为增加(Dill，1998)。中国青少年犯罪研究会的统计资料显示，目前青少年犯罪总数占全国刑事犯罪总数的70%以上，而70%的少年犯因为受到网络中色情、暴力等内容影响而诱发盗窃、抢劫、强奸，甚至杀人等严重的犯罪行为。因此家长、教师加强对网络成瘾青少年的监督是十分有必要的。

═══ 拓展阅读 ═══

网络中的暴力因素

目前青少年在互联网中常接触的暴力因素大致可分为 2 类，分别是网络暴力游戏和网络暴力。

根据《中国青年报》调查统计，网络暴力游戏被认为是"影响大学生校园暴力"的最重要因素（占 56%）。暴力游戏在当下网络游戏中越发流行，如《英雄联盟》《魔兽世界》以及近两年十分流行的手游《绝地求生》。这些游戏都以人操作的虚拟战斗为主，以《绝地求生》为例，它构建了一个类似杀人求生存的场景：在每盘比赛开局时，100名玩家被一无所有地空投到一座岛上，玩家在游戏过程中收集枪械、护具等提升战斗力并自相残杀到只剩最后一名玩家。岛上每隔一段时间就会缩小安全区，这意味着随着玩家们逐渐被集中起来，他们见面火拼的概率也会越来越大。现在网络上图像的质量借由电脑技术的改进已经大幅提高，因此其中的打斗暴力场面生动刺激，很容易让人有身临其境之感。游戏配音也极其生动，如枪鸣声、厮杀声、受伤流血惨叫声，给人以极度的真实感和极端的暴力感。这就使玩游戏的青少年对角色的卷入程度和认同性大幅增高，在游戏中投入更多情感，对打杀行为、刺激体验的感受也更为强烈和深刻。长此以往，游戏者的价值判断等观念会与游戏中角色趋同。许多研究者关注网络暴力游戏的负面效应，有学者发现大量接触暴力游戏将会导致攻击行为、攻击认知、攻击情感的增加，增强攻击的生理唤醒，并减少亲社会行为（Bushman，Wang，& Anderson，2005）。

网络暴力指网民在网络上发表或上传具有伤害性、侮辱性和煽动性的言语、图片、视频的行为，具体包括在网上发表具有伤害性、侮辱性和煽动性的失实言论的舆论性暴力以及在网上公开当事人隐私（如人肉搜索）的侵权行为。网络的匿名性降低了个体的社会责任感和道德约束力，对他人尊严的践踏导致人们缺乏生命意识、法律意识淡薄。青少年正处于脱离家庭、发展社交的时期，网络暴力事件将通过观察学习的方式从网上蔓延到现实生活中，影响他们在现实生活中的社交行为，如增加学校中的言语攻击行为。此外，调查显示，遭遇网络暴力的青少年中，只有一半认为"无所谓"，网络暴力对其余青少年则产生了不同程度的心理和行为伤害，如愤怒、害怕、焦虑等不良情绪以及逃学甚至轻生等行为。这些困扰会对青少年的社交和学业造成不利影响。

除了网络暴力游戏和网络暴力之外，网络上还存在一些其他的暴力因素，如不良网站的暴力信息、新闻中的暴力事件等。青少年长期暴露于这些暴力信息中，其发展势必会受到影响。

扫描拓展

网络暴力，中美比较

第六章

网络成瘾的个体易感因素

1. 网络成瘾与我们的大脑结构有没有关系呢？是网络成瘾导致大脑结构发生变化，还是大脑结构不同导致网络成瘾的可能性不同？
2. 哪些人格特质使个体具有更高的网络成瘾倾向呢？或者说网络成瘾的人都具有哪些共同的人格特质呢？
3. 网络成瘾是为了满足某种心理需求吗？如果这种心理需求通过其他途径得到了满足，那么这类人还会网络成瘾吗？

个体因素，生理特征，人格因素，网络使用动机，网络成瘾

　　身处同样的网络环境，为什么有些人更容易网络成瘾呢？众多研究表明，个体差异是影响网络成瘾倾向的重要因素之一。其中，生理特征、人格因素以及网络使用动机对个体网络成瘾倾向具有显著预测力。本章回顾了近年来的相关研究，在此基础上对影响网络成瘾的个体因素的实证研究进行梳理，将有助于加深我们对网络成瘾的个体易感因素的理解，同时对网络成瘾的干预也具有指导意义。

第一节　生理特征

　　虽处于同样的网络时代，但人们对于网络的使用千人千面，是否有"生"而成瘾者？目前有研究者从大脑结构和功能、生化与遗传等方面探

究了生理特征对个体网络成瘾倾向的影响。

一、大脑结构和功能

以往有关物质成瘾的研究发现，物质成瘾与个体大脑结构和功能显著相关，即相比于正常个体，物质成瘾者的大脑结构和认知功能发生了显著而持久的损害（贺金波等，2012）。鉴于此，近年来许多认知神经科学研究对可能引发和维持网络成瘾的大脑结构和功能机制进行了探究。

(一)大脑结构与物质成瘾奖赏系统

有研究发现人脑中存在与物质成瘾相关的奖赏系统，这一神经通路主要包括前额叶、伏核、杏仁核、海马、纹状体、中脑腹侧被盖区等。该奖赏系统是产生和维持成瘾行为的重要神经基础（Greck et al.，2009）。相关的研究也表明，在网络成瘾群体中存在类似的神经通路（牛更枫，孙晓军，周宗奎，魏华，2013）。国外学者利用 fMRI 技术对网络游戏成瘾者进行研究，发现在观看网络游戏视频时，网络游戏成瘾者的右前额皮层、右侧伏核、双侧前扣带回、额叶背外侧面、右侧尾状核、右侧海马以及中脑等脑区的激活显著强于对照组（Han et al.，2011）。国内学者也发现网络游戏成瘾青少年在网络游戏视频线索的诱发下会出现特异脑区激活，主要包括双侧额叶背外侧面、后扣带回、双侧顶叶、双侧颞叶和枕叶视皮层、双侧岛叶、右侧伏核、右侧尾状核、右侧海马以及中脑（黄敏等，2010；钱若兵等，2008）。上述脑区与研究发现的物质成瘾的神经通路具有相似性，因此可以将其视为网络成瘾的神经通路，该系统构成了线索诱导下的网络渴求的神经基础，参与了网络成瘾的产生与维持（牛更枫等，2013）。

(二)大脑结构代谢

有研究者利用正电子发射断层扫描（Positron Emission Tomography，PET）技术探究了网络成瘾者静息状态下的大脑各结构代谢情况及其与冲动性的关系，结果发现网络成瘾组被试右侧眶额中回、左侧尾状核和右侧脑岛的葡萄糖代谢率更高，冲动性也更高（Park et al.，2010）。根据以往研究，右侧眶额中回代谢增强会更好地控制冲动（Dimitropoulos，Tkach，Ho，& Kennedy，2011），因此可降低冲动性。研究者对此矛盾的解释是：第一，即使在静息状态下，网络成瘾者的兴奋和冲动程度较正常被试也会更高，因此需要更强的右侧眶额中回代谢对冲动进行抑制；第二，眶额中回的代谢强度与冲动性之间可能不是线性关系，或许代谢水平过高也会使冲动控制异常（Park et al.，2010）。对于尾状核的代谢加强这一结果，研究者通过进一步研究发现成瘾者尾状核内的多巴胺 D2 受体可用性较低，且成瘾越严重，受体可用性越低，对多巴胺的释放越不敏感（Park et al.，2010）。因此，成瘾者必须更多地使用网络来满足其对兴奋的需求。研究者认为脑岛代谢的增强，应该是网络成瘾者对网络行为的渴求导致的（贺金波，洪伟琦，鲍远纯，雷玉菊，2012）。此外，帕克等人（Park et al.，2010）的研究还发现网络成瘾者躯体感觉区和枕区代谢显著低于控制组。他们给出的解释是：成瘾者对情绪体验所诱发的躯体状态的表征功能受损，以至于他们对成瘾带来的长期负性后果不敏感，无法基于负性结果做出决策。综上可知，网络成瘾者右侧眶额中回代谢较强，导致他们冲动抑制异常；尾状核内的多巴胺 D2 受体可用性较低，导致他们兴奋感需求较高，故需要更多地获得网络刺激以释放更多的多巴胺；躯体感觉区和枕区代谢较低则导致他们无法根据成瘾的负性结果做出决策。因此，这些脑功能的异常很可能对网络成瘾起到了引发、维持和增强的作用。

（三）大脑结构与功能损害

有研究者通过形态测量研究发现，网络成瘾者的左前扣带皮层、左后扣带皮层、左脑岛和左舌回等区域的灰质密度降低（Zhou et al.，2011）。这些大脑结构都与情绪性行为调节相关，其结构的异常会导致行为调节出现异常。研究者采取磁共振成像（Magnetic Resonance Imaging，MRI）和基于体素的形态学测量（Voxel-Based Morphometry，VBM）技术，分别考察了网络成瘾者和非成瘾者的大脑灰质体积和白质的部分各向异性（Fractional Anisotropy，FA）的差异以及网络成瘾者的脑异常与成瘾时间之间的关系（Yuan et al.，2011）。实验采用组间设计，成瘾组和控制组被试各 18 名，实验之前对所有被试进行了尿液检查以排除可能的物质成瘾的影响。结果显示，就灰质体积而言，网络成瘾者的背外侧额叶皮层、辅助运动区、眶额皮层、小脑和左侧前扣带回下部的灰质体积较对照组显著缩小。研究者认为这些灰质体积的缩小至少能部分地解释网络成瘾者的认知控制和目标导向行为的功能紊乱（Dong，Lu，Zhou，& Zhao，2010；Ko et al.，2009）。此外，右侧背外侧额叶皮层、右侧辅助运动区以及左侧前扣带回下部的灰质体积与网络成瘾时间（以月为单位）呈负相关，即灰质萎缩越明显的个体，其网络成瘾的时间越长。

相关研究发现白质各向异性的结果为：网络成瘾者的右侧海马旁回各向异性值较小，而左侧内囊后肢的各向异性值较大，且左侧内囊后肢的各向异性值与成瘾时间成正相关。各向异性值是白质完整性的信号强度。实验结果表明，成瘾者海马旁回的白质受损，而内囊后肢的白质密度反而增强。以往研究表明，海马旁回对记忆的编码和提取具有重要作用（Burgmans et al.，2009）。基于此，研究者认为海马旁回异常应该是成瘾者工作记忆功能受损的病理基础（Ko et al.，2009）。此外，内囊后肢里的皮质脊髓纤维、躯体感觉纤维和一些皮质延髓纤维对手指活动和运动想象具有重要作用，因此研究者认为内囊后肢的各向异性值增大可能是网络成瘾者在长时间进行网络游戏时，需要精准且快速地点击鼠标、敲击键盘或操作游戏手柄导致的（Yuan et al.，2011）。

其他研究者同样采用磁共振成像技术对比了网络游戏成瘾者（12名）和非成瘾专业网络游戏玩家（17名）的大脑结构，两组被试玩网络游戏的平均时间没有差异（Han，Lyoo，& Renshaw，2012）。结果显示，专业玩家的扣带回皮质显著大于成瘾者，而成瘾者的丘脑皮质则显著大于专业玩家。以往研究表明，扣带回与控制执行功能和注意保持有关，而丘脑作为多巴胺的关键靶区，在条件强化和奖赏期待方面具有重要作用（Dong，Lu，Zhou，& Zhao，2010）。基于此，研究者对实验结果的解释是：专业玩家和网络游戏成瘾者玩网络游戏的动机和体验不同（Han et al.，2012）。对专业玩家来说，玩网络游戏是工作，必须要"赢"才有收入。所以他们玩网络游戏时专注于技术训练，这样使负责注意保持和控制执行的扣带回皮层功能得以不断增强；网络游戏成瘾者则不同，他们更加在意游戏给他们带来的兴奋和快乐的体验，因此，隶属于奖赏中枢的丘脑机能逐渐得到强化。

此外，研究者发现，男性在游戏中的中脑边缘多巴胺系统的激活和功能连接水平、对赢的渴望程度以及对奖赏的习得速度均高于女性（Hoeft，Watson，Kesler，Bettinger，& Reiss，2008），这些结果能够解释为什么男性更喜欢玩游戏而且更容易网络成瘾。综合以上研究结果可知，网络成瘾者大脑结构和功能的改变可能是网络成瘾的发病机理之一。

二、遗传和生化因素

有研究者将成瘾总结为反复的高情绪、高频率体验作用的结果。梅松丽（2007）认为这些行为和经历可以引起神经适应，即让神经回路发生变化从而使某种行为长期化。因此，神经回路的变化可能是引起网络成瘾的原因之一。以往研究表明，奖赏系统这一神经通路是形成网络成瘾的重要神经生物基础，因此，近年来许多研究者从遗传学、生化因素等各方面探索了网络成瘾者奖赏系统的生理机制（李琦，齐玥，田莫千，张侃，刘勋，2015）。

（一）遗传因素

一项关于基因多态性的研究发现，携带 TaqA1 等位基因和 COMT 低活性等位基因的个体，其多巴胺能系统存在缺陷，因此更容易形成网络成瘾（Han et al.，2007）。另一个类似的研究发现网络成瘾者相比正常人有更高频次的 5-羟色胺转运蛋白基因，而该基因与更高的损失规避水平相关（Lee，Han，& Yang，2008）。由此可知，个体的一些遗传因素也可能导致网络成瘾。

（二）生化因素

有研究表明，某些生化因素会影响个体对成瘾的易感性，如染色体、激素、某些控制大脑活动或其他神经系统活动的化学物质以及神经递质的过剩或缺乏等（朱克京，吴汉荣，田书桐，2003）。研究者利用单光子发射计算机断层成像（Single Photon Emission Computed Tomography，SPECT）技术发现，网络成瘾者的多巴胺转运体（Dopamine Transporter，DAT）水平显著降低，研究者据此推断网络成瘾者可能和药物成瘾者有着相似的神经生物学上的变异（Hou，Jia，& Hu，2012）。另一项研究表明，相比于正常组，网络成瘾组的纹状体中绑定到 D2 受体的雷氯必利减少，且减少程度和网络成瘾程度呈正相关（Kim et al.，2011）。这证实了网络成瘾者的神经生化水平发生了改变，这些改变可能是网络成瘾的成因之一，但两者的因果关系仍需要进一步的研究来证实。

费利霞等人（2006）通过实验观察到网络成瘾者大脑中的多巴胺水平较正常个体有所升高，也有研究者认为异常的多巴胺释放是网络成瘾症状加强的重要化学因素之一(唐柳平，2007)，这些结论后来也得到了帕克等人(2010)的研究的证实。而王延东(2013)的研究得到了与前人不同的结果：他发现网络成瘾者脑内的多巴胺水平反而低于常人，这说明网络成瘾的发生与多巴胺水平的失衡存在着某种特定关系。对此，王延东(2013)推断，上网这一行为可以短时间内让大脑内多巴胺水平升高，但随着长时间的积累，大脑总是在高刺激状态下运作，这可能会对多巴胺通路产生影响，使其对上网所带来的刺激不再敏感，或是使多巴胺分泌的阈值上升。另一种可能的解释是长时间上网对多巴胺系统造成了功能性损害，多巴胺的分泌能力下降，此时网络成瘾者就需要通过延长自己的上网时间以激活奖赏系统，这就导致多巴胺系统的损害进一步加剧，进而形成恶性循环。由此可见，多巴胺系统与网络成瘾的形成有着密切的联系，多巴胺系统功能的紊乱可能是导致网络成瘾者沉溺于网络的重要原因。

此外，研究发现网络成瘾者脑内的 γ-氨基丁酸水平降低，导致其对中枢神经元的普遍抑制扩散过程难以完成，进而导致谷氨酸不足，激活睡眠中枢(王延东，2013)。递质的紊乱导致了脑内睡眠启动的电活动紊乱，这可能是导致网络成瘾者长时间连续上网的原因之一。

王延东(2013)对网络成瘾者神经递质的脑电超慢涨落研究发现，网络成瘾的青少年相对于正常青少年，其 α 波有慢化的趋势。费利霞等人(2006)认为这可能与神经细胞代谢降低、神经纤维传导速度变慢或大脑发育成熟迟缓有关。同时，α 波慢化说明网络成瘾者大脑处理和加工外部刺激信息的效率降低。王延东(2013)推断 α 波慢化可能是网络成瘾的成因之一，但还需要进一步的研究来验证该因果关系。

第二节 人格因素

根据行为成瘾的生物心理社会模型，心理因素是行为成瘾重要的产生与维持因素。而在心理因素中，人格是导致行为成瘾的最主要的病理性因素之一(徐四华，2012)。研究表明，一些人格特质不仅与网络成瘾显著相关，而且对网络成瘾有显著的预测力。其中，关于感觉寻求、外向性、神经质和精神质 4 种人格特质的研究结果最为一致（贺金波，祝平平，聂余峰，应思远，2017）。

一、感觉寻求

感觉寻求是指个体对多变的、复杂的、新异的和强烈的感觉及体验的寻求，并通过采取生理、社会、法律和经济等方面的冒险行为来实现这些体验的愿望（Zuckerman，1994）。感觉寻求是个体倾向于寻求多样与新颖感觉经验的一种人格特质。研究者认为这种感觉经验包括参加危险活动（如攀岩、蹦极）、发表新颖的政治与哲学思想或者从事具有潜在成瘾性危险的活动（如赌博、强迫性购物、毒品）（王洁，陈健芷，杨琳，高爽，2013）。佐克曼（Zuckerman，1994）将感觉寻求分为 4 个维度：去抑制（Disinhibition，DIS）、厌恶单调（Boredom Susceptibility，BS）、寻求激动和惊险（Thrill and Adventure Seeking，TAS）以及寻求体验（Experience Seeking，ES）。

（一）去抑制（DIS）与网络成瘾

关于感觉寻求与网络成瘾的关系，有研究表明感觉寻求的 4 个维度都对网络成瘾有预测作用（魏军锋，2007；Rahmani & Lavasani，2011）。其中，大部分的研究都发现感觉寻求的去抑制维度对网络成瘾最具有预测力。有研究者发现网络成瘾者在感觉寻求去抑制维度上的得分显著高于非网络成瘾者，且去抑制维度的预测回归系数也较高（Lin & Tsai，2002）。王洁等人（2013）在对感觉寻求与网络成瘾关系的元分析中，也发现在感觉寻求各维度中去抑制维度与网络成瘾的相关系数最高，且属于中等偏高相关水平。对这一结果，有研究者做出了这样的解释：网络环境的匿名性和对现实的逃避性正好满足了部分青少年的逆反心理和想要逃离社会规则约束的愿望（Lin et al.，2002）。而有的研究者则从生物化学角度提出，感觉寻求中的去抑制维度与血液中的单胺氧化酶（monoamine oxidase，MAO）呈显著负相关，与多巴胺呈显著正相关（Hittner & Swickert，2006），故去抑制性是网络成瘾的重要影响因素。

（二）寻求激动和惊险（TAS）与网络成瘾

很多研究表明感觉寻求的寻求激动和惊险维度与网络成瘾相关程度最低甚至表现出负相关（Lavin et al.，1999；杨文娇，周治金，2004）。这说明沉溺网络并非从事危险行为,而是个体寻求新鲜刺激的一种方式(王洁,陈健芷,杨琳,高爽,2013)。但是也有研究者发现寻求激动和惊险维度能显著预测网络成瘾,预测的回归系数为 0.23(Shi,Chen,& Tian,2011)。他们对此的解释是:网络为喜欢激动和惊险的高感觉寻求者提供了理想的冒险环境,因而感觉寻求中寻求激动和惊险维度与网络成瘾有着密切的关系,但两者的关系还值得进一步探究。

(三)感觉寻求的文化差异

关于感觉寻求和网络成瘾的关系的研究结果表现出了文化差异,即在不同文化背景下,感觉寻求与网络成瘾的关系也有所不同。如王洁等人(2013)发现在中国文化背景下感觉寻求与网络成瘾的相关程度高于非中国文化背景。金伯利·杨等人(2011)认为,在中国文化背景下,青少年在中学时代承受着父母施加的巨大的学业压力,当学生放学或者进入大学后,他们就会通过网络寻求快乐,从而容易成瘾;而在西方文化背景下,个体崇尚自由,承受的家庭带来的学业压力相对较小,因而高感觉寻求者更倾向于从事危险活动(如接触酒精、烟草及毒品)而非沉迷网络。

二、外向性

外向性是大五人格中的一个维度,许多研究对外向性和网络成瘾的关系进行了探究,验证了两者之间的相关性,但是关于两者具体关系的研究结果却不尽相同。

(一)低外向性与网络成瘾

有研究者发现低外向性对网络成瘾有显著预测作用。例如,一项在荷兰进行的研究表明,低外向性特质会更容易导致个体形成在线互动类网络游戏成瘾(Kuss et al.,2013)。研究者认为,低外向性者具有害羞、不爱交际、沉默寡言的特点,所以他们不喜欢也不善于在现实生活中与他人交往,他们当中大多存在现实社交活动的障碍(Kuss et al.,2013)。而网络互动类游戏为他们提供了一个与现实环境存在巨大差异的社交平台,通过这个平台,他们可以摆脱令他们紧张和焦虑的现实情景式的交往方式,这促使他们逃避现实社会交往,转向在网络游戏中寻求社交补偿。塞尔维迪奥等人(Servidio et al.,2014)的研究结果也表明,外向性与网络成瘾存在显著负相关关系。此外，有研究者发现，性别在外向性与网络成瘾的关系中起调节作用，低外向性的女性更有可能沉迷网络（Amichai-Hamburger & Ben-Artzi，2003）。

(二)高外向性与网络成瘾

一些研究发现，高外向性对网络成瘾也具有预测作用。国外研究者对 179 名伊朗大学生开展的问卷调查显示，高外向性对网络成瘾有显著预测作用（Rahmani & Lavasani，2011）。此外，也有研究表明高外向性的大学生使用社交网站的频率更高，其对社交网站的沉溺程度也更深。国内研究者在对中国香港中学生的调查中也发现外向性对网络关系成瘾有显著预测作用（Wang et al.，2015）。

对于这些研究结果，研究者用社交增强（social enhancement）和社会补偿（social compensation）理论进行了解释（Kuss & Griffiths，2011）。研究者们认为高外向性者易网络成瘾是因为他们为了满足其较强的社交需要而进一步增强社交，而低外向者沉溺网络是为了补偿其在现实生活中得不到满足的社交需求。研究者针对 998 位青少年所做的研究显示，外向性和青少年网络成瘾具有正相关关系，同时他们还发现在外向性对网络成瘾的影响中应对方式起着中介作用（Zhou et al.，2017）。因此他们对高外向性个体易形成网络成瘾的解释是：高外向性会导致更高频率的情绪中心型应对方式而非问题中心型应对方式，进而促使青少年形成网络成瘾。

三、神经质

神经质也是大五人格中的一个维度，它是指一种经历消极情绪状态的持久倾向。目前许多研究都发现高神经质可以预测网络成瘾。

研究者对 123 名英国大学生开展的研究发现，神经质对网络游戏成瘾有显著预测作用（Mehroof & Griffiths，2010）。他们的解释是：高神经质者因为更频繁的情绪波动而产生烦恼，而沉浸网络游戏有助于摆脱烦恼。此外，库斯等人（Kuss，Griffiths，& Binde，2013）对大样本（2 257 名英国大学生）进行调查，结果表明网络成瘾者的神经质得分显著高于非成瘾者，而且神经质每增加一个标准单位，网络成瘾发生率会增加 2.3 倍。他们认为高神经质者沉溺网络游戏是为了缓解负性情绪。研究者在希腊的调查结果也显示，神经质对网络成瘾有显著预测作用（Floros et al.，2014），该结论也得到了在东方背景下的研究的支持（Wu et al.，2015；Wang et al.，2015；Yao et al.，2014）。此外，有研究者利用方差分析的方法进一步探究神经质与网络成瘾的关系，结果发现重度网络成瘾者在神经质得分上显著高于中度成瘾者，而中度成瘾者的得分又显著高于非成瘾者（Yan，Li，& Sui，2013）。还有研究者发现性别在神经质与网络成瘾的关系中起调节作用，高神经质的女性更有可能沉迷网络（Amichai-Hamburger & Ben-Artzi，2003）。此外，有研究表明应对方式在神经质对网络成瘾的影响中起中介作用，因此研究者们对高神经质者更容易网络成瘾的解释是：高神经质会导致更高频率的情绪中心型应对方式而非问题中心型应对方式，进而促使青少年形成网络成瘾（Zhou et al.，2017）。

由此可见，国内外对神经质与网络成瘾之间的关系的研究结果比较一致，即高神经质可以预测网络成瘾。

四、精神质

精神质来源于艾森克提出的人格三因素模型，它表现为孤独、冷酷、敌视、怪异等偏负面的人格特征。大多数关于精神质和网络成瘾关系的研究都得出了一致的结论，即高精神质者易网络成瘾。

研究者在中国开展的大样本（2 620 人）调查中，筛选出 64 名网络成瘾者和 64 名正常被试，进行方差分析发现，网络成瘾者的精神质得分显著高于正常被试（Cao & Su，2007）。另一项针对中国大学生的追踪研究显示，两年后发展为网络成瘾的 43 名学生的精神质得分显著高于他们身边未形成网络成瘾的大学生，进一步回归分析表明精神质可以显著预测网络成瘾（Dong，Wang，& Yang，2013）。有研究者引用艾森克的观点对此结果进行了解释：高精神质的人容易与现实规则产生冲突，所以他们更容易患包括成瘾在内的多种精神障碍（Dong et al.，2013）。此外，有研究者在对中国大学生的网络成瘾情况进行调查时也对生活压力这一变量进行了调查（Yan，Li，& Sui，2013），结果发现生活压力会调节精神质对网络成瘾的影响，即高精神质只在较大生活压力下才会预测较高的网络成瘾水平。研究者认为，高精神质者一般社会化程度较低，其有效应对生活压力的策略较少，当高精神质者遇到生活压力和挫折时，他们更可能依赖上网来释放焦虑等负性情绪。

五、其他人格特质

除了上述提到的人格特质外，还有一些其他的人格特质也被证实可以影响网络成瘾。研究表明，低自尊（Senol & Durak，2011）、高冲动性（Cao，Su，Liu，& Gao，2007）、低自我控制、高孤独感（Özdemir，Kuzucu，& Ak，2014）等人格特质也是影响网络成瘾的重要因素。

(一)宜人性和尽责性

研究者们在对 998 位青少年开展的研究中发现，大五人格中的宜人性和尽责性维度与网络成瘾呈负相关，其中尽责性通过更低频率的情绪中心型应对方式减少网络成瘾倾向（Zhou et al.，2017）。针对宜人性和尽责性对网络成瘾的负向预测作用，蒋敏慧、万燕和程灶火（2017）的解释是：低宜人性的青少年通常更具有敌意，在生活中易产生人际冲突，因此他们更可能转向虚拟世界寻求同伴交流；高宜人性的青少年往往会受到同伴欢迎，他们能积极主动地解决问题而不至于借由虚拟网络交流逃避现实；而高责任心的青少年常常会把学业放在重要位置，他们有更好的规划和自我控制能力，能够预测到滥用网络的负面影响，所以他们也不容易形成网络成瘾。

(二)强迫性、反社会性及冲动性

有研究者发现强迫性人格者及反社会人格者因冲动控制能力差，更易形成网络成瘾（Amichai-Hamburger & Ben-Artzi，2003）。目前部分关于青少年的研究发现网络成瘾青少年在《巴瑞特冲动性量表》上的得分显著高于非网络成瘾青少年（Cao et al.，2007；李瑾，王卫红，2013）。也有研究者采用电生理技术发现网络成瘾大学生的冲动性控制能力比一般大学生差（Dong，Lu，Zhou，& Zhao，2010）。由此可见，针对青少年和大学生的研究基本一致地证实了冲动性与网络成瘾密切相关。

(三)无聊感

无聊通常被看作一种不愉快、缺乏刺激和低度生理唤醒的情绪状态。有研究者根据无聊的跨时间、跨情境的稳定性，将无聊分为状态型无聊（state boredom）和特质型无聊（trait boredom）。其中，状态型无聊是指个体在特定情境中所产生的短暂无聊体验，是一种可意识到的主观感受，多由单调重复的外部刺激或者认知能力缺乏所引发。特质型无聊是指个体在各种情境中产生的稳定无聊倾向，是一种一般性的人格特质。以往研究发现，无聊对网络成瘾有显著正向预测作用（赵宇，2016），具有较高水平无聊感的人往往会有较高水平的负性情绪（German & Latkin，2012；Tsapelas，Aron，& Orbuch，2009）。研究者还发现高无聊倾向的个体更容易产生抑郁、焦虑等负性情绪，而这些负性情绪对网络成瘾有着显著的正向预测作用（Sommers & Vodanovich，2000）。此外，无聊不仅直接影响着网络成瘾倾向，还通过情绪调节自我效能感这一中介变量对网络成瘾产生影响。

（四）自尊

自尊作为重要的心理学变量，其与网络成瘾的关系也备受国内外学者的关注。李卉（2006）的研究表明，低自尊、缺少社交技巧的个体更倾向于网络成瘾，低自尊组个体的网络依赖水平显著高于高自尊组。对此，研究者给出的解释是：由于低自尊的青少年可以通过网络获取控制感以及获得在现实生活中无法得到的地位和不具备的特性，因此他们更容易受到网络的吸引，从而更易形成网络成瘾。另一些研究者则发现自尊仅仅与锻炼成瘾行为（锻炼成瘾是指由于频繁、过度参加身体锻炼，对锻炼产生依赖性和耐受性，使自身的社会功能、工作、学习和生活等方面受到严重的影响和损害）有明显的相关，与网络使用的相关不显著（Greenberg，Lewis，& Dodd，1999）。苏娟娟和连榕（2004）研究发现，从不上网、偶尔上网和经常上网的3类学生在自尊水平上均不存在显著差异。马会先（2006）的研究结果也表明，高网络使用的学生和普通学生的外显自尊和内隐自尊均不存在显著差异。综上，目前关于自尊与网络成瘾的关系的研究结论并不一致，未来仍需要进一步研究。

扫描拓展

网上热聊，那真是我？

第三节　动机因素

使用网络的原因有很多，但人们到底是基于什么动机去使用网络的呢？研究发现，网络使用动机也是影响网络成瘾的重要因素之一，不同的网络使用动机对网络成瘾的影响也不同。

一、基于"用且满足"理论的媒介使用需要

莫里斯和欧根（1996）借用大众沟通的游戏理论和"用且满足"理论来解释网络成瘾现象。"用且满足"理论有2个重要假设：

（1）个体选择媒介是以某种需要和满足为基础的，个体希望从各种媒介资源中获得满意感或接受信息；

（2）媒介是通过使用者的意图或动机而发挥作用的，它将焦点从媒介使用中的被动参与者转向主动参与者，强调了个体的使用和选择。

媒介可以满足个体的以下3种需求：解闷和娱乐（如逃离日常事务的限制、逃离问题带来的负担和情绪释放）；人际关系（如陪伴和社交）；个体认同（如个人自我认同、对现实的探索以及价值感的增强）。

有研究者指出所有的媒介使用者本质上都有5类相同的需要，即认知需要、情感需要、个体整合需要、社会整合需要以及纾解压力需要。此外，其他学者也从专门针对互联网满足感的概念中提取了7个网络满足感因素，即虚拟交际、信息查找、美丽界面、货币代偿、注意转移、个人身份和关系维持，研究者们认为这几个因素都有可能增加用户的网络成瘾倾向（Song et al.，2004）。

二、心理需求

在网络成瘾研究领域，直到1999年舒勒明确指出应该深入探讨心理需求与网络成瘾的关系后，心理需求这一主题才开始引起研究者的关注（邓林园，方晓义，万晶晶，张锦涛，夏翠翠，2012）。

(一)心理需求的概念

心理需求即心理需要，它是个体个性心理的重要组成部分，体现着个体个性意识的倾向性，是心理学中的一个颇具研究价值的重要概念(杨东东，2018)。在心理需求的研究过程中，研究者们提出了不同的观点。例如，精神分析学派的创始人弗洛伊德认为，性本能是人心理和行为的重要驱动力，在他的精神分析理论中虽然并没有直接提出"需要"这个概念，但他提出的"本能"的概念与"需要"类似。同时在他提出的本我、自我、超我的人格结构中，本我中也充满了各种需要满足的欲望。人本主义学派的代表人物马斯洛则认为人的需要是分层次的，他将人的需要由低级到高级分为5个层次，即生理需要、安全需要、爱与归属的需要、尊重的需要和自我实现的需要。因此，综合各学派理论，有学者将网络中的心理需求满足定义为个体的某些心理需求在网络中得到满足的状况(万晶晶，张锦涛，刘勤学，邓林园，方晓义，2010)。

(二)心理需求与网络成瘾

国外学者舒勒提出了与网络成瘾有关的6种心理需要：性、改变感知体验、成就和控制、归属、人际交往、自我实现和自我超越。通过进一步的研究，舒勒认为网络行为的动机来源于网络满足了个体不同层次的心理需求，并将网络心理需求分为缺失性需求和满足性需求。缺失性需求是指较低层次的心理需求，满足性需求则是指较高层次的心理需求(Suler，2001)。也有研究者发现了5种网络使用的动机，即搜索、认知、新奇、社交和娱乐(Lee，Stafford，& Stafford，2001)。我国研究者才源源、崔丽娟和李昕(2007)提出了与网络游戏成瘾有关的3种心理需求，分别是社交、逃避现实与情绪应对、成就与自我实现。

一些研究者认为，如果个体的心理需求在现实生活中无法得到满足，那么个体可能会寻求网络补偿(高文斌，陈祉妍，2006；万晶晶，2007；万晶晶等，2010)。如高文斌等人(2006)提出的"失补偿"假说认为，网络成瘾是个体的心理需求在现实生活中得不到充分满足时的"病理性补偿"。万晶晶(2007)提出的心理需求的补偿模型也认为，当大学生在现实生活中心理需求缺失程度较高时，他们会更多地去网络中寻求满足。网络主要可以满足大学生自主、认知、人际交往、自我认同、消除苦闷、影响力、迎接挑战、轻松取胜 8 种心理需求。进一步的研究也表明，心理需求的现实缺失和网络补偿都会影响大学生的网络成瘾倾向（万晶晶等，2010）。刘勤学等人（2016）进一步开展实证研究并进行总结提炼，提出了心理需求的网络满足补偿理论。该理论认为，个体在进行心理需求满足的时候，会无意识地将现实满足途径和网络满足途径进行比较，一旦发现网络在需求满足上的优势，个体就会越来越多地倾向于选择网络来进行需求满足，从而发展成网络成瘾。该理论还提出了不同网络行为可能会对应不同的需求满足优势。

有研究者发现网络成瘾者与非成瘾者对不同类型心理需求的需求程度存在差异（Wan & Chou，2006），才源源等人（2007）发现网络游戏成瘾者的几个核心心理需求的需求程度均强于一般游戏爱好者。但邓林园等人（2012）对大学生心理需求及其满足对网络成瘾的影响的研究结果显示，网络成瘾组和非成瘾组两类大学生心理需求的差异并不明显，他们的差异体现在心理需求的满足上：网络成瘾大学生心理需求的网络满足高于非成瘾大学生，而且心理需求与网络满足之间的关系紧密，但与现实满足之间的关系不明显。而对于非成瘾大学生来讲，他们有的心理需求与现实满足关系更紧密，有的需求则与网络满足关系更紧密。研究者对此结果的观点是：网络成瘾大学生的心理需求在现实生活中没能得到很好的满足，因此他们会转向网络以满足其心理需求；而对于非成瘾大学生来说，现实和网络是满足他们心理需求的双重渠道，并且现实生活仍然是他们需求满足过程中相对更主要的渠道（邓林园等，2012）。此外，该研究还发现需求现实满足低、网络满足高的大学生网络成瘾的比例最高，而现实满足高、网络满足低的大学生网络成瘾的比例最低（邓林园等，2012）。据此，他们提出了另一种心理需求网络满足的补偿作用或机制：当网络能够很好地满足大学生在现实生活中没有得到满足的需求时，就可能促使大学生更多地使用网络，进而通过不断地强化，最终导致网络成瘾。此外，有研究者在对 998 名中国青少年开展的调查研究中发现，生活压力事件会削弱个体心理需求的满足，进而增加网络成瘾的可能性（Li et al.，2016）。

三、其他网络动机

有研究表明，利用网络寻求心理满足、娱乐、社交等动机与网络成瘾呈正相关（Yang & Tung，2007）。另有研究发现，人际交往、社会支持等各种需要很可能是导致大学生网络成瘾的动机之一(王立皓,童辉杰,2003)。郑毅、张小远和陆京伯(2011)对中国研究生进行研究,发现网络成瘾倾向与人际情感性动机之间存在显著正相关,与信息获取性动机之间相关不显著。此外,柳艳艳(2008)通过对大学生群体进行研究发现,网络成瘾与社会学习动机、社会交往动机存在显著负相关;与自我肯定动机、商品资讯动机、匿名交往动机、虚拟社群动机存在显著正相关。她对此结果的解释是:自我肯定动机、匿名交往动机和虚拟社群动机容易导致大学生网络成瘾是因为在虚拟的网络环境中,大学生可以隐瞒自身的真实身份,扮演与现实生活中完全不同的角色,与陌生人或虚拟的社群进行交往与互动,并从中获得支持与归属感。同时,网络也为大学生提供了发挥个性的空间,个体在网络中可以获得更多的虚拟成功和赞赏,特别是在网络游戏中,个体更能充分体验获得这种成功与赞赏的喜悦,这一点对那些在现实生活中社会支持度低、满足感低、成就感低的网络使用者来讲具有极大的吸引力。而低网络成瘾倾向的大学生主要的上网动机是社会学习动机和社会交往动机,他们使用网络的主要目的是获取知识和保持与周围人的联络,即他们仅仅把网络当作一种工具。

综上所述,个体因素是影响网络成瘾倾向的重要因素之一。本章主要论述了个体生理特征、人格因素以及网络使用动机对网络成瘾倾向的影响。在生理特征方面,首先,人脑中存在与物质成瘾相关的奖赏系统,这个系统是产生和维持成瘾行为的重要神经基础,而在网络成瘾群体中也存在类似的神经通路,该通路构成网络成瘾的重要神经生物基础。其次,大脑结构代谢以及大脑结构的改变也与网络成瘾密切相关。最后,某些遗传和生化因素也影响着个体的网络成瘾倾向。

在人格因素方面,一些人格特质不仅与网络成瘾显著相关,而且对网络成瘾有显著的预测力,其中关于感觉寻求、外向性、神经质和精神质4种人格特质的研究结果最为一致。当然,除了上述人格特质外,还有一些人格特质也被发现可以影响网络成瘾,如宜人性、尽责性、强迫性、反社会性和冲动性等。

在网络使用动机方面,研究者们大多使用缺失性心理需求和满足性心理需求来解释网络成瘾的动机。

总之,影响网络成瘾的个人易感因素较多。未来的研究需从个体因素入手，结合环境因素的影响，从互动视角出发进行考察，这样有助于更好地理解网络成瘾。

══ 拓展阅读 ══

网络成瘾和赌博成瘾个人易感因素的异同

"网络成瘾"这一概念是金伯利·杨（1998）基本上直接借用了原有的赌博成瘾的概念提出的。目前被广泛使用的金伯利·杨（1998）编制的《网络成瘾测验》就是根据 DSM-IV 中病理性赌博的 10 项标准确定的网络成瘾的 8 项标准。因此，有研究者将网络成瘾与赌博成瘾进行比较。一些人认为，表现出网络使用脱离困难的人有更大的风险产生与赌博相关的问题（Phillips，Ogeil，& Blaszczynski，2012）。研究者进行了一项探讨青少年的赌博成瘾问题及其与网络成瘾和情绪智力关系的研究（Parker，Taylor，Eastabrook，Schell，& Wood，2008）。最终的研究结果显示，参与研究的被试网络成瘾得分和赌博成瘾得分之间存在显著的相关性。来自耶鲁大学的研究者进行了一项调查研究以探讨高中生问题性网络使用和问题性赌博之间的关系（Yau et al.，2014）。研究结果表明，将近一半的被试（48.6％）有问题性网络使用的风险。问题性网络使用和问题性赌博之间存在显著的相关性，并且问题性赌博行为在高程度问题性网络使用被试群体中出现的可能性明显高于其在低程度问题性网络使用被试群体中出现的可能性。这表明二者之间存在较高的并发可能性。

尤其值得注意的是，研究者将网络成瘾的易感人群与赌博成瘾的易感人群进行比较，发现他们之间存在很多的相似之处。有研究者认为赌博成瘾的生物医学模型是一种"大脑紊乱"，认为这是一种潜在的神经生物学异常并明确了赌博相关决策的神经回路，包括腹侧纹状体、腹内侧前额叶皮质、多巴胺能中脑和脑岛（Murch & Clark，2015）。神经心理学研究发现，脑部岛叶区域和纹状体区域活动的强度会随着奖励的获得而增强，从而导致个体产生兴奋与愉悦的感觉。当赌博者处于接近胜利的状态时，这 2 个区域的活动也会有所变化，这种生理唤起的影响会引起个体赌博欲望的增强，从而产生持续赌博行为（李娜等，2014）。此外，有研究者认为赌博成瘾者的动机是为了增强愉快的情绪、减弱不愉快的情绪及增强社会情感，这也符合网络成瘾者的动机（Ariyabuddhiphongs & Phengphol，2008）。

在众多相似因素中，赌博成瘾易感人群与网络成瘾易感人群的人格因素最为相似。研究发现，具有高外向性、高神经质、高冲动性、高感觉寻求、低自我控制等人格特质的人更容易形成网络成瘾。那么这一趋势是否也适用于赌博成瘾呢？许多研究者对赌博成瘾领域进行了研究。有研究者发现赌博成瘾者有较高的自恋水平，较低的一致性和神经质抑郁水平（Dell，Ruzicka，& Palisi，1981）。2012 年，来自韩国的研究者比较了网络成瘾者和赌博成瘾者的冲动性特征，结果表明网络成瘾者和赌博成瘾者的量表得分之间存在显著相关性（Lee et al.，2012）。有学者对赌博成瘾者进行了研究，结果发现大多数赌博成瘾者是高感觉寻求者（Mcdaniel & Zuckerman，2003）。高感觉寻求者需要不断地寻求新异刺激和体验，而赌博活动恰好能够满足他们的需要。研究者将赌博成瘾者分为 2 类：一类是焦虑和抑郁特质者，他们通过参与赌博活动避免负性情绪的产生；另一类是高感觉寻求者，这些个体倾向于寻求更为多变、新奇、复杂的感觉和体验，并甘愿为了满足这种感觉体验而采取各种冒险性行为（Mcdaniel & Zuckerman，2003）。此外，自尊作为一种重要的人格特质，其与赌博成瘾关系密切。有研究者发现自尊与赌博成瘾之间呈显著负相关（曹灿，2016）。由于赌博一般都涉及财务，主要是涉及金钱，而不同的人对金钱的态度不同，因此，根据个体对金钱的不同态度可以划分出 4 种金钱人格：金钱崇拜者、金钱拒斥者、金钱冷漠者和金钱粗心者。研究结果表明这 4 种金钱人格与赌博之间呈现显著负相关，即某金钱人格在量表上的得分越低，在赌博上的得分就越高，赌博问题就更严重。由此可以说明金钱人格对赌博问题有反向预测作用。因此，金钱人格也是影响人们赌博成瘾的一个重要因素（曹灿，2016）。有研究者通过双因素分析得出回避型人格障碍、边缘型人格障碍与赌博成瘾有关（Sacco，Cunningham-Williams，Ostmann，& Spitznagel，2008），且流行病学研究表明人格障碍和赌博成瘾之间有高度一致性（Kruedelbach et al.，2006；Petry，2006）。此外，有研究者发现控制点与赌博动机关系密切（Hong & Chiu，1988）。控制点是一种稳定的人格特质，内控型个体往往相信自己能够控制事情的发展，具有较强的内部掌控力，如内控型赌博者认为自己的"赌博技术"能够掌控结果，因此倾向于赌博成瘾；外控型个体则认为事件结局主要源于外部因素，如运气、机遇、命运等，因此外控型赌博者认为赌博结果受外部因素支配，中大奖是碰运气的事情，赌博主要是为了娱乐身心和社会交往等，也就不易出现赌博成瘾。

当然，赌博成瘾也有异于网络成瘾的影响因素。有研究者认为迷信信念、预期后悔、控制幻觉、"差点赢"以及赌徒谬误等可能是导致赌博成瘾的重要认知因素（陈海平，郎丹宁，程可，2013），其中最有意思的就是"差点赢"（near miss）。"差点赢"是指接近成功时的失败，它是激发人们持续赌博行为的一种重要心理倾向（白彩梅，王树明，马文飞，叶林娟，2009）。研究发现赌博者在接近中奖时，会产生赢钱的兴奋感，这种心理奖励触发了持续赌博动机，进而引发继续赌博行为（Griffith，1991）。"差点赢"心理让赌博者下意识地认为自己离中奖已经非常接近，继续下注就会中得头等奖。这种错误信念使他们即使经历了连续失败和大额损失，仍会坚持参与赌博（王毅，高文斌，2009）。事实上，"差点赢"并非意味着"即将中奖"，因为前后的中奖结果是相互独立的，它们并无实质联系，"差点赢"只是失败的一种情况。

综上所述，网络成瘾与赌博成瘾个体易感因素间有相似之处，但也存在部分差异，其中人格因素是网络成瘾与赌博成瘾个体易感因素中最相似的因素。控制感、冲动性、感觉寻求、自尊以及金钱观等是影响赌博成瘾的重要人格特质。未来的研究可以进一步探讨两类个体易感因素之间的关系。

第七章

网络成瘾的环境影响因素

开脑思考

1. 不少研究者提出了网络成瘾的相关形成机制，在你看来网络成瘾有哪些可能的影响因素？你认为其中最重要的因素是什么？
2. 你认为在影响网络成瘾的环境因素中，有哪些因素是我们可以改变的呢？
3. 网络成瘾会对人的生理、心理造成伤害，你认为未来网络成瘾的预防和干预可以从哪些方面着手呢？试从环境影响因素方面谈谈你的看法。

关键术语

网络成瘾，家庭结构，家庭教育，家庭功能，同伴关系，师生关系，学业压力，社会支持

国内外有关人的发展的研究逐渐趋于多元化和综合化，目前研究者们普遍认为人的发展受到个体因素和环境因素的交互影响，即个体因素与其所处的环境共同影响着青少年的发展。基于此，研究者们提出了青少年危险行为模型、组合模型、生物心理社会模型、差异压抑模型等理论模型（张珊明，2008）。本章将从环境因素的角度出发，分别从家庭、同伴和学校、社会3个方面对网络成瘾的成因进行探讨，以期为读者系统地介绍网络成瘾的环境影响因素，并为提高青少年的网络素养、构建文明健康的网络环境提供指导意见。

第一节　家庭因素

家庭是每个人成长的重要场所，目前已有较多研究者从不同的角度研究了家庭环境对网络成瘾的影响。我们根据不同的研究方向和重点，对家庭环境的主要影响因素进行了归纳总结。

一、家庭结构

家庭结构(family structure)是指家庭成员间的互动关系(许书萍，2016)。一般来说，研究者们把家庭分为正常结构家庭和特殊结构家庭(Shaffer，1996)。研究发现，家庭结构对青少年网络成瘾有着重要影响，其中特殊结构家庭更是有着显著影响。特殊结构家庭通常是指家庭成员构成特殊、缺少健全机制的家庭(王金云，2008)。研究发现，有2类特殊结构家庭对青少年网络成瘾的影响最为显著：一类是有父母离异、分居、再婚、死亡、犯罪坐牢等问题的单亲家庭和重组家庭；另一类是让孩子寄居的寄养家庭(王金云，2008)。研究表明，寄养家庭、重组家庭(阮青，黄林，刘玄华，杨娟，黄立嵘，2009)和单亲家庭(梅松丽等，2009；席震芳，张晓阳，2005)里的孩子的网络成瘾倾向显著高于正常结构家庭里的孩子。由于父亲、母亲在家庭中扮演着不同的角色，在特殊结构家庭中，由父亲抚养的子女网络成瘾概率显著高于由母亲抚养的子女(王金云，2008)。

对于特殊结构家庭容易导致子女形成网络成瘾的原因，研究者提出了3种解释：第一，特殊结构家庭的孩子往往缺乏父母的关怀和督促，其上网行为通常缺乏约束(阮青等，2009；席震芳，张晓阳，2005)，因此更容易形成网络成瘾；第二，特殊结构家庭由于家庭成员的缺失导致家庭功能发挥受损，无法给孩子提供足够的支持，孩子因此可能会转向从网络世界寻求支持，以获取归属感和成就感(王金云，2008)；第三，特殊结构家庭的子女因为缺少家长的关怀与支持，常常性格孤僻、自卑，他们更期望能在隐匿真实身份的情况下进行人际交往，因此他们更容易沉迷于网络世界(梅松丽等，2009)。

二、家庭经济状况

家庭经济状况（family economic status）通常是指一个家庭的经济背景和社会资本，主要包括父母的职业、经济收入和受教育程度等指标。一般来说，研究者会采用家庭社会经济地位来衡量一个家庭的经济状况。已有研究对家庭社会经济地位这一综合指标主要采用因子分析法、回归方程法、项目反映理论方法、加权均数法、简单加法等合成方法进行处理分析（任春荣，2010）。研究者们把根据合成方法得到的社会经济地位指标看作连续变量，并将其划分为高、中、低3个层次。

有研究发现，青少年的家庭经济地位对其网络成瘾倾向具有正向影响，即家庭经济地位越高，青少年网络成瘾倾向也越高（邹红，金盛华，吴嵩，2014）。已有研究表明，网络社交使用频率对网络成瘾倾向具有预测作用，但这种影响只在低社会经济地位的家庭中有着显著效果（丁婧，2017；金盛华等，2017）。除了将家庭经济地位综合地视为一个变量外，也有学者采用单一的指标（如父母受教育程度）来探讨其对网络成瘾的影响。一般认为，父母受教育水平越高，对孩子采取的负面教养方式就会越少，其子女网络成瘾的概率也会越小。但曹雷（2009）发现父亲的文化程度对子女网络成瘾得分没有显著影响，而母亲的文化程度对子女网络成瘾得分的影响显著，母亲文化程度越低，孩子网络成瘾得分越高。然而，彭阳（2007）的研究得到了相反的结果，他发现母亲的文化程度在成瘾组与正常组间没有显著差异，而父亲的文化程度在两组间存在显著差异，且成瘾组父亲大学以上文化程度者较多，正常组父亲初中以下文化程度者较多。梅松丽等人（2009）的研究则提供了一个综合的观点，即在父母受教育水平过高或过低的情况下，青少年的网络成瘾率都相对较高；而父母受教育水平越低，孩子的成瘾程度越深。研究者（梅松丽等，2009）认为文化程度较高的父母往往忙于工作，和子女交流较少，对子女的要求较高，这给子女造成很大压力，因而青少年更多地选择使用网络来逃避这种压力，最终导致网络成瘾。而父母文化水平较低的家庭，其社会经济地位也相对较低，由于家庭经济条件较差，在这种家庭环境中生活的孩子容易产生自卑心理，他们往往倾向于在网络中寻找自信和解脱，由此也容易形成网络成瘾。

三、家庭教育

(一)父母教养方式

家庭是青少年成长的主要环境，是他们获取物质和心理支持的主要场所(颜剑雄，2009)。父母是家庭中的主要成员，在青少年社会化过程中扮演着中心角色，为孩子树立了情绪联结、行为约束的榜样(Gray & Steinberg，1999；Lau，Quadrel，& Hartman，1990)。**父母教养方式(parenting)**是儿童发展领域关注的一个重要概念，对于个体心理发展有着重要的影响(任磊，2014)。父母教养方式主要是指父母在抚养子女的过程中所表现出来的一种对待孩子的固定行为模式和行为倾向，集中地反映了父母对待子女的态度和教育观念(颜剑雄，2009)。研究表明，父母教养方式中父亲严厉惩罚、父亲过分干涉、父亲拒绝否认、母亲过分干涉保护、母亲拒绝否认、母亲惩罚严厉和母亲偏爱等维度在高网络成瘾倾向组的高中生与低网络成瘾倾向组的高中生中存在显著差异(颜剑雄，2009)。蒋奖(2004)发现，青少年行为问题与父母教养因子中的情感温暖、理解呈负相关，与惩罚严厉、过分干涉、偏爱、拒绝否认和过度保护呈正相关。相对于非网络成瘾个体而言，网络成瘾个体报告其父母有着更加消极的父母教养方式(Kim & Kim，2015)。

对于父母的不良教养方式容易导致子女网络成瘾这一现象，目前存在着 3 种解释：首先，父母的严厉惩罚及过分干涉可能会引起青少年的逆反心理，容易造成青少年情绪过度压抑，从而转向互联网中寻求发泄渠道(马玉红，牛力华，杨建华，2010)。其次，父母对子女过于严厉、过多惩罚的教育方式可能造成孩子自卑、胆怯的性格，而以往研究表明过低的自尊心是促成网络成瘾的原因之一(陈泳如，胡佳佳，2012；席震芳，张晓阳，2005)。最后，在父母不恰当的教养方式下成长的孩子，其人格特征和人际关系方面都会存在较多的问题，当面对复杂的社会环境时，他们很容易出现适应障碍，网络便成了他们逃避生活和适应不良问题的一种有效方式(李涛，张兰君，2004；陶然等，2008；张兰君，2003)。

(二)父母控制

父母对青少年行为的有效控制能够帮助青少年明辨是非、增强毅力、掌握正确使用网络的技巧，并远离有着不良网络习惯的同伴。然而，青少年正处于自主性需求不断提升的阶段，父母对青少年心理自主性的控制可能使他们感到束缚和不满，从而使他们更容易在网络上寻求心理满足（房超，方晓义，申子姣，2012）。已有研究表明，**父母行为控制（parental behavior control）**对子女网络成瘾有着显著的负向预测作用，而**父母心理控制（parental mental control）**对子女网络成瘾有显著的正向预测作用（赖雪芬等，2014）。赖雪芬等人（2014）的研究还发现父母控制对子女网络成瘾的影响存在着性别差异，即心理控制与男生的网络成瘾倾向呈正相关，行为控制与女生的网络成瘾倾向呈负相关。研究者对此的解释是：男生相较于女生有着更强烈的独立自主意识，传统文化对男生的逆反行为也表现出更多的接纳和认同（Chao & Aque，2009；Dwairy & Achoui，2010）。因此，男生对于父母的心理控制更难以忍受，并且这种控制可能对男生网络成瘾有更大的消极作用和累积影响。

四、家庭功能

家庭功能（family functioning）是家庭系统中家庭成员的情感联系、家庭规则、家庭沟通以及应对外部事件的有效性（Olson，2000）。斯金纳等人（Skinner，Steinhauer，& Sitarenios，2010）认为家庭的基本功能是为家庭成员心理、生理、社会性等方面的健康发展提供一定的环境条件。研究表明，家庭功能缺陷会导致高中生网络成瘾。网络成瘾者与非网络成瘾者在上网时间、上网地点、网络使用目的及家庭功能各方面存在差异，这些因素直接影响了个体的网络行为，间接影响了网络成瘾的发生（徐先彩，2017）。

(一)父母关系

田云龙、喻承甫、刘毅和路红（2017）的研究结果表明，父母关系对青少年网络成瘾的影响更多是通过亲子关系间接产生的，这种影响在父母冲突方面尤其明显。研究者通过问卷调查发现，青少年对父母冲突的评价和情绪管理间接地影响着青少年的网络成瘾倾向（邓林园等，2012）。赵春梅和杨伯淑（2008）的研究也表明父母冲突与孩子网络游戏成瘾倾向显著相关，破坏性的父母冲突会增加初中生网络游戏成瘾的可能性，且冲突的频率越高、强度越大、解决情况越差、内容与孩子越相关，孩子的成瘾量表得分就越高。他们认为破坏性的父母冲突能显著影响孩子的情绪安全，增加他们的攻击性，因而孩子有可能把玩电子游戏作为一种有效的逃避和补偿方式。另外，破坏性的父母冲突还会通过损害父母教养方式和亲子关系以及影响孩子的学习成绩间接地增强初中生的电子游戏成瘾倾向（赵春梅，杨伯淑，2010）。邓林园等人（2012）运用社会学习理论和情绪安全感假说来解释这一现象，他们认为青少年直接从父母那里学习了消极地解决问题的模式，在长期面对具有破坏性的父母冲突时，他们内心的各种消极情感被激发，对抚养者的依恋和家庭的稳定性产生不安全感，导致了对冲突的过度感知和反应，进而影响到他们的情感调节和言语表达能力，最终导致相应问题行为的出现。

(二)亲子关系

1. 亲密度和适应性

家庭亲密度（family cohesion）主要指家庭的情感氛围，**家庭适应性**（family adaptability）主要指家庭解决问题的能力（邓林园，方晓义，伍明明，张锦涛，刘勤学，2013）。陈红艳（2016）认为，家庭的矛盾性越强、控制力越大，青少年网络成瘾的可能性就会越大；家庭的亲密度越高、情感表达越畅通、成功性越强，青少年网络成瘾的可能性越小。梁凌燕等人（2007）的研究也为该观点提供了有力的证据。他们采用《家庭亲密度和适应性量表》（Family Adaptability and Cohesion Scale，FACES-CV）在因网络成瘾而住院治疗的青少年及正常青少年群体中进行施测。研究结果显示网络成瘾的青少年在实际亲密度、实际适应性和理想亲密度上的得分均低于正常青少年，在亲密度不满意度和适应性不满意度上的得分则高于正常青少年。邓林园等人（2013）采用相同的问卷进行调查，也得到了类似的结果：家庭亲密度和家庭适应性与青少年网络成瘾呈显著负相关，其中家庭亲密度与青少年网络成瘾的关系比家庭适应性与青少年网络成瘾的关系更为紧密。进一步的结构方程模型分析结果显示，家庭亲密度不仅直接对青少年网络成瘾有显著预测作用，而且可通过母子疏离和父子信任间接预测青少年网络成瘾（邓林园等，2013）。梁凌燕等人（2007）认为家庭亲密度和家庭适应性对网络成瘾存在影响可能是因为在家庭亲密度低的家庭里，亲子之间缺少情感的交流，父母对孩子严厉的管教与青少年青春期不断增强的自我意识相冲突。当父母的权威不能控制孩子的行为时，亲子冲突加剧，亲密度减弱，这种恶性循环使孩子更容易沉迷网络。而在家庭适应性低的家庭里，由于亲子间互动方式僵硬，青少年更容易将使用网络当作逃避不良情绪的方式，从而也更容易形成网络成瘾（梁凌燕等，2007）。

2. 亲子依恋

亲子依恋（parental attachment）是家庭环境的变量之一。研究表明，亲子依恋对儿童的问题行为具有独立的负向预测作用（黄彦，谢晓琳，周晖，2016）。亲子依恋的质量影响着儿童的社会适应能力，对青少年网络成瘾也有着负向预测作用（陈武，李董平，鲍振宙，闫昱文，周宗奎，2015）。一般来讲，人们把个体依恋模式分为安全型、冷漠型、专注型和害怕型（Brennan，1998）。许多实证研究者均发现青少年的亲子依恋与网络成瘾呈显著的负相关，即亲子依恋得分越高，青少年在家庭中与父母的交往质量越高，其网络成瘾的可能性越小（陈武等，2015；邓林园等，2013；张锦涛等，2011；邓林园，方晓义，阎静，2013）。进一步的研究表明，害怕型、冷漠型、专注型依恋与大学生网络成瘾存在显著的正相关，安全型依恋与网络成瘾相关不显著，专注型和害怕型依恋对大学生网络成瘾具有一定的预测作用（戴妍，2009）。此外，张锦涛等人（2011）调查发现，父子关系和母子关系与青少年网络成瘾及孤独感均呈显著负相关。相关分析和结构方程模型分析结果表明，孤独感在父子关系对网络成瘾的影响中起部分中介作用，在母子关系对网络成瘾的影响中起完全中介作用（张锦涛等，2011）。基于以往研究结果，研究者们对父母依恋中的具体因子进行了更深入的研究。邓林园等（2013）通过结构方程模型分析发现，母子依恋、母子信任、母子沟通、父子依恋、父子信任、父子沟通与青少年网络成瘾呈显著负相关，母子疏离和父子疏离与青少年网络成瘾呈显著正相关；父子信任能显著负向预测青少年网络成瘾，母子疏离能显著正向预测青少年网络成瘾。研究者认为这可能与亲子关系随着时代发生的改变有关，目前中国青少年感知到的父母所扮演的角色正在从传统的"严父慈母"向"严母慈父"转变（邓林园等，2013）。父亲和母亲在家庭中以及教养孩子的过程中角色分工不同，通常母亲给孩子更多的日常生活照顾和情感关注，因此与母亲的情感联结对孩子来说更为重要，母子之间的过分疏离更可能造成孩子在情感需求方面得不到满足，孩子可能会在网络中寻找替代性满足；父亲更多地关注孩子的发展和人生规划等方面，因此孩子需要得到父亲在这些方面的信任和引导，促使他们向更积极的方向发展，从而减少青少年出现问题行为的可能性（邓林园等，2013）。

===== **拓展阅读** =====

留守儿童家庭结构与网络成瘾

受地区经济发展的限制，许多农村家庭的父母不得不离开农村到城市务工。由于家庭经济情况的限制，他们通常无法带着孩子一起进城。留守儿童是指外出务工连续 3 个月以上的农民托留在户籍所在地，由父、母单方或其他亲属监护接受义务教育的适龄儿童。其中，按照父母外出务工的人数又可以将其分为双亲留守儿童和单亲留守儿童。

父母在家庭角色中的缺失容易造成亲子关系的失调。农村留守儿童的父母双方或者一方常年在外，未能扮演好相应的家庭角色，会导致其子女在成长过程中缺乏父母的关爱与监督。根据马斯洛需求理论，人类的价值体系分为生理需求和心理需求。留守儿童由于长期离开父母，缺少与父母在情感上的交流，父母也未能及时地了解孩子内心的想法和需求，因此留守儿童在日常生活中容易产生缺少关爱、缺乏归属感、心理需求得不到满足等感受。长时间的消极状态容易造成孩子的孤独和无助，使孩子形成对现实世界的恐惧（郑伟，2016）。

随着社会经济快速发展，农村的经济水平发生了巨大的变化，网络也逐渐进入农村家庭。网络的出现为留守儿童的情感寄托提供了可行的途径。由于缺乏与父母的沟通交流，留守儿童更容易出现抑郁、性格孤僻和自我封闭的情况。许多留守儿童由于缺少必要的人际交往能力，在现实生活中的朋友也较少（郑伟，2016）。而网络社交活动的虚拟友情在一定程度上给予了农村留守儿童情感上的满足感和充实感。同时，留守儿童由于家庭结构失衡所形成的消极感受也在网络游戏或社交互动中得到了缓解（郑伟，2016）。

研究者指出，造成农村留守儿童网络成瘾的家庭因素归根到底是父母角色缺失导致的家庭结构不完整（郑伟，2016）。基于此，对农村留守儿童网络成瘾的家庭干预应从父母角色和家庭结构入手。农村家庭的父母应加强与孩子的互动交往，与孩子建立亲子交流机制，从而形成健康的亲子关系。同时，父母应及时重建健康的家庭结构，为儿童的成长提供健康的家庭环境（郑伟，2016）。

第二节　同伴和学校因素

父母是孩子的第一任老师，随着年龄的增长，孩子需要到学校接受教育。由于学校施行的托管或住宿制度，孩子在空间上逐渐远离父母。进入青春期后，孩子的自主性和独立性增强，他们在摆脱父母控制的同时，与朋友的交往日益增多（田菲菲，田录梅，2014），这使孩子在心理上也逐渐远离父母。因此，学校作为个体的第二个微系统，也影响着个体的发展以及行为习惯。以往研究表明，网络成瘾分别与同学关系、师生关系、竞争、秩序纪律等学校环境因素呈显著负相关，与学业负担呈显著正相关（李丹，姚海霞，2016）。

一、同伴关系

莱布勒（Laible，2007）研究发现，相比于亲子依恋，同伴依恋与青少年社会情感的发展有着更强的联系。如有研究者发现同伴依恋在鼓励青少年参与面对面的社交活动方面有着重要的作用（Nelis & Rae，2009；Zhang & Ya-Na，2009）。刘志华和罗丽雯（2010）对初中生的调查研究发现，初中生的同伴关系越差，他们就越容易形成网络成瘾。研究者认为这是因为同伴关系是初中生人际关系中比较重要的一部分，青少年渴望拥有自己的朋友以获得心理支持。如果青少年在现实中找不到合适的"知音"，他们就会转向网络，以求在虚拟空间中寻找朋友和慰藉，因而容易形成网络成瘾（刘志华，罗丽雯，2010）。然而，同伴关系对青少年网络成瘾的影响在不同的学生群体里是不同的。吴贤华和吴汉荣（2014）的研究表明，良好的同伴关系对青少年网络成瘾是一个有效的保护性因素，网络成瘾者的同伴关系得分低于非网络成瘾者。此外，不同的同伴交往类型与网络成瘾的关系也是不同的。田云龙等人（2017）的研究表明，结交不良同伴可以显著正向预测网络游戏成瘾。越轨同伴交往（deviant peer affiliation）是指结交具有违反法律和社会道德行为的同伴，它是同伴交往中的重要变量之一（宋静静等，2014）。根据班杜拉的社会学习理论（social learning theory），青少年会通过观察学习模仿不良同伴的网络使用行为，因此更容易形成网络成瘾。实证研究表明，同伴过度使用网络与个体的网络成瘾程度总分呈正相关（张锦涛，陈超，刘凤娥，邓林园，方晓义，2012）。李董平等人（2015）的研究表明，越轨同伴交往在感知到的学业氛围和青少年网络成瘾之间有部分中介效应。研究者认为根据阶段—环境拟合理论（stage-environment fit theory）（Ecclesetal，1993），学校氛围与越轨同伴交往的相关性可解释为在消极的学校氛围中，学生与学校建立更少的联结，更可能经历同伴侵害（Call & Mortimer，2001）。当重要的心理需求的满意度受到影响时，学生更可能通过越轨同伴交往来寻找一种安慰，即一种让青少年感到放松、舒适、可接受的环境。

任心宇（2017）的研究结果显示，大学生的核心自我评价在同伴关系和网络成瘾之间起完全中介作用，即良好的同伴关系能够促进个体对自身能力和价值的评价，从而使个体更不容易形成网络成瘾。而当个体的同伴关系较差时，个体对自身的能力和价值的评价降低，从而引起病理性补偿行为，进而导致网络成瘾。张国华，伍亚娜和雷雳（2009）的研究还发现青少年的同伴依恋、网络游戏偏好和自我认同对网络成瘾有显著的预测作用，而同伴信任和沟通对网络成瘾的直接预测作用不显著。张锦涛等人（2011）认为，根据克劳特等人（2002）提出的"富者更富"模型，同伴信任和沟通水平高的青少年愿意通过互联网或玩网络游戏进行人际交流，同伴依恋安全性较高的青少年把网络游戏当作同伴之间交流的工具和平台，他们认为玩网络游戏是为发展同伴关系服务的，因此在他们的交往中，网络游戏的卷入反而会降低网络成瘾的倾向。而对于同伴疏离水平较高的青少年，互联网的匿名性使他们摆脱了很多现实交往中的限制，因此他们更容易转向互联网，尤其是转向网络游戏以寻求友谊和支持。他们可能把网络游戏当作一种逃避现实压力的手段，以虚拟的"网络关系"代替现实生活中人与人之间的关系，导致其学习和生活更可能因过度卷入网络游戏而受到影响。

二、师生关系

以往的研究结果显示，师生关系与网络成瘾之间存在着负相关（吴贤华，吴汉荣，2014）。心理安全感和越轨同伴交往在师生关系和网络成瘾之间有着并行的部分中介作用（Jia et al.，2017）。研究者对此的解释是，当师生关系比较薄弱时，学生可能更难以从教师那里获得社会支持，他们更可能经历心理不安全感(Lietaert，Roorda，Laevers，Verschueren，& De，2015)。对于青少年而言，网络成瘾是一种代偿反应：当他们的心理安全感没有在现实生活中得到满足时，他们会更倾向于从虚拟的世界中寻求安全感(Kardefeltwinther，2014)。此外，如果没有学校、老师和同学的社会支持，青少年面对不良生活事件时可能变得孤独、抑郁，从而会转向网络虚拟世界以寻求支持和帮助，进而渐渐迷恋网络(刘志华，罗丽雯，2010)。师生关系除了直接对网络成瘾产生影响外，还可以调节亲子依恋与儿童问题性行为的关系。前人的研究发现，亲子依恋和师生关系都与儿童的问题行为有关。黄彦等人(2016)发现亲子依恋和师生关系呈正相关关系，且二者都与问题行为呈负相关关系。同时，在高水平师生关系下，亲子依恋对儿童的问题行为有显著的负向预测作用。

三、学业或学校背景相关变量

(一)学业压力与学校社会处境

　　研究者通过纵向研究将一般压力理论与网络成瘾相联系，以探究韩国青少年由学业压力到网络成瘾的心理路径并检验消极情绪在学业压力和网络成瘾之间的中介作用(Jun & Choi，2015)。研究结果表明，学业压力与网络成瘾呈正相关关系，消极情绪与网络成瘾之间同样存在正相关关系。进一步的结构方程模型结果显示，青少年的学业压力通过消极情绪间接地影响网络成瘾(Jun & Choi，2015)。李涛和张兰君(2004)认为，依据金盛华的自我价值定向理论(self-value orientation theory)，每个人都在寻求生命的意义和自我价值，当学生在现实生活中体验不到学习所带来的成就感时，他们往往会选择通过网络来满足自己，即学生会认为只有通过上网成为聊天高手、游戏专家后才能证明自己的价值。此外，个体生活中的重要他人(如老师、父母、同伴等)所提供的信任与支持也是自我价值支撑体系的重要组成部分，当生活中的重要他人给予个体大量的情感信赖和支持时，个体会体验到较高水平的自我价值感；反之，其自我价值感可能较低，同时寻求不到生命的意义感。这时个体可能会借助其他方式来获取他人的认可，进而获得自我价值感，如在网络游戏等环境中寻求自我价值。

(二)学校教育与引导

学校对学生娱乐休闲设施的投入不到位以及对学生青春期心理和生理发展需求的忽视，是导致青少年学生，尤其是学习成绩较差的男生，沉迷网络的重要影响因素之一。研究显示，80%的青少年初始接触网络是为了休闲娱乐和消磨时间(李斌，2017)。在应试教育模式下，当前的学校教育过于看重学业成绩，单一的评价标准使学生难以找到学习的乐趣。赵萍(2017)认为，我国部分学生在学习上的成就动机较低，他们更倾向于使用网络来消磨自己大量的业余时间，网络游戏升级过关的特点使学生能在游戏中获得成就感，其玩游戏的心理动机也就越来越强，从而更易形成网络成瘾。我国的部分学校对考试学科课程的过分重视也使学校缺乏对青少年学生社会活动能力，特别是社会交往能力的培养。不少青少年由于没有机会参与社会实践活动，缺乏与人交往的基本技巧，从而形成了孤僻、敏感、内向的性格。网络的易进入性、易支付性和匿名性为这样的青少年寻找精神寄托和发泄内心情绪提供了绝佳的机会，从而导致他们更易沉迷网络。此外，青少年学生群体在心理素质、应变能力、控制能力等方面的不足使他们在面对网络事物时无法适度地控制自己的网络行为(阮青，黄林，刘玄华，杨娟，黄立嵘，2009)。一旦青少年在现实的人际交往中遭受挫折，他们便会对网络人际更加依赖，从而更易形成网络成瘾。在巨大的就业竞争压力下，许多家长望子成龙、望女成凤的浮躁心态也使孩子的许多需求得不到满足，他们只有通过网络来发泄心中的苦闷，久而久之便形成了对网络的依赖。

我国学校教育内容的盲区也助长了网络成瘾的发生(田秀菊，2011)。由于社会和学校没能给予青少年正确的引导和教育，青少年的好奇心和求知需求没能得到很好的满足，因而他们转向了信息含量丰富的网络。以性教育为例，我国学校性知识教育观念相对淡薄，随着青少年学生性机能的发育，他们可能会产生各种关于性的问题，但是，受我国文化观念的影响，学校及社会对青少年学生进行的性教育很少。据调查，学生掌握的有关性方面的知识，只有10%的内容是通过学校教育获得的(张惠敏，宁丽，陶然，刘彩谊，2012)。因此，青少年只能通过社会交往、性爱小说、爱情影视，甚至是非法读物去满足他们强烈的好奇感和探求欲。网络的出现使青少年学生有可能在"一人一机"的情况下在网上"放肆"

地浏览成人网站，搜索有关性的信息，从而更容易沉迷网络。此外，我国缺乏必要的网络道德教育和对互联网使用的正确引导，青少年学生上网时几乎完全处于一种放任自流的状态。教育工作者或者教育机构很少对学生上网给予正确的、系统的、科学的及持久的引导，学生无法认识网络的真正价值，更多地把电脑和网络当作一种娱乐工具（邹泓，刘艳，李小青，蔡颖，2008）。青少年学生对网络中的有害信息或居心不良的人员也缺乏必要的认识和防卫，从而更易受到不良信息的误导，形成网络成瘾。

第三节　社会环境因素

社会支持对网络成瘾有着重要影响。王立皓和童辉杰（2003）通过问卷调查发现大学生网络成瘾与其得到的社会支持、交往焦虑密切相关，其中成瘾量表得分与社会支持量表总分呈显著正相关。研究者认为缺乏社会支持、遭遇社交焦虑的青少年在现实社会中会有更多的不适感，因而他们会避免外出与其他人打交道。网络给了他们与其他人接触而不会暴露在面对面的焦虑情境中的机会，因此他们更易形成网络成瘾（Ko，Yen，Chen，Chen，& Yen，2008）。

此外，上网娱乐场所经营和管理的不规范也是造成青少年网络成瘾的重要因素之一。由于大部分学校和家庭对青少年网络使用的限制，许多青少年转向网吧等场所进行上网娱乐活动。网吧等场所属于社会场所，对其进行社会管制是政府管理的重要职责。政府相关政策法规的制定、政府相关部门对网络成瘾问题的重视程度和监管力度对青少年网络成瘾有着重要的影响。现阶段我国政府关于网络管理的相关法律不够健全，对现有法律法规的执行效果不够理想（肖婧婧，董四平，王江陵，2009）。一些网吧非法通宵营业并采取整夜包机优惠来吸引青少年，这样既影响了青少年的学习和身心健康，又使网吧极易成为违法犯罪分子的栖身之地（王受仁，2002）。由于相关法规滞后，资金投入不足，管理工作薄弱等问题，目前的互联网管理存在着大量的"盲点"和"误区"（刘辉娟，李宏超，2008），一些低俗的信息趁势借助互联网向社会大肆蔓延和传播，影响并毒害了青少年的心灵，使他们在缺乏约束的网络世界里为所欲为，越陷越深，从而形成网络成瘾。

综上所述，中学生网络成瘾是多种因素综合作用的结果，其中关联性最强的依次为家庭因素、学校教育因素、个性因素和网吧制度因素（孙建平等，2009）。本章系统地总结了环境因素对网络成瘾的影响，其中家庭和学校环境作为青少年成长的主要微系统，对青少年的网络成瘾起着重要作用。家庭、学校环境里的成员（如父母、同学、老师等）与青少年的联系直接影响着青少年的网络行为，间接预测着青少年的网络成瘾倾向。社会为青少年提供的大环境也作用于青少年的网络成瘾倾向。青少年群体是伴随互联网技术发展而成长起来的一代，因此他们的互联网思维意识较强，对互联网产品具有较强的接受性。但是青少年群体自身控制力较差、自我意识较弱（陈婕，2021），因此为青少年提供健康的网络环境就显得尤为重要。今后有关网络成瘾的预防和干预可以从家庭、学校和社会环境等角度入手，通过构建和谐家庭关系、促进人际交往、加大教育力度、规范网络运营环境等形式解决青少年网络成瘾问题。

扫描拓展

在线治疗，利弊之辩

Part Ⅲ | 第三部分

网络成瘾的类型

第八章

网络游戏成瘾

1. 你觉得网络游戏为什么容易让人沉迷？

2. 你喜欢玩网络游戏吗？网络游戏到底对青少年的成长有哪些影响？

3. 如果让你设计一款网络游戏，你会注重哪些方面？这些方面和网络游戏成瘾有无相关之处呢？

网络成瘾，网络游戏成瘾，网络成瘾障碍，病态网络使用，认知行为模型，网络游戏成瘾干预

随着互联网和智能手机的发展与普及，人们使用网络和手机等设备进行网络游戏变得越来越便捷，手机游戏用户规模和使用率呈稳定增长趋势。根据中国互联网络信息中心（CNNIC）的调查报告，截至 2020 年 12 月，我国网民规模达 9.89 亿，较 2020 年 3 月增长 8 540 万，互联网普及率达 70.4％。截至 2020 年 12 月，我国网络游戏用户规模达 5.18 亿，较 2020 年 3 月减少 1 389 万，占网民整体的 52.4％；手机网络游戏用户规模达 5.16 亿，较 2020 年 3 月减少 1 255 万，占手机网民的 52.4％（CNNIC，2021）。从对不同学历用户的网络游戏使用率的调查中我们可以发现，中学生网络游戏使用率最高，为 70％；其次是大学生群体，为 66.1％。青少年网络游戏使用率最高，网络游戏成瘾的风险也最高，网络游戏不仅会对他们的学习生活产生不良的影响，还会损害他们身心健康的发展。因此，青少年网络游戏成瘾的问题不容忽视。如何进一步防治青少年网络游戏成瘾已成为全社会亟待关注的问题。

第一节　概念及测量

一、网络游戏成瘾的概念

"网络成瘾障碍"的概念最早由戈德伯格根据 DSM-IV 中关于药物依赖的判断标准提出（林绚晖，2002）。而后，金伯利·杨（2009）开始了对网络成瘾行为的研究，并将其看作是一种冲动控制障碍（余祖伟，申荷永，2010）。网络游戏成瘾是网络成瘾的一种类型，是指在没有明显的成瘾物质使用的情况下，网络游戏使用行为冲动或失控，并由于过度沉溺网络游戏而导致个体心理功能和社会功能受损（Young，2009）。

网络游戏成瘾的主要症状有以下 5 点（佐斌，马红宇，2010）：

（1）对网络游戏有不可抑制的渴望：网络游戏成瘾者的认知、情感和行为都紧紧围绕着网络游戏这个中心，思维被网络游戏控制，无心学习；

（2）对网络游戏的耐受性增强：个体一旦形成网络游戏成瘾，其上网玩游戏的时间便会与日俱增，但感觉上并没有延长，个体一旦减少上网时间或被迫停止上网时会烦躁不安；

（3）矛盾与自责心理：成瘾者能够意识到过度沉溺网络游戏的危害，但又难以割舍在游戏中收获的快感和愉悦感，尝试戒除却难以做到，因此产生矛盾心理；

（4）网络游戏戒断的反复性：成瘾行为得到一定的控制后，又会反复发作，并表现出更强烈的倾向；

（5）生理上的症状：出现如肢体疼痛等不适反应，少数成瘾者还可能出现体重下降、酗酒或吸烟等情况。

二、网络游戏成瘾的测量

过去二十多年，国内外的研究者根据网络成瘾的操作定义和相关概念开发出了多种量表，大致可以分为以下 3 类。第一类量表建立在心理症状基础上，其项目来源于美国心理协会诊断标准；第二类量表建立在某些理论基础之上，这些理论中最著名的是认知行为模型（Davis，2001）；第三类量表建立在个案研究、专家观点或者已发表的网络成瘾相关文章基础上。下面将详细介绍各类量表。

（一）基于 DSM-IV 的成瘾标准

1. 安戈夫法对网络游戏成瘾的界定

安戈夫法属于标准参照测验，指的是根据某一界定的内容范围而缜密编制的测验，个体在该测验上的测量结果，需要根据某一明确界定的行为标准直接进行解释（崔丽娟，2006）。该《网络游戏成瘾量表》是根据 DSM-IV 中的赌博成瘾标准和金伯利·杨的 8 项标准、戈德伯格的 6 项标准等成瘾量表结合青少年群体特点编写的，包含 10 个项目，界定分数为 7，回答"是"计 1 分，回答"否"计 0 分。该量表的内部一致性系数为 0.813。用安戈夫法对设定标准的有效性进行评估，结果表明，在网络游戏成瘾上，他人评定与实证效标的一致性程度为 97.14％，自我评定与实证效标的一致性程度为 91.43％。

2.《大学生电脑游戏成瘾量表》（Computer Game Addiction Inventory，CGAI）

该量表共有 33 个项目，包括 4 个维度，依次为：依赖/成瘾行为表现维度（表现为耐受性增加，自己无法控制游戏时间，不玩电脑游戏时出现戒断反应）；情绪唤起维度（表现为电脑游戏对情绪调节的作用，电脑游戏行为可能带来的情绪上的改变）；功能损害维度（由电脑游戏产生的对人际交往、学业、工作等方面的影响）；对现状羞耻或不满维度（由电脑游戏行为产生的愧疚感，对自身的电脑游戏行为产生不满或内疚的情绪，希望改变现状）（聂晶，钱铭怡，黄峥，章晓云，邓晶，2006）。该问卷的内部一致性系数、重测信度和效标效度（成瘾组被试 CGAI 各维度评分均高于正常对照组）均符合测量学的要求。验证性因素分析表明该量表具有良好的构想效度。效标效度检验显示该量表具有良好的效标效度，可以正确地检测出电脑游戏成瘾个体。从内容上来讲，CGAI 是对网络成瘾量表的一种有力扩充，是由此发展出来的针对电脑游戏成瘾方面的考察工具。

3.《大学生网络游戏认知—成瘾量表》(Internet Game Cognition-Addition Scale，IGCAS)

该量表是根据网络成瘾的临床表现、DSM-IV 的病理性赌博和物质滥用诊断标准以及参考《一般性病理性网络作用量表》(Generalized Pathological Internet Use Scale，GPIUS)中关于网络功能的认知条目改编的。该量表共有 16 个项目，划分为 2 个维度，分别为游戏非适应性认知和游戏成瘾行为。游戏非适应性认知维度的条目测量个体对网络游戏是否存在不恰当的正性评价，是否从网络游戏中获得心理上的满足和虚拟的收益，以及现实人际关系和学业是否受损。游戏成瘾行为维度测量个体对网络游戏是否存在行为上的冲动性、缺乏控制能力、不能上网时有明显的戒断反应、为了玩网络游戏而出现撒谎和借钱等行为问题。经验证性因素分析得到的单因素模型的拟合指数分别为：$\chi^2 = 118.44$，NNFI $= 0.98$，NFI $= 0.98$，CFI $= 0.99$，RMSEA $= 0.087$。量表的重测信度为 0.76，各维度和总量表的 α 系数介于 0.901～0.943。《网络游戏认知—成瘾量表》总分、各维度分数与金伯利·杨的《网络成瘾诊断问卷》总分呈正相关。因此，IGCAS 有良好的信效度，可以作为大学生网络游戏成瘾辅助诊断的有效测量工具。

4.《青少年网络游戏成瘾量表》

该量表是根据 DSM-IV 的物质及行为依赖与滥用诊断标准编制的，共 62 个原始项目，包含 7 个维度(黄思旅，甘怡群，2006)，正式问卷共 37 个项目，包含 4 个维度，分别为成瘾行为、情绪唤起、功能损害与羞耻不满。《青少年网络游戏成瘾量表》具有良好的信效度，并与中学生的自我效能感之间有显著的相关关系。

(二)基于前人研究和理论

1.《大学生电脑游戏成瘾问卷》

该问卷通过个别访谈、开放式问卷收集条目信息，并借鉴国外相关问卷，拟定出预测题项(刘惠军，李洋，李亚莉，2007)。该问卷共有 50 个项目，包括 5 个维度，分别是时间管理(玩电脑游戏的时间常超过计划)、情绪体验(玩电脑游戏时的愉快体验和不玩时的烦躁情绪)、生活冲突(玩电脑游戏与日常生活和作息时间的冲突)、牺牲社交(玩电脑游戏对社交造成的影响)和戒断困难(游戏玩家希望戒除的想法以及没有成功的结果)。问卷 5 个维度的内部一致性系数为 0.78～0.84，分半信度为

0.68～0.86，重测信度为 0.79～0.88。总问卷的内部一致性系数为 0.93，分半信度为 0.91，重测信度为 0.88，这说明该问卷有较好的测量信度。验证性因素分析结果表明该问卷结构效度良好。

2.《问题性网络游戏使用量表》

《问题性网络游戏使用量表》(Problematic Online Game Use Scale，POGUS)是韩国学者金(Kim)等人于 2010 年编制的旨在测量青少年问题性网络游戏使用程度的量表(陈超等，2012)。该量表共有 20 个项目，包含 5 个维度，分别为欣快感(euphoria)、健康问题(health problem)、冲突(conflict)、失去自我控制(failure of self-control)及偏好虚拟关系(preference of virtual relationship)。

问卷采用 5 点计分，"最不符合"记 1 分，"最符合"记 5 分。通过计算各维度的平均分得到相应分数，得分越高表明网络游戏使用行为带来的感受越强烈。该量表的信效度良好。以往关于网络成瘾的实证研究发现，韩国与我国均面临着较严重的青少年网络成瘾这一社会问题，且韩国与我国具有相似的文化环境。因此，该量表可用于我国大学生网络游戏使用及成瘾的相关研究中。

3.《网络游戏体验问卷》

该问卷将网络游戏体验定义为个体和网络游戏要素交互所产生的一种体验，游戏要素既包括游戏中的情节、音乐、画面，又包括游戏中的其他玩家，还包括玩家自己操纵的游戏角色(魏华，周宗奎，鲍娜，高洁，2012)。玩家与这 3 类网络游戏特征交互，会产生 11 种游戏体验，即该问卷的 11 种维度，分别是挑战、幻想、好奇、控制、角色扮演、竞争、合作、认可、归属、责任和奖励。这 11 个维度还可分为 3 类，分别表示个体和不同的游戏特征互动所产生的体验：挑战、幻想、好奇、控制和奖励归为一类，反映的是个体与游戏世界互动所产生的体验；认可、竞争、合作、归属和责任归为一类，反映的是个体与其他玩家互动所产生的体验；角色扮演为一类，反映的是个体与自己所控制的角色互动所产生的体验。

《网络游戏体验问卷》不仅具有较好的内部一致性信度和结构效度，还具有较好的效标关联效度。该问卷各维度得分与网络游戏成瘾总分、网络游戏忠诚总分均有较高的正相关。因此，我们可以通过测量网络游戏体验的程度来预测网络游戏成瘾的程度。

(三)基于已有工具

1.《大学生网络成瘾类型问卷》

该问卷由周治金和杨文娇(2006)结合访谈和开放式问卷的结果、参考网络成瘾的基本症状，并借鉴国内外的相关问卷和量表编制而成，包括网络游戏成瘾、网络人际关系成瘾及网络信息成瘾 3 个因素。其中网络游戏成瘾有 8 个项目，包括迷恋于各种网络游戏和非网络的电脑游戏以及因为沉迷于游戏而导致的一些相关负面情绪及体验等(周治金，杨文娇，2006)。

2.《网络游戏成瘾量表》

该量表结合了金伯利·杨的《网络成瘾诊断问卷》及《亲子网络成瘾问卷》、陈淑惠的《中文网络成瘾界定量表》、陶然的《网络成瘾临床界定指标》和崔丽娟的《网络游戏成瘾的界定量表》，共有 13 个项目。这些项目从 5 个方面描述了网络游戏成瘾的状态：网络游戏使用的戒断症状、耐受性症状、渴望使用、明知故犯、失去控制而过度使用。该量表采用 5 点计分法，其符合程度由"非常符合"(记 4 分)到"非常不符合"(记 0 分)。研究者以完成测量的群体为被试，用成瘾斯特鲁普(Stroop)范式测量被试的生理指标来对问卷项目进行验证，对不合指标反映的项目进行剔除，最终保留 11 个项目，形成了《网络游戏成瘾量表》。依据测量结果可知判断被试是否成瘾的总分分界值为 30 分。这 11 个项目的重测信度最低是 0.744，并且都达到了显著性要求。总量表的重测信度为 0.971。该量表具有很高的跨时间稳定性和一致性。此外，研究者以测量预留的成瘾者为被试，验证了《网络游戏成瘾量表》的有效性。该量表采用了一定的生理指标作为验证，更为客观可靠。

3.《青少年网络游戏体验量表》

该量表通过访谈和开放式问卷调查以及已有量表获得条目，在专家小组讨论的基础上形成初测版本(张国华，雷雳，2015)。经过施测、验证，最后得到 6 个维度，共 40 个项目，各维度根据其内容，分别命名为社交体验、控制体验、角色扮演、娱乐体验、沉浸体验、成就体验。该量表的信效度良好。因此，《青少年网络游戏体验量表》具有较好的心理测量学指标，适用于测量青少年的网络游戏体验。已有研究表明，网络游戏体验与网络游戏行为及网络游戏成瘾呈正相关。网络游戏体验越强，网络游戏使用意向和网络游戏成瘾倾向就越强(张国华，雷雳，2015)。

因此，用《青少年网络游戏体验量表》测量的游戏体验程度，在一定程度上可以预测其网络游戏成瘾。

除此之外，胡小兰等编制的《大学生网络游戏动机问卷》（胡小兰，杨红君，2012）、张锦涛等修订的《网络游戏动机量表》（张锦涛等，2013）和张广磊编制的《网络游戏行为偏好调查问卷》（张广磊，2008），虽不是直接测量网络游戏成瘾的工具，但都与网络游戏成瘾行为有关。

第二节 影响因素

纵观大量研究可知，青少年网络成瘾的原因大致可以归结为内部因素和外部因素这两大方面。

一、内部因素

（一）人格特质

青少年阶段是人格心理形成的重要阶段，青少年对新异刺激兴趣强，对单调乏味的事物兴趣弱，而学习生活具有单一性，青少年因此会选择另外的途径寻求刺激。根据卡内基梅隆大学以及匹兹堡大学的研究，网络游戏成瘾者往往具有以下人格特点：喜欢独处、敏感、倾向于使用抽象思维、警觉、不服从社会规范等。有研究显示，性格内向、社会适应性低的大学生更易网络游戏成瘾。

（二）孤独感

孤独感源于人际关系缺陷，是一种主观体验或心理感受，而非客观的社交孤立状态。已有研究表明，网络成瘾与孤独感是存在显著正相关的（刘加艳，2004），越是内心孤独的人越容易在网络游戏上寻求情感的慰藉，甚至导致成瘾。在同样获得沉浸体验和长时间玩游戏的条件下，相对孤独或抑郁的玩家比非孤独或非抑郁者更易游戏成瘾。这是因为相对孤独或抑郁的人在现实世界中与他人相处时容易感到有压力，不易与他人形成亲密关系，而在虚拟的游戏世界中，他们可以毫无压力地释放自己，从中找到安慰和快乐，这种愉悦的体验使他们甘愿生活在游戏世界中。长时间的行为重复之后，他们更可能成为成瘾者。个体成瘾之后习惯于逃避现实世界，会变得更加孤独，形成恶性循环。

(三)感觉寻求

感觉寻求是一种探索奇异的、具有刺激性情境的人格特质。研究者将感觉寻求描述为追求变化、新奇、复杂与强烈的感觉和体验，并甘愿冒身体、社会、法律和经济上的风险去寻求这种刺激（Zuckerman & Kuhlman，2000）。研究发现，高感觉寻求者倾向于探索新异刺激、喜欢冒险，而低感觉寻求者则倾向于逃避冒险和刺激（陈仲庚，张雨青，1988）。

有研究表明，感觉寻求与青少年网络游戏成瘾呈显著正相关，感觉寻求是青少年网络游戏成瘾的重要风险因素。这一结果可以从以下 2 个方面解释。首先，网络游戏具有挑战性、娱乐性和虚拟性等特点，可以为高感觉寻求者提供所需要的刺激水平，也会使他们保持更高的唤醒水平。因此，高感觉寻求者比低感觉寻求者更容易沉迷于网络游戏世界（王洁，陈健芷，杨琳，高爽，2013；杨文娇，周治金，2005）。其次，国内的青少年，特别是中学生承受着繁重的学业压力，他们的活动范围受到很大的限制，其追求刺激体验的途径相对较少。随着互联网的不断发展，青少年可以更容易地接触网络，而网络游戏中的角色扮演和等级挑战等因素，正好满足了青少年追求新颖、复杂和刺激体验的需要。综上，感觉寻求倾向高的青少年更容易沉迷于网络游戏。

(四)生理机制

对物质依赖成瘾的脑功能研究表明，成瘾在脑机制上既不是一种单纯的行为问题，也不是一种简单地与戒断症状关联的急性疾病，而是一种反复发作的慢性脑病。无论是物质刺激还是心理体验都可以通过脑的奖赏系统引起脑内的改变，造成大脑的长时程损害。青少年正处于身心的成长期，相对于成人，他们的神经系统和心理机能更不成熟，更容易发生神经系统的损害（贺金波，郭永玉，向远明，2008）。有关网络成瘾的研究发现，长时间上网会导致大脑神经细胞多巴胺水平增高（贺金波，洪伟琦，鲍远纯，雷玉菊，2012）。多巴胺可以使个体产生高度兴奋，但是之后的颓废感和沮丧感更为严重，因此会给青少年带来一系列的生理变化。加上青少年神经系统和心理机能还不成熟，就比较容易发生精神系统的损害，如果这种变化持续产生，生理因素和网络游戏成瘾之间就会建立一种使这种行为强化的连接，青少年就会花更多的时间沉浸在网络游戏中。

(五)发展心理特征

根据埃里克森的人格发展八阶段理论，青少年(12~18岁)面临着同一性与角色混乱之间的矛盾，并且身心发展具有不平衡性。他们情感丰富、敏感，暴躁与温和并存，并有一定的压抑和叛逆倾向，在遇到挫折无法顺利解决时会导致自我同一性的分解，形成虚幻的、消极的人格，产生抑郁、焦虑、逃避现实等不良心理反应。网络游戏是他们情感发泄的一个重要渠道，帮助他们释放剩余的荷尔蒙和不良情绪、缓解压力。另外，青少年时期又是个体社会化的关键阶段，此阶段的青少年对新鲜事物敏感且易接受、好奇心强、渴望友谊和交流、自制力弱。对他们来说，网络游戏是新奇且具有吸引力的，如果他们通过网络游戏获得了满足感，便会沉溺其中，极易形成网络游戏成瘾。

(六)应对方式

应对方式是人们在经历压力性事件后所采取的一种应对压力的策略和方法(罗杰，谭闯，戴晓阳，2012)。"应激—应对模型"指出，个体面对压力的应对反应是其是否发展为成瘾行为的关键。已有实证研究表明，积极应对方式与网络游戏成瘾呈显著负相关，消极应对方式与网络游戏成瘾呈显著正相关(魏昶等，2014)。有研究进一步表明，消极应对方式是压力性生活事件影响青少年网络游戏成瘾的重要内在原因，也就是说，压力性生活事件既可以直接导致青少年网络游戏成瘾，也可以通过增加消极的应对方式，进而提高青少年网络游戏成瘾的风险(余丽，2017)。魏义梅和付桂芳(2008)认为大学生经历生活事件后，较多运用积极认知情绪调节策略会有效改善大学生的抑郁。认知情绪调节是应对方式的其中一个层面，相比较行为上的应对表现，认知上的情绪调节更加重要。有研究结果表明，网络游戏成瘾者多采用责备他人的方式，或者是逃避等消极策略调节情绪(郭永芬，2011；周珲，赵璇，董光恒，彭润雨，2011)，这体现了一种消极的应对方式。

(七)自尊

自尊，也称自我尊重，是指个体对自己做出的并通常持有的评价，它表达了一种肯定或否定的态度，表明个体在多大程度上相信自己是有能力的、重要的和有价值的。自尊对个体的情绪情感和行为有直接的制约作用，影响着个体的社会适应性，能够预示个体对其行为的认知模式。自尊主要来源于 2 个方面，一个是能力感，另一个是社会交往的反馈，而这 2 个方面都可以通过网络游戏来实现。在网络游戏世界中，玩家可以扮演游戏角色，完成颇有难度的任务，其能力感在游戏过程中得到提升。同时网络游戏的设计充分利用了人性的弱点，能激发人内心深处深层次的人性，使游戏者在游戏中获得成就感、归属感和满足感。它为玩家提供了一个丰富的社会交往环境，使个体可以扮演成他理想的样子而获得他人的喜爱，充分展示自我。因此，网络游戏成为低自尊者获取虚拟自尊、宣泄负性情绪、缓解压力的方式。已有研究也证实自尊与网络游戏成瘾呈负相关，自尊对网络游戏成瘾存在负向预测作用，低自尊者更容易网络游戏成瘾（何灿，夏勉，江光荣，魏华，2012）。

(八)社交

社会技能是个体在人际关系层面上同他人相互作用的能力。个体掌握较高社会技能能有效地提高个体在社会情境中与他人交流的效率，而且能提升个体对社会自我的评价，提高个体自尊水平。社交能力发展水平低的个体则倾向于进行网络交往，避免与人面对面地交流，这种倾向可能导致缺乏社会技能的个体形成病态网络使用。社交能力发展水平低的人在现实社交中可能会出现一定程度的社交焦虑，在多人聚会的场合或者某种人际情境会有强烈的忧虑、紧张不安或恐惧的情绪反应和回避行为。已有研究表明，社交焦虑与网络成瘾之间具有相关性，社交焦虑水平越高的人网络成瘾的倾向越高（黄芥，周珲，董光恒，彭润雨，2012）。而网络游戏的匿名方式隐藏了现实生活中个体的地位、身份、容貌等信息，玩家可以不受约束地与其他人交流，体会到较少的社交焦虑，从而在网络游戏的平台上构建与他人之间的新的关系，因此更容易依赖上网络游戏。

二、外部因素

(一)家庭因素

　　有关网络游戏成瘾的家庭因素的研究发现，父母的教养方式过于严苛或者放任、忽视，都可能会加重青少年的网络游戏成瘾倾向。家庭是青少年情感归属和社会支持的主要来源，家庭教育是青少年社会化的重要途径。由于自主意识的发展，青少年与父母的冲突逐年增多，他们处于发展的"疾风骤雨"时期，父母如果没有很好地进行家庭教育，就会造成亲子互动不良，如高强度甚至是粗暴的网络监管方式会激发孩子的逆反心理，甚至使孩子对父母产生愤怒和怨恨的情绪，这对亲子关系是一种很大的破坏。

　　不良的亲子关系会导致青少年出现一系列的问题(邓林园，方晓义，闫静，2013)，如网络游戏成瘾。佐斌(2010)的调查研究证明了这一结论，网络游戏成瘾青少年更多地报告较差或很差的亲子关系，其亲子关系质量显著差于未成瘾组(佐斌，马红宇，2010)。父母对青少年的行为管理可以给他们提供恰当的行为规范，培养其自制力，而父母的心理控制则会威胁青少年自主需求的满足，使其产生叛逆心理，父母越不让其接触网络游戏，他们越是要半夜偷偷上网玩游戏，甚至逃学。

(二)同伴因素

　　处于青春期的个体的基本心理需求增长过快，家庭、学校等环境无法满足其需求，此时，青少年会转向同伴群体寻求需求的满足。在这个过程中，青少年对同辈群体的依赖感逐渐增强，他们在与同辈群体互动的过程中学习如何与同伴交往并引导自己的行为。但是由于青少年在对一些事物的是非辨别上缺乏独立思考和自主判断的能力，他们很容易学习和模仿同伴的一些不良的行为表现、兴趣爱好等。同伴聚集理论认为不良同伴群体会通过社会模仿、同伴压力以及各种形式的强化对青少年产生消极影响(吴安，陈杰，2016)，使青少年参与到各种不良行为(如吸烟、酗酒、网络成瘾等)中，为了获得同伴群体的接受和认可，满足归属感需求，青少年会进一步强化他们的问题行为。这种不良的同伴联结会为其中的青少年提供一个增加网络游戏资源交流和使用的社会环境，不良同伴群体通过互联网进行的交流又会进一步加强个体与不良同伴的联结，并不断为其网络游戏成瘾行为提供更多的社会反馈和刺激。已有的调查研究发现青少年结交不良同伴显著正向预测其网络游戏成瘾（Zhu，Zhang，Yu，& Bao，2015），并且同伴关系中玩家比例越高，青少年的网络游戏成瘾程度也越高（汪涛等，2015）。

（三）学校因素

1. 学校氛围

青少年时期，学生在学校学习生活的时间比在其他环境要多得多，学校的各种因素对学生的影响很大，其中学校生活满意度是一个重要的因素。学校生活满意度是心理幸福感的重要组成部分，是一个人根据自己选择的标准对其学校生活质量所做的总体评价。已有研究表明，幸福感、学校生活满意度与网络成瘾存在负相关，学校满意度越低，网络成瘾的倾向就越高（梁宁建，吴明证，杨轶冰，奚珣，2006）。影响学校满意度的一个很重要的因素就是学校氛围。学校氛围是学校成员可以体验，并且对行为产生影响的相对持久、稳定的学校环境特征，对学校及学生的发展具有非常重要的作用。实证研究表明，积极的学校氛围对青少年网络游戏成瘾具有显著的负向预测作用，良好的学校氛围能有效促进学生的学校适应，进而降低网络游戏成瘾等问题行为的发生（魏昶等，2015）。感知到消极的学校氛围，且基本心理需求在学校内得不到满足的青少年是网络游戏成瘾的高风险群体。

2. 学业压力与教育方式

学业压力问题是影响青少年健康发展的重要问题。文化传统、社会竞争、家庭结构、教育理念等都是形成青少年学业压力的重要原因。单一的评价标准和枯燥、高强度的教育方式会使青少年感到学习枯燥无聊、负担过重且身心俱疲。因此，他们会在轻松的网络环境中寻求暂时的解脱和愉悦感，这样极易形成网络游戏成瘾。另外，一部分在中学时期长期过度压抑自己的学生，进入大学之后，反而会缺乏对网络游戏的抵抗能力和自律性，深陷其中，不能自拔。因此，繁重的学业压力和一些不适宜的教学方式会使青少年形成网络游戏成瘾。

(四)社会因素

1. 社会经济背景

网络游戏的盛行有着深刻的社会经济原因。在知识经济时代，网络游戏作为新兴的高科技产业正成为新的经济增长点。科技的发展激发了人们新的需要，有需要的地方就有市场。网络游戏不同于一般的传统游戏，它超越了人自身肢体活动的实际参与，通过操纵电脑网络系统打造虚拟游戏世界。在网络游戏的虚拟世界里，游戏角色突破了人类自身身体的有限性，创造了脱离现实的理想人物和超出人类极限的各种能力，这是人类追求一种"无限度自由"梦想的行为表现。人类自由与解放的梦想是靠自身的实践和生产力的不断解放和发展实现的，网络游戏文化所幻想的东西不是人类真实生活的主题，网络游戏通过人想象的心理机制达成理想的方式是与现实的方式相对立的。这也是网络游戏成瘾的文化根源所在。

2. 压力性生活事件

由于青少年心理发展不成熟及生活经验不足，他们面对成长中的压力事件时缺乏有效的应对策略，容易产生挫折感，出现自卑、绝望等负性情绪，转而采取逃避等消极的应对方式，而网络游戏世界刚好提供了一个逃避现实、发泄情绪的适宜场所，青少年一旦沉迷其中，便容易发展成为网络游戏成瘾。由此推断，青少年经历的压力性生活事件越多、越严重，他们越容易形成网络游戏成瘾。已有实证研究发现，大学生经历的压力性事件越多，其越容易发展成为网络成瘾(叶理丛，孙庆民，夏扉，周斌，2015)。中学到大学的转变，大学生需面对来自环境变化、人际关系、就业等多方面的压力(李琼，2014；魏华，周宗奎，李雄，罗青，高洁，2014；Hintz，Frazier，& Meredith，2015)，众多研究表明，大学生所承受的压力与其问题行为(如网络成瘾)有密切关联(朱传文，2014)。

逃避自我理论可以用于解释压力性生活事件对网络游戏成瘾的影响。压力事件很可能与网络游戏中的逃避动机有关，那些承受着巨大压力的人更想要逃避现实，而网络游戏又具有方便性、易用性、可接近性和刺激性等特征，因此很容易成为青少年逃避现实的首要选择。以往研究发现逃避现实生活的困扰是导致网络成瘾的重要原因(胡岚，2005)，也有实证研究通过数据直接验证了逃避动机越高，网络游戏成瘾程度越高的观点(魏华，周宗奎，李雄，罗青，高洁，2014)。

3. 社会监管不到位

青少年沉迷于网络，社会也有着不可推卸的责任，主要表现为政策和法律不健全、监管不到位、处罚不严格。网络从出现至今，国家相关部门对互联网的有关法规和监审机制的缺失或执行不力，对网络信息的监管不到位，导致不健康的信息、游戏等能够堂而皇之地存在于互联网资源中，使辨别力和控制力相对较弱的青少年群体很容易接触到。同时，受利益的驱动，近几年在我国的大中小城市中，各类网吧如雨后春笋般出现，不良网络游戏和黑网吧鱼龙混杂，也为因遇到学业障碍或其他困难而沉迷于游戏和网络的青少年提供了获得同伴认同的人际环境和逃避现实压力的物理空间。

(五)游戏本身

1. 有用感和易用感

一般来说，影响用户使用网络游戏的 3 个因素分别是：能满足休闲和娱乐的目的、易于操作、沟通效果好(Hsu & Lu，2004)。基于技术接受模型的网络游戏使用意向研究表明，有用感是玩家接受网络游戏的重要影响因素。只有当玩家觉得网络游戏有助于满足自己的目的和意图，并由此产生对该游戏的积极态度和评价时，才有可能去玩网络游戏，从而提高成瘾倾向。比如，在网络游戏中可以当国王、做英雄等设定，可以满足个人的幻想、娱乐感、控制感和成就感。调查发现，有 18.4 ％的成瘾青少年认为网络游戏最吸引他的地方在于"游戏中可以做很多现实中不能做的事"(佐斌，马红宇，2011)。易用感指网络游戏是否容易操作。操作的难易程度也会对青少年网络游戏成瘾产生影响。一般来说，玩家都比较喜欢容易操作的网络游戏，易用感比较强的网络游戏会增强青少年对网络游戏的积极态度和评价，增加其游戏行为，从而对青少年网络游戏成瘾产生影响。调查发现，有 43.4 ％的成瘾青少年玩网络游戏是因为"网络游戏能够及时反馈结果，并且操作简单，我很喜欢"(佐斌，马红宇，2011)。研究表明，有用感和易用感通过网络游戏态度间接地正向预测网络游戏成瘾(张国华，雷雳，2015)。

2. 感官刺激

感觉是人脑对直接作用于感觉器官的客观事物的个别属性的反映，

是最基本的心理现象,在心理活动中起重要作用。网络游戏是集文字、声音和图像于一体的立体传播形态,现在的网络游戏越来越具有身临其境的效果,感观刺激诱人,容易使青少年沉迷其中。从反射学说的理论来看,由于玩游戏能获得心理上暂时的感观快感,个体逐渐形成了一种相对稳固的条件反射,更加沉迷于网络游戏;一些砍杀、枪战等游戏,其火爆的刺激很容易使一些大学生模糊其认知能力,淡化虚拟游戏和现实生活之间的差异,甚至误以为网络游戏中的感觉就是现实体验,从而全身心投入其中,渐渐就对网络游戏产生了心理认同感和归属感。

3. 升级诱惑

在网络游戏的虚拟世界里,青少年会为了使游戏角色更加厉害、在游戏中处于优势地位而不断打怪升级。以"传奇游戏"为例,从 1 级升到 30 级至少需要 1 个月时间,而从 30 级升到 40 级,则需要 2~6 个月的时间。每升 1 级,游戏都会有所提示,这使玩家的"成就感"越来越强,其玩游戏的心理动机也就越来越强。由此可见,网络游戏中的升级诱惑可能使青少年形成畸形的心理成就动机。

4. 沉浸体验

沉浸体验是指一个人完全投入某种活动中,出现时间知觉扭曲和自我意识丧失的一种状态。沉浸体验是一种独特而强烈的巅峰体验,人们为了获得这种体验宁愿承受巨大的风险和牺牲其他的收益。在网络游戏中个体很容易获得沉浸体验这种巅峰感受,游戏玩家为了最大化收益,即持续获得这种体验,就有可能形成习惯行为,最终导致成瘾(魏华,周宗奎,田媛,丁倩,熊婕,2016)。沉浸体验与成瘾的不同在于沉浸体验是在行为过程中的一种主观的内心状态,而成瘾是为了达到某种体验的被迫行为。沉浸体验在成瘾形成中起到了很重要的作用。以往的实证研究也发现,个体在虚拟世界中感受到的沉浸体验的确与成瘾有着紧密的联系,沉浸体验程度越高,成瘾程度越高(魏华等,2016)。

═══ **拓展阅读** ═══

严肃游戏

近年来,严肃游戏(serious game)受到了教育学研究广泛的关注(Connolly, Boyle, MacArthur, Hainey, & Boyle, 2012)。严肃游戏通常指的是以教育、训练、模拟、社交、探索、分析和广告而非娱乐为主要目的的电子游戏（Michael ＆ Chen，2006），代表了游戏技术、游戏内容和游戏设计在解决企业、教育等组织面临的问题方面的应用（Susi，Johannesson，＆ Backlund，2007）。有研究者发现严肃游戏可以利用游戏的技术手段与表现手法，以知识技能、专业训练为主要内容，通过对现实的模拟，让用户在游戏过程中接收信息、感悟体验，从而达到训练、教育、保健或治疗的目的（李林英，邹昕，王春梅，2012）。研究者认为相比较传统学习方法，玩严肃游戏的个体可以更有效地获得和记住知识（Wouters，Nimwegen，Oostendorp，Spek，＆ Erik，2013）。

在国外，严肃游戏已有很多成功的案例。严肃游戏的一个例子是应用到战术语言文化训练系统（Tactical Language and Cultural Tanining System，TLCTS；Johnson，Vilhjalmsson，＆ Marsella，2005）。学习者通过互动课程和互动游戏的结合获得外语和文化知识，这些互动课程和游戏为学员提供了具体的环境发展和应用他们的技能。课程侧重于口语交流、非语言交流和与面对面交流相关的文化知识。它利用游戏设计技术促进学习，例如，通过向学习者提供任务，支持以游戏的形式模拟与非玩家角色（Non-Player Character，NPC）对话，对学习者有持续的反馈。它利用人工智能与人工智能字符进行语音识别和对话，并评估学习者对目标技能的掌握程度。它还使用人工智能辅助教学内容的创建和验证。

近来，还有一种技术可以增强严肃游戏的参与能力，即沉浸式虚拟现实（Immersive Virtual Reality，IVR）。与视频、基于文本的论文或 2D 游戏相比，IVR 允许参与者完全沉浸在虚拟环境中，提供更强的参与感和感知能力（Gao，Gonzalez，＆ Yiu，2017）。相较传统方法，IVR 和严肃游戏的结合有助于参与者更长久地保留知识，因为他们可以从完全投入、情感和生理唤醒中获益（Chittaro ＆ Buttussi，2015）。研究发现 IVR 与严肃游戏相结合的方式在传播疏散知识和进行疏散行为分析方面具有更好的效果（Feng，Gonzalez，Amor，Lovreglio，＆ Cabrera，2018；Lovreglio et al.，2017），如在建筑物内进行疏散训练这一研究背景下的游戏开发和运行，可应用于各种室内突发事件的应急处理预演。

第三节 影响及干预

随着网络游戏产业在全球的持续扩展以及网络游戏成瘾群体的持续扩大，对网络游戏成瘾带来的影响和相关干预的研究也得到了研究者的重视。

一、网络游戏成瘾的影响

网络游戏成瘾对个体的影响主要体现在以下 4 个方面：

(一)生理方面

已有实证研究发现，成瘾者听觉 P300 的波幅显著低于非成瘾者，成瘾者听觉 N1 的波幅显著高于非成瘾者，这说明网络成瘾者可能存在认知功能的损害和感觉功能的易化(贺金波，郭永玉，柯善玉，赵仑，2008)。长时间上网游戏会使个体对周围事物的注意范围逐步缩小，这容易导致信息来源的狭隘和单一。另外，长期上网游戏还可能会造成认知麻痹现象，即人们长期感知同一事物后容易导致对该事物的感受性降低。出现这种情况意味着人们对后续信息的感受程度下降。长期上网游戏还容易产生"丧失时间感"和错估时间的现象。此外，网络游戏还影响着个体思维能力的发展和正确态度的形成。网络游戏的感官刺激虽开阔视野，但对抽象思维、逻辑思维的发展有一定的阻碍作用，使人片面注重事物的感觉，缺乏深入的理性分析，表现为认识问题肤浅化、感性化(戴砷懿，马庆国，王小毅，2011)。

(二)心理方面

沉迷于网络游戏虚拟环境中的个体的人格会受到许多不良影响，尤其是一些网络游戏成瘾者，长期沉溺于数字化在线空间中，未能有效实现客观现实和虚拟现实间的角色转换，增大了网络社会与现实环境的差距感，从而导致心理错位和行动失调。有关研究显示网络成瘾者的心理健康状况较差，精神质、神经质、掩饰倾向明显，缺乏社会支持，面对压力时多采用不成熟的应对方式（李欢欢，王力，王嘉琦，2008）。而且，长时间上网游戏使他们丧失了许多对周围现实环境的感受力和参与意识，渐渐远离了现实中的亲朋好友，对自己的家人和同学表现冷漠，不能有效地融入现实人群，这容易加剧个体的自我封闭和人际淡化，使个体趋向孤立和非社会化，人与人之间信任感下降，导致人性的丧失和异化。

(三)学业方面

由于网络游戏的系统性、任务性和团队性等特点，游戏者需要在游戏中不断地与其他游戏者进行实时交流与合作从而完成复杂的任务，这使网络游戏成瘾者将大量时间、精力、金钱投入游戏，造成学习成绩下降、睡眠和饮食不规律、生活窘困等。不良的作息、精力的消耗使成瘾者长期处于疲惫的状态，学习成绩的下降等问题也使其容易产生学习倦怠和低成就动机的情况，使网络游戏成瘾者产生惰性。青少年花大量时间在幻想的角色扮演游戏中，势必影响其投入学习的时间，再加上玩游戏需要精力高度集中，长期使大脑高速运转，极易疲劳，导致青少年精力不集中，从而渐渐缺乏对学习的兴趣，学习成绩肯定会受到影响。据统计，在考试不及格的大学生中，因沉迷网络而导致成绩急剧下降的几乎占80％，可见网络游戏成瘾现象与学习之间有着密切的联系。实证研究的结果显示，网络游戏成瘾倾向的不同方面与学习倦怠的各个维度存在正相关（王滨，于海滨，杨爽，2007）。

(四)社会方面

网络游戏多带有暴力、色情等成人化内容，对青少年形成正确的人生观、价值观无疑有着很大的影响。已有研究显示网络游戏成瘾者经常性地、一致性地接触攻击性的网络游戏内容，会形成或者增强网络游戏成瘾者与攻击性相关的自我图式，将攻击性相关概念纳入个体的自我图式中，成为网络游戏成瘾者自我关联概念，进而强化网络游戏成瘾者对攻击性的积极评价（崔丽娟，胡海龙，吴明证，解春玲，2006）。攻击性倾向的提高，会增加青少年犯罪的概率，特别是玩网络游戏还需要经济投入，这也诱发了不少青少年为了玩游戏而实施偷盗、抢劫等犯罪行为。

扫描拓展

着迷社交，类似吸毒？

二、网络游戏成瘾的干预措施

(一)社会方面

1. 从游戏运营商的角度

(1)建立、健全网络游戏的分级制度和准入制度。一是建立网络游戏的暴力、色情评估和分级制度，杜绝带有成人化内容的游戏与未成年人接触，筛除一部分低俗、无聊、反社会的游戏。这是目前我国网络游戏规制工作中的一个重要方面。二是网络游戏登录采取实名制。在网络游戏分级的基础上，对暴力性较强的游戏实行实名游戏制，玩家需用本人身份证才能登录游戏。三是对网吧经营时间进行规制。网吧可以考虑设置程序在每日24点断开网吧经营的服务器连接，至次日早8点再将其自动恢复。这样既可以节约管理成本又能有效杜绝违规现象(燕道成，2014)。

(2)设计、开发更加人本、健康的网络游戏。在产品设计、开发中建立起网络游戏的道德规范，即绿色游戏和以人为本的思想。网络游戏运营商应本着对用户的身体健康和心理健康负责的态度进行产品设计、开发，并改变其运营策略，通过产品自身的设计控制游戏时间，使玩家单次花费在游戏上的时间控制在一个相对健康合理的范围内。从平衡网络游戏相关的商业利益和网络游戏成瘾干预实践的角度出发，在游戏开发的环节还可以尽量削弱能够增强网络游戏成瘾体验的设计，加强对网络游戏成瘾影响较小的游戏的开发。另外，还可以在网络游戏设计上弱化竞争、强调合作(魏华等，2016)。具体到设计环节，可以通过设置游戏等级上限、限制玩家之间的对战以弱化竞争(若玩家间对战，则降低经验值和损害装备)，也可以通过设置丰富的团队活动、加大团队活动的规模、增强团队活动的经验值和宝物奖励来强调合作。

2. 从相关部门的角度

(1)建立健全相关的法律条文。制订相关的法律法规，限制游戏中出现过分血腥的场景，减少杀人抢劫等与现实社会道德体系背道而驰的内容，提高网络游戏进入市场的门槛。目前，我国颁布的相关法规有《互联网上网服务营业场所管理条例》《互联网文化管理暂行规定》《互联网游戏管理办法》《信息网络传播权保护条例》《互联网出版管理条例》等(燕道成，2014)。这些法律最根本的出发点是区别对待未成年人和成人，使青少年在网上不会遇到只有成人才能接触的内容。

(2)相关部门要加强监管力度。规范网吧的经营范围、经营环境和经营方式，在各网吧系统内安装身份认证上网系统，不允许未成年人用他人身份证冒名上网游戏。不定时抽查网吧秩序，如发现未成年人进入网吧上网游戏，一律对网吧严格处罚。同时，网吧工作人员也需要留意观察长时间在网吧上网游戏的青年大学生，一旦发现其身体不适或连续超时游戏，则需要善意提醒其休息。另外，执法者还要对在网络上发布不良游戏的开发商和营销商进行严惩，防止低俗、暴力的网络游戏的流传和散布。

(二)学校方面

1. 开设心理课程，加强宣传教育

学校领导应当重视心理健康教育，有计划地定期开设有关心理健康、预防网络成瘾等课题的心理课程和讲座，加强对学生的思想教育工作，使他们能够在青少年时期形成积极向上的人生观、价值观和世界观，帮助他们认识到网络游戏成瘾的危害性，并且引导他们正确地认识和学习科学使用互联网的方法，早日养成合理健康的网络使用习惯。除此之外，学校还需要就学生的一些问题表现，及时地与其家长沟通，争取家长的配合，为矫正问题青少年的网络游戏成瘾问题而努力。如果情况超出了学校心理老师的能力范围，也要耐心与家长沟通商量，劝说青少年及其家长寻求更为专业的心理治疗和帮助。

2. 对网络游戏成瘾学生进行专业的心理治疗

临床常见的克服网络游戏成瘾的方法有打破定势、外力制止、制定合理的改变目标、社会与群体支持等。对游戏成瘾学生的团体心理辅导

可以使用上述方法。具体过程包括：确立辅导目标，建立团体互助小组，遵循平等、互信、激励的原则，科学认识网络游戏的制作过程，通过情感宣泄、认知内省、放松训练、制订计划、热线支持、设立座右铭等方式，在认知疗法的基础上，辅以适当的行为强化方法、森田疗法等心理治疗方法，帮助他们理解社会规范发展和社会角色的真正内涵，正确整合个体自我与社会自我，培养他们的人际交往能力及角色适应能力，使其学会妥善处理网络游戏和现实的各种关系。同时应了解网络成瘾者的早期经历，推究其心理根源，帮助他们重建理性认知，引导他们寻找生活中新的兴趣点，扩大个体在现实社会中的交往面，重建有序的学习生活规律。

3. 转变教学理念，减轻学业压力

学校各部门之间要协调合作，共同营造一个良好的学校氛围，能够给予学生相应的社会支持、师生支持和同伴支持。学校应转变以往的应试教育思路，建立更多元化的学生评价标准，除了学习成绩之外，也要重视学生思想品德、心理健康、体育锻炼等方面的教育。同时，学校应组织学生积极开展课外活动，组建兴趣社团，让青少年的注意力转移到培养更加健康有益的兴趣爱好上来，热爱现实生活。学校的教师也需要尝试不同的教学方法，充分利用多媒体设备和教学资源，增加青少年学习的趣味性和自主性。教师还应该遵守其职业道德伦理，亲近关怀学生，特别是那些容易形成网络游戏成瘾的高危个体，要重点关注，给予其支持和理解。

（三）家庭方面

1. 营造良好的亲子关系

父母应注重多与子女沟通互动，尊重他们的思想和意见，这样不但能获得他们的理解和信任，形成良好的亲子关系，也有助于解决他们在成长过程中碰到的其他困扰。父母一旦发现孩子沉迷网络游戏，不妨淡化孩子的网络成瘾者身份，渐进式地限定上网时间和内容，不要让孩子因独自承担各方压力而感到压抑苦闷，从而转向接触不良同伴，进而增加网络游戏成瘾的风险。此外，还需要教会他们如何加入一个群体，如何专心且友好地倾听，让他们学会以正面形象吸引他人的注意，学会与他人沟通的技巧和原则。具体到父母角色，母亲应营造温暖、支持的家庭环境，及时回应孩子的情绪诉求，这样有助于孩子交往能力的提高；

父亲则应更侧重提供行为准则和需遵守的社会规范，为孩子树立榜样。

2. 教育方式合理得当

在对子女的教育方面，父母应多采用民主式的沟通协商，少采用权威式的说教灌输。进入青春期的青少年，内心更加渴望得到平等独立的地位，一味地说教可能会适得其反，引发其叛逆心理，责难、打骂更是会加重其内心的怨恨和愤怒，因此更加不听取家长的建议和劝告。其次，家长对子女的学业表现要有合理的期望。过高的学业期望，或对子女过多的学业卷入，都会引发青少年更强的学习焦虑。所以家长首先应该调节好自己的心态，不过多干涉子女的学习，以平和的心态接受子女的实际学业表现。其次，家长也可以通过自己减少手机上网、网络闲逛等行为，多阅读思考，以身作则，潜移默化地影响子女对待网络的态度。

(四)个人方面

1. 提高心理自控能力

一是提高心理素质，尤其是提高自制力，优化认知能力和情绪稳定性。很多情况下，由于错误的思维方式，网络游戏成瘾者往往夸大面临的困难，并低估克服困难的可能性。实践中个体可以采用自我警示法：随身携带两张卡片，分别列出网络游戏成瘾的危害与克服的好处，时时处处约束自己的行为，并列出游戏成瘾后被忽略的每一项活动，按其重要性排序，使自己意识到成瘾与现实学习生活之间的差异，从现实学习生活中体验到满足感与愉悦感，降低从游戏中追寻情感满足的动力。二是树立正确的人生观、价值观，提高明辨是非的能力。

2. 培养健康的生活方式

青少年应积极探索网络游戏环境的特点和规律，培养健康的生活方式，进行正确的学业生涯规划，合理有限度地安排上网游戏时间；同时培养广泛的兴趣，多参加各种文体活动，在现实生活中锻炼意志力，扩大人际交往范围等。个体还应注重现实生活，多与朋友、家人面对面地打交道，沟通学习中的困难和生活中的烦恼，重塑有支持性的人际关系，减少与不良同伴群体的联结。此外，青少年应控制上网游戏时间，如果感到有困难，可以向家长或老师、同学求助，请求他们的监督和帮忙，正确处理好上网与课堂学习、课外活动的关系，规范每天的学习生活秩序。

综上，国内对网络游戏成瘾的研究还处在初级阶段，其理论研究和实证研究还比较薄弱。研究存在的问题主要有：目前关于网络游戏成瘾的各方面研究大多数是以大学生为研究群体，以中学生为研究对象且把网络游戏成瘾作为一个独立现象来调查的实证研究相对较少；有的调查设计不够严谨，调查样本较少，未能同时结合网络调查进行研究，研究结论的真实性和可信度还需要进一步的验证；对网络游戏本身的特征、分类等方面的深入研究相对缺乏，根据网络游戏的特征和分类深入探讨中学生网络游戏成瘾的内外因的研究也相对缺乏；对网络游戏成瘾的纵向研究不够；对网络游戏影响的研究主要集中在其消极作用方面，关于其积极作用的研究尚未开展；研究的深度还需要进一步加强；在网络游戏成瘾的界定、测量方面虽然取得了一定的成绩，但不同的研究者使用的测量工具不同，标准混乱，还没有产生一个适合中国文化的、公认的、有效的测量工具和标准；各研究得出的干预措施的可行性和有效性也需要进一步验证。

随着互联网的高速普及和网络游戏产业的发展，中学生网络游戏成瘾已成为公共精神卫生问题。在吸收国外研究成果的基础上，结合我国的文化，探讨青少年网络游戏成瘾有效的治疗模式，是今后研究的一个重要的发展方向。同时，研究也将朝着多学科结合和综合化的方向发展。

第九章

网络关系成瘾

1. 在现实生活中，你是否存在这些情况：总是忍不住查看 QQ、微信的消息；忍不住更新社交媒体上的信息；一天内多次检查自己的账号状态……你是否怀疑自己患有网络关系成瘾？

2. 在不少文献中，社交网络和社交媒体经常被交替使用。两者犹如一对双胞胎，极其相似却在细微之处存在不同。你认为两者的区别在何处？社交网络和社交媒体是否可以通用？

3. 关于网络关系成瘾，越来越多的人"喜网成疾，药石无医"，不同的研究者提出了不同的影响因素，你认为哪些因素使我们离不开社交网络呢？

社交网络，网络关系成瘾，脸书网成瘾，社交焦虑，社交补偿假设，治疗性干预

随着互联网技术的飞速发展，在线网络社交成为一种普遍的现代化行为(Mccord, Rodebaugh, & Levinson, 2014；Andreassen & Pallesen, 2014)。越来越多的人开始使用社交网络与他人进行联系。通过社交网站(social network sites)，人们可以上传照片、发表动态、分享经历、与人聊天、共享信息、进行自我展示等(Grieve, Indian, Witteveen, Tolan, & Marrington, 2013)。本章主要从网络关系成瘾的定义、测量方式、理论模型、影响因素、流行病学、不良影响和干预手段等方面进行探讨，以期帮助读者增加对网络关系成瘾的了解。

第一节 概念与测量

随着网络技术的发展，不同形式的社交媒体涌现出来。人们在各种社交媒体上进行着各种活动。本节主要介绍社交网络和网络关系成瘾的概念、基于不同分类的网络关系成瘾的测量方法及其流行病学。

一、网络关系成瘾的相关概念

（一）社交网络

社交网络，即社会性网络服务，是一个基于 Web 2.0、由个体或组织以及他们之间的关系所组成的社会网络结构，社交网络通过邮件、即时通信、视频音频等方式，以与他人建立联系、分享经验为目的，已经成为互联网时代连接人与人之间沟通的新桥梁（姜永志等，2016）。人们在网络上进行各种社交活动，如自我存在、自我表达、与他人进行互动等，极大地提高了社会关系管理的效率，满足了人们精神层面的需求。社交网络已经成为个体工作和生活不可缺少的工具，它不仅改变着人们的互动模式，也影响着人们的人际交往（冯雅萌，孔繁昌，罗一君，2017）。孟昕（2017）将社交网络分成了 2 类，一类是即时的，指的是两人或者多人同时地传递信息；另一类是非即时的，指的是用户将一些信息或言论发布在一些网络平台上，如朋友圈、贴吧等，供他人阅读、评论。基于互联网技术，个体可以不断地发展线上人际交往（孟昕，2017）。

第一个社交网站——六度（six degree）——成立于 1997 年，这个网站的理念是每个人都可以通过六度分隔与他人联系。自 2004 年脸书网出现后，它便快速成为人们在线社交的主要方式，并且在 2017 年达到了 20 亿的用户量，这一统计数据表明了社交网络的巨大吸引力，同时也从侧面反映了潜在网络关系成瘾增多的原因（Kuss & Griffiths，2011）。国内近十几年也相继出现一些社交网络，如 QQ、微博、微信。随着智能手机的出现与普及，人们可以实现随时随地和他人在社交网络上进行沟通。有学者认为社交网络作为一个网络社交平台，与现实社交有许多重叠之处，它仅仅是现实面对面社交的一种必要补充，无法代替现实的社会交往（姜永志等，2016）。

在科学文献中，社交网络和社交媒体经常被交替使用，但是学者库斯（Kuss）认为它们并不是同义词。**社交媒体（social media）**是指 Web 2.0 中具有基于在线内容进行生成、分享和协作的能力（如用户生成的内容，暗示着社会元素）的平台。社交媒体使用包含广泛的社交应用程序，如协作项目、博客、内容社区、社交网站、虚拟游戏世界以及虚拟社交世界（Kaplan & Haenlein，2010）。其中，通过使用云计算，**协作项目（collaborative project）**可以被共享并联合进行工作（Gadea，Solomon，Ionescu，& Ionescu，2011），也就是说，与个体项目相比，协作项目可能会产生更好的结果，因为它与集体智慧相联系，而集体智慧在群体中大于其各部分的总和（Kaplan & Haenlein，2010）；**内容社区（content community）**可能包括视频、文本（如 book crossing）、照片（如 instagram）及演示文稿（如 slidershare）。**社交网络**尤其注重人与人之间的联系，与社交媒体存在差异。社交网络的使用也包括特定类型的社交媒体使用（如 Facebook、Instagram 等）。

<hr>

══ 拓展阅读 ══

大数据时代下的社交网络与个体自杀行为

社交网络的使用已经深入人心，且随着智能手机、平板电脑等电子设备的普及，网络社交从之前的电脑端转移到现在各种各样的移动终端上，越来越多的人开始使用移动设备访问社交网络。这一转变使人们可以随时随地、更加方便地在网络上分享自己的生活。通过用户在社交网络上的发布、分享行为，现实生活中的各种信息与移动社交网络更加紧密地结合在了一起。个体能在社交网络平台上创造、分享和交换大量的信息，这加速了我们自身情感、情绪和行为的数字化。数以万计的社交媒体数据点的集合可能是公众情绪的真实反映，记录着普遍化的个体行为。这样社交网络上就塑造出了一个数据化的自我，人们的思维、情绪、行为都可以被数据量化。人们在社交网络上的生活越来越具有数字化特征，社交媒体也开始成为大数据最重要的应用领域和数据来源之一。面对大数据时代的来临，复杂多变的社交网络有很多实用价值。

在大数据时代，个体在社交平台上留下的数据经过有效收集和分析就能成为有价值的数据信息。这些数据行为是自觉、自愿发生的，真实性、准确性更高，同时也是可普遍化且可以比较的，它们可以被用来研究用户的态度和行为，对个体的行为有一定的预测作用。有研究者提出了通过跟踪社交媒体用户的关键词使用情况衡量国民幸福感的新方法（Bollen，Goncalves，Ruan，& Mao，2011）。此外，还有研究表明，在线社交媒体数据可以用来预测股市的变化、流感感染率（Zhang，Fuehres，& Gloor，2011）、票房收入等。

越来越多的研究者将目光放在了利用社交网络中的大数据对个体自杀倾向和自杀行为进行预测上。社交媒体的普及以及用于访问社交媒体网络的移动设备几乎无所不在，这为理解那些试图自杀的人的行为提供了新的数据类型，也为预防和干预提供了新的可能性。有研究表明，从社交媒体网络获得的数据可能为识别高危个体提供重要线索。为了验证这种可能性，有研究者将315名死于自杀或其他原因的军人在社交媒体上的个人资料进行编码，以确定他们的生活状况，从而确定了自杀特有的时间序列。研究结果表明，社交媒体内容中的某些序列可以预测死亡原因，并能提供社交媒体用户何时可能自杀的推测结果（Bryan et al.，2018）。还有实验验证了使用社交媒体数据检测那些有自杀风险的人的可行性（Coppersmith，Leary，Crutchley，& Fine，2018）。此外，美国杨百翰大学的研究者发现，推特（Twitter）可以成为自杀倾向和自杀行为的早期预警系统，他们在筛选过美国各地上百条推特中有关自杀的言语、恐吓或其他有关自杀因素的信息之后，发现推特上的自杀信息与用户数量的比例和实际自杀率十分接近。基于社交媒体的在线自杀干预的潜在效果，有研究特别关注了如何定位自杀个体的人际风险因素，提出了一种新的、理论驱动的、基于社交网络的青少年自杀预防及干预方法（Bailey，Rice，Robinson，Nedeljkovic，& Alvarez-Jimenez，2018）。

国内学者也在开展此类研究。有研究表明，广受中国人喜爱的微博、论坛等社交媒体已经成为个体表达自杀意愿，甚至直播自杀行为的主要平台，我们在这些领域可以识别、发现自杀者（Cheng，Chang，& Yip，2012）。中国台湾地区的研究者从社交网络提取有关自杀的想法和行为，据此分析用户的自杀倾向（Chang，Kwok，Cheng，

Yip，& Chen，2015）。中国科学院心理研究所朱廷劭等研究者以微博为研究对象，建立了一个基于文本分类的自杀风险自动识别的模型（田玮，朱廷劭，2018）。大数据时代的到来为利用社交网络识别具有高自杀风险的个体提供了可能，利用社交媒体也能有效预测和防止自杀行为。

(二)网络关系成瘾

网络关系成瘾是网络成瘾的一种，钱铭怡等（2006）将其定义为个体过度使用网络的社交功能，沉迷于网络社交，忽略了现实中人际关系的维持和发展，导致个体心理和社会功能的损害（钱铭怡，章晓云，黄峥，张智丰，聂晶，2006）。有学者根据行为成瘾的症状概括了网络关系成瘾的具体症状表现：

（1）网络关系成瘾者通常会花大量的时间使用网络社交平台以及如何才能腾出更多时间用于网络社交平台（突出性）；

（2）他们花在网络社交平台上的时间比预期的要多得多，为了获得同等程度的快乐，他们还会越来越渴望使用网络社交平台（耐受性）；

（3）他们使用网络社交平台的目的是减轻愧疚感、焦虑感、无助感和压抑的感觉，并且在使用期间忘记个人问题（情绪调节）；

（4）如果被禁止使用网络社交平台，他们通常会变得压抑、不安、烦恼和易怒，并且感觉非常糟糕（戒断）；

（5）成瘾者不会听取他人关于减少网络社交平台使用时间的建议，即使他们决定不那么频繁地使用网络社交平台，也没有付诸行动（复发）；

（6）网络关系成瘾者对兴趣爱好、学习、工作、休闲活动和运动的重视程度比较低，并且会忽视同伴、家人和朋友（冲突）；

（7）过度地使用网络社交平台会对他们的健康、睡眠质量、人际关系和幸福感造成消极影响（Andreassen，2015）。

网络关系成瘾的个体常常不计后果、不分场合地使用社交网络平台。当个体被限制使用或者不能使用社交网络平台时，会产生消极情绪甚至适应性不良。但也有研究者认为社交网络过度使用只是由于社交网络使用不当或长时间使用而造成心理与行为不适，其症状还达不到网络成瘾的程度，对这一现象使用"问题性社交网络使用"更为准确，它与精神性成瘾障碍有着较大的差别(Laconi，Rodgers，& Chabrol，2014)。也有学者认为行为成瘾的诊断标准也适用于网络关系成瘾。此外，个体一年内必须满足至少 3 项诊断标准，且必须被造成了显著伤害才能够诊断为网络关系成瘾。还有学者认为网络社交是否能满足使用者的需要以及如何满足需要决定了网络社交的使用是健康的还是病理性的，或者是介于两者之间的(Suler，1999)。

在国外文献中，经常被提及的与网络关系成瘾相关的概念主要有"网络社交成瘾""问题性社交网络使用""社交网络过度使用""病理性社交网络使用"等。这一概念的使用并未统一，本文采用"网络关系成瘾"这一概念。

扫描拓展

移动社交，是何动机？

二、网络关系成瘾的测量

现存的关于测量网络关系成瘾的问卷主要建立在网络成瘾或问题性网络使用、手机成瘾或卷入、视频游戏成瘾或卷入及行为成瘾的组成成分的基础上。有一部分是建立在特定成瘾标准上，而另一部分只是测量成瘾的某个方面，或者仅是测量习惯性使用、过度使用或成瘾倾向。

(一)基于行为成瘾的特征

1.《卑尔根脸书网成瘾量表》(Bergen Facebook Addiction Scale，BFAS)

《卑尔根脸书网成瘾量表》由 18 个项目组成，包含成瘾的 6 个核心特征(突出性、情绪调节、耐受性、戒断、冲突和复发)，每个特征用 3 个项目测量(Andreassen，Torsheim，Brunborg，& Pallesen，2012)。所有的项目皆是 5 点计分，"1"表示"非常少"，"5"表示"经常"，要求被试回答在过去的 12 个月内症状发生的频率。分数越高表示成瘾程度越深。复合分数范围在 6～30，临界分数(cut-off)确定为 3，即在 6 项标准中至少有 4 项在每一项标准中得 3 分(满分 4 分)。此外，编制 BFAS 的初测被试样本为挪威的 423 名学生。BFAS 的改编版——《卑尔根社交网络成瘾量表》(Bergen Social Networking Addiction Scale，BSMAS)适用于一般性社交网络。BSMAS 与 BFAS 相似，除了把所有项目中的"脸书网"替换为"社交网络"，其他都未做改动。BSMAS 的内部一致性系数为 0.88(Andreassen，2016)。

2.《电子通信成瘾量表》(The E-Communication Addiction Scale)

《电子通信成瘾量表》中的 22 个项目分为 4 个分量表，即缺乏自我控制(认知)、在特定的地方使用电子通信、焦虑以及控制困难(行为)。所有项目均是 5 点计分，并且按照以下分数区间进行解释：4.20～5.00 为非常高；3.40～4.19 为高；2.60～3.39 为中等；1.80～2.59 为低；1.00～1.79 为非常低。此外，以 1 784 名土耳其人及其父母 2 240 人为调查对象进行施测，结果显示《电子通信成瘾量表》的内部一致性系数分别为 0.92(子代)和 0.94(亲代)。

(二)基于前人理论和已有工具

1.《脸书网依赖量表》(Facebook Dependence Questionnaire，FDQ)

《脸书网依赖量表》改编自西班牙语的《网络成瘾量表》(Echeburua，1999)，主要测量焦虑、担忧、满足感、使用时间、为减少使用脸书网所做的努力、控制感以及其他与脸书网使用相关的活动这 7 个方面(Wolniczak et al.，2013)。FDQ 由 8 个二元选择(是/否)的问题构成。每题选"是"得 1 分。分数大于或等于 5 表示存在脸书网依赖。研究者以 418 名秘鲁的学生为调查样本进行施测，得到 FDQ 的内部一致性系数为 0.67。

2.《社交网络成瘾量表》(Social Networking Website Addiction Scale，SNWAS)

《社交网络成瘾量表》是在查尔顿和丹佛斯的《视频游戏卷入/成瘾量表》的基础上进行简化的版本(Turel & Serenko，2012)。SNWAS 一共包含 5 个项目，都是 7 点计分，"1"表示"完全不同意"，"7"表示"完全同意"。除了高分数表示网络关系成瘾之外，此量表没有说明具体临界分数。该量表的样本为194名美国学生，SNWAS有比较令人满意的测量特性，验证性因素分析的指标为RMSEA＝0.05，CFI＝0.98，内部一致性系数＝0.86。

(三)基于社交媒体使用倾向

1.《大学生网络关系依赖倾向量表》(Internet Relationship Dependency Inventory，IRDI)

钱铭怡(2006)以970名中国大学生为样本，编制了《大学生网络关系依赖倾向量表》。量表包括4个维度，分别是依赖性、关系卷入、交流获益、健康网络使用，由29个项目组成，采用5点计分方式，"1"表示"完全不符合"，"5"表示"完全符合"。问卷总分越高，网络关系成瘾程度越深。

2.《社交网络倾向量表》(Addictive Tendencies Towards SNSs Inventory)

研究者以316名18~40岁的中国人为样本，将金伯利·杨(1998)编制的《网络成瘾测验》中的网络成瘾替换为社交网络成瘾，形成了《社交网络倾向量表》，该量表含有20个项目，采用5点计分方式。内部一致性系数为0.92(Wu，Cheung，Ku，& Hung，2013)。该量表直接在《网络成瘾测验》的基础上进行修改，不能很好地体现网络关系成瘾不同于网络成瘾的特点。

从上述列举的量表可以看出，学者们对于是应该仅测量某一个特定网络社交平台(脸书网)，还是一般社交网络的争议较大。一方面，由于脸书网只是众多社交网络中的一个，各种各样的活动(如玩游戏、上传照片、聊天、状态更新等)会在不同的社交网络中展开，所以有学者认为测量一般社交网络成瘾比脸书网成瘾更加重要(Aladwani，2014)；另一方面，也有学者认为继续开发与特定社交网站相关的量表很重要，因为不同社交网站可能存在潜在成瘾差异。最初问卷编制所使用的样本和统计方法存在一些普遍的缺点，如非代表性的小样本横断研究设计(cross-sectional study design)，并且只有少数量表提供了将社交网络成瘾进行分类的临界分数(Andreassen，2015)。每一个量表对网络关系成瘾的概念化不尽相同，如脸书网依赖、成瘾倾向、电子通信成瘾等。总而言之，现存的网络关系成瘾量表基于不同的理论框架，使用不同的临界分数，这不仅不利于跨研究比较，限制了当前网络关系成瘾流行病学研究的可靠性，也表明网络关系成瘾的构念效度还存在一定问题（Kuss & Griffiths，2017）。

因此，未来学者们可以着力于研究能够在临床上灵敏地鉴定患有网络关系成瘾的个体的恰当标准。

三、网络关系成瘾的流行病学

近年来，随着笔记本电脑、智能手机的出现和普及，网络关系成瘾的比率在逐年上升。但对于网络关系成瘾的筛查方法和诊断机制不尽相同，有些研究的样本也不具代表性，很难获得可靠的统计数据（Andreassen，2015）。

有关脸书网成瘾的研究指出，脸书网成瘾的患病率为 8.6%（Wolniczak et al.，2013）。一项以匈牙利青少年为被试的调查发现，匈牙利青少年网络关系成瘾的患病率为 4.5%（Cyber，2017）。德国青少年网络关系成瘾研究发现，男性患病率为 4.1%，女性患病率为 3.6%。29.5% 的新加坡大学生患有网络关系成瘾（Tang & Koh，2017），而中国大学生网络关系成瘾的患病率超过了 30%（Zhou & Leung，2010）。目前对网络关系成瘾的患病率及高危人群的研究不多，结果因评估标准和人群样本的不同而存在差异，未来仍需进一步探索研究。

关于网络关系成瘾的性别差异，许多研究结果并未达成一致。有的研究表明网络关系成瘾存在性别差异，证实了年轻女性为网络关系成瘾的高危人群（Andreassen et al.，2013；TurelO & Serenko，2012；Andreassen，Torsheim，Brunborg，& PallesenS，2012），女性的成瘾率显著高于男性（Lenhart et al.，2015）。

但也有一些研究得出了相反的结论。还有一些研究者认为，网络关系成瘾并不存在性别差异，但在使用动机上存在性别差异，如女性使用社交网络以维持与真实朋友之间的联系、娱乐、打发时间等，而男性则更多地使用社交网络寻找新的朋友、学习以及获得社会身份的满足（王维，2018）。

第二节　影响因素

目前，关于网络关系成瘾影响因素的研究大体上可以分为 3 类：第一类主要研究互联网的特点；第二类主要研究环境的影响；第三类主要从成瘾者的个人因素（包括人格、情绪、动机等）方面探讨网络关系成瘾的影响因素。

一、社交网络的特点

(一)匿名性

互联网的匿名性是导致网络关系成瘾的重要因素之一（Young，1999）。在网络中，现实中过于羞涩的个体也可以在一个安全的环境中表达自我意识、观点和看法。一些网络服务中的匿名性可以减少个体网络关系中的社交焦虑（Scherer，1997）。还有研究发现，网络聊天中的匿名功能可以满足青少年在分离—个体化过程中的自我中心思维，这种自我中心思维会导致青少年存在一种观众假想概念。个体在青少年时期会注重他人的评价，自身敏感性也会增加，网络提供的匿名环境会让青少年在网络交往中获取更多的安全感（雷雳，郭菲，2008；郭菲，雷雳，2009）。另外，匿名功能也增加了网络上言论表达的自由性，因为网络上的虚拟世界和现实世界在很多方面以及价值评价标准上并不一致，现实中不被允许的行为或言论在网络上可能会受到推崇，匿名的网络环境可以帮助用户体验到不同于现实自我的虚拟自我，这种自我表达形式对青少年有很大的吸引力。

(二)时空延伸性

时间的延伸性包括即时的交流方式（如在线聊天）和不即时的沟通方式（如论坛或者电子邮件），空间的延伸性指网络社交可以缩短现实生活空间上的距离。这两种延伸性都为网络社会的交往提供了可能，为不善于社会交往的人提供了一种新的交流方式，而善于社会交往的人也会在网络社会交往初期表现出极大的热情。总之，互联网的时空延伸性对促进个体间交流有积极作用，但是在网络成瘾者和非网络成瘾者中起着不同的作用，有研究者在研究网络成瘾、社会支持、社会焦虑和自我和谐的关系时，发现网络成瘾者上网的主要目的是发展新的人际关系，而非网络成瘾者上网的目的是维持已有的人际关系(王立皓，董辉杰，2003)。

二、环境因素

家庭因素和同伴因素是影响个体网络关系成瘾的重要因素。但到目前为止，探讨家庭因素和同伴因素对网络关系成瘾影响的研究相对较少。

(一)家庭因素

影响个体网络关系成瘾的家庭因素主要有家庭结构、亲子依恋等。有些个体遭遇父母离异等家庭变故，很容易产生社交恐惧和障碍，因此他们就会希望在虚拟网络中寻求理解和尊重，逐渐贪恋网络，进而形成网络关系成瘾。而有些个体因为现实原因长期远离父母，与父母的长期分离使其产生更多的孤独感，因此会为了排遣孤独感而更多地使用网络。**亲子依恋(parental attachment)**也是影响个体网络关系成瘾的家庭因素之一，有研究者提出不安全依恋的青少年可能把网络当作他们新的依恋对象或者通过网络寻找新的依恋对象，从而沉迷于网络(Lei & Wu，2007)。

(二)同伴关系

在与同伴交往的过程中，个体会获得一些社会行为、社会技能、态度以及体验等方面的反馈，进而影响其适应结果(Rubin，Bukowski，& Parker，2006)。许多研究均发现同伴依恋比亲子依恋在青少年社会情感发展中有更重要的作用(Laible，2007；Yang et al.，2016)。同伴依恋在鼓励青少年参与面对面的社交活动上有重要作用(Lei & Wu，2009；Nelis & Rae，2009)。当青少年与他们的同伴有较差的依恋关系时，他们可能很少面对面地活动并且更可能在网上完成更多交流，因为虚拟世界能够打破真实世界的局限性并且提供一个相对安全的交流平台。生活中缺少社会支持、同伴关系紧张也可能促使个体从网络中寻求满足(雷雳，2015)。

三、个体因素

（一）人格特质

1. 大五人格与网络关系成瘾

人格因素与网络关系成瘾的关系研究通常基于人格的五因素模型（the five-factor of personality），它区分了 5 个主要维度，即神经质（容易紧张、焦虑）、外向性（健谈的和外向的）、开放性（富有想象力和求知欲）、宜人性（富有同情心和热情）及尽责性（有条理和责任感）。神经质表现为容易产生不愉快情绪（如焦虑、抑郁、恐惧）的倾向。研究表明神经质与网络关系成瘾呈正相关（Andreassen，2013；Andreassen，2012）。外向性也与网络关系成瘾相关。尽责性是指自律和成功驱向，而低尽责性和网络关系成瘾相关（Andreassen，2013；Andreassen，2012；Wilson，Fornasier，& White，2010）。一项调查发现，外向性和神经质与私人社交网络在工作时间的使用呈正相关，而尽责性则与私人社交网络在工作时间的使用呈负相关（Andreassen，2014）。有研究指出，网络关系成瘾倾向与外向性存在正相关、与尽责性存在负相关，外向者可能会过度使用社交媒体来增强其社会资本，而有尽责性的人会将较低的优先级分配给刷脸书网等活动，以履行他们所承担的其他责任（Zywica & Danowski，2008）。此外，有证据表明社交网站可能是人们寻求支持的一种方式。与面对面交流相比，神经质得分高的人会在社交网络交流中花费更多的时间（Hwang，Choi，Yum，& Jeong，2017）。

由于行为成瘾和人格特质之间的关系会因不同成瘾类型而不同，因而只有部分人格特质，即尽责性、外向性和神经质，是网络关系成瘾的显著预测因子（Andreassen，2013；Biolcati & Passini，2018）。其中，尽责性和网络关系成瘾呈显著负相关（Biolcati & Passini，2018）；尽责性是指可靠、负责、有组织和自律的人格特质。换句话说，有尽责性的人具有很好的自制力，由于他们更喜欢通过避免分心来坚持主要目标，所以他们不会在社交网络上投入大量精力，最终便更不容易导致成瘾（Hills，2000）。由此可以得知，尽责性是网络关系成瘾的保护因子。

2. 其他人格特质与网络关系成瘾

除了大五人格与网络关系成瘾的关系研究外，也有学者对特定的人

格对网络关系成瘾的影响开展研究，如冲动性、自恋、自尊都是网络关
系成瘾的预测变量。冲动性作为一种特定的人格特征，被认为是许多成
瘾行为的突出性格风险因素，如药物滥用、病理性赌博和网络成瘾
（Beard & Wolf，2001；Cao，Su & Liu Gao，2007；Tang，2012）。在一项
基于社会认知理论（Social Cognitive Theory，SCT）的研究中，冲动性人
格特征对网络关系成瘾倾向具有显著正向预测作用，并且是网络关系成
瘾的心理风险因素之一（Wu et al.，2013）。自恋表现为自大的倾向，与网
络关系成瘾有关（Barbera，Paglia，& Valsavoia，2009）。由于社交媒体的
使用可以让个体向潜在的大量观众表达自己的抱负和展示自己的成功，
并通过其他用户的点赞和积极评论获得奖励和认可（Andreassen，2016），
因此社交媒体应用可能会成为那些喜欢参加自我提升活动个体的理想场
所（Ryan，2011；Wang & Hairong，2012），从而形成网络关系成瘾。大
量研究表明，自尊与网络关系成瘾之间存在负相关（Hong et al.，2014；
Malik & Khan，2015；Wang et al.，2012；Wilson et al.，2010），低自尊
人群将社交网络看作表达自我的安全基地（Forest & Wood，2012）。核心
自我评价（如自尊）包括对核心信念、归因、图式和自动化想法的评价，
具有激活一般行为的能力，如社交网络使用行为。因此，如果个体认为
"我是不被喜欢的"或"我的社交技能很差"，同时还相信拥有大量的好友
和粉丝可以改变这种评价，那么便更可能形成网络关系成瘾。

（二）消极情绪

情绪可以调节心理行为，即积极情绪可以促进积极行为的发生，而
消极情绪往往也能导致消极行为。有研究证明，孤独感、焦虑、抑郁等
消极情绪会对个体社交网络使用造成影响。

社会补偿理论认为，人们使用社交网络的目的是满足在现实生活中
无法满足的内在需求（Davis，1989）。由于匿名性更强，在线社交相比面
对面交流更加容易且风险较低（Ryan，2011），因此个体将在线交流当作
"社交互动的百忧解"（Morahanmartin & Schumacher，2000），高孤独感
的个体会更加偏爱在线互动，以缓解孤独感。

有研究发现，59.1%的网络关系成瘾者都有焦虑的困扰，并且焦虑
与网络关系成瘾存在显著的正相关关系（Vannucci，Flannery，& Ohan-
nessian，2017）。社交焦虑是解释孤独者偏好网络社交的原因之一，网络

环境可以降低社交活动的风险性，提高个体自我表露水平，因而社交焦虑水平较高的个体会偏好网络交往的方式（Caplan，2006）。当社交焦虑者因为网络交往的安全性而强化其网络交往使用行为时，容易导致个体网络关系成瘾。最近一些研究者认为，错失焦虑（Fear of Missing Out，FOMO）是一个潜在的预测网络关系成瘾的重要因素。错失焦虑指个体认为他人正在获得有益的经验而自己没有，从而产生的一种焦虑感（Przybylski，Murayama，DeHaan，& Gladwell，2013）。有研究证实错失焦虑能够预测社交网络使用问题，并与社交媒体的使用相关（Oberst，Wegmann，Stodt，Brand，& Chamarro，2017）。

许多研究都证实了网络关系成瘾与抑郁症存在相关（Bernardi，2009；Yen，Yen，Wu，Huang & Ko，2011）。一项研究发现反刍中介了网络关系成瘾和抑郁的关系，自尊在反刍与抑郁的关系中起调节作用（Wang et al.，2018）。青少年可以在社交网络上进行便利的社交，有选择性地自我表露以及获得潜在的社会支持，抑郁的人更有可能会将社交网络视为安全的、可以逃避现实的地方。还有研究者设计了一项前瞻性的研究，评估了网络关系成瘾和抑郁的关系，研究结果证实了抑郁水平高的青少年更容易形成网络关系成瘾，且两者之间存在双向关联（荀寿温，黄峥，郭菲，侯金芹，陈祉妍，2013）。

(三)生活满意度

有研究者认为网络关系成瘾可能是低生活满意度所导致的。但是，关于网络关系成瘾和生活满意度之间的关系研究结果并不一致。例如，一项研究发现（Błachnio，Przepiorka，& Pantic，2016），网络关系成瘾和生活满意度呈显著负相关，也就是说当个体体验到较低生活满意度的时候，他们会希望通过使用社交网络来提高自己的生活满意度，并且有可能导致网络关系成瘾。但一项以青少年为研究对象的研究发现，社交网络使用强度与生活满意度呈显著正相关（周宗奎等，2016），这一结果与上述结果不一致。该研究主要通过在线社会资本和自尊两个变量进行解释，一方面，社交网站作为青少年社会交往的重要工具，不仅有利于个体获取他人的信息和情感社会支持，提升在线社会资本，而且有利于个体消除或缓解无聊感等消极情绪体验，从而提高其生活满意度。另一方面，在现实社交环境中，社交技能及自尊水平更高的个体在社交网络使用中的获益更多，从而对其生活满意度产生积极影响。

(四)个体需求和动机因素

自我决定理论认为，自主、胜任和关系 3 种需要是人类动机的基础。自主需要是指对自己的生活和自我负责，并与之和谐相处的需要（如在社交网络中可以自己作决定，不受父母或他人的干扰）。胜任需要是指对控制和掌握的需要（如掌控社交网络中的个人描述内容）。关系需要是指人际交往、联结、关心和被他人关心的需要（如大量的好友）。有研究表明，网络关系成瘾和归属需要、社会交往、孤独感存在相关关系（Pelling & White，2009；Lee，Cheung，& Thadani，2012）。因此，如果个体的需要没有得到满足，那么他们便会通过其他方式寻求满足，如社交网络，从而导致过度使用社交网络。

第三节　影响及干预

姜永志(2016)指出，社交网络的合理使用对个体自我建构、心理健康和社会化等方面有着积极的影响。但是对于过度使用社交网络的个体来说，长期沉迷于社交网络会给个体身心健康发展带来很多不良影响（姜永志，2016）。本节主要从认知、情绪、行为等方面对相关不良影响进行探讨。此外，为网络关系成瘾制定合理有效的干预措施也十分重要，因此本节也介绍了若干预防和干预方法。

一、网络关系成瘾的不良影响

(一)产生不良认知和情绪

长期沉迷于社交网络会使个体产生不良认知。社交媒体上的个体常常会进行印象管理，他们倾向于展现自己好的一面，个体在浏览社交媒体的过程中，会接触大量有关他人的此类信息，进而会进行上行的社会比较，这会使个体产生消极的自我评价。有研究表明，青少年社交网络使用越多，对自身身体的不满也就越多（Tiggemann & Slater，2013）。芬兰研究者的一项纵向研究表明了随着时间的推移，更频繁的社交网络使用预测了个体更多的身体不满，且在男性和女性中都存在这一现象（DeVries et al.，2016）。这些对身体的不良认知会使个体产生一系列情绪问题。大量的研究结果表明，社交媒体的大量使用与不良的心理健康状态有关，并在青春期和青年期增加了内化症状（Sampasa & Lewis，2015）。在英国开展的一项针对 14～24 岁年轻人的调查发现，社交媒体平台的过度使用对许多与健康相关的心理结果产生了负面影响，包括睡眠问题、焦虑和抑郁（RSPH，2017）。那些试图应对这些负面情绪的青少年更有可能陷入不健康的行为，如限制饮食、过度锻炼或非法药物消费等。

(二)对人际交往的影响

网络关系成瘾会对个体的人际交往产生较大影响。一般说来，网络关系成瘾会导致青少年的孤独感和抑郁情绪增加，使其社会卷入的程度下降，心理幸福感降低（Nie & Erbring，2000；Kraut，1998）。有研究发现青少年过度上网交友将导致社会疏离和社会焦虑（Turkle，1996）。研究还发现，与网络聊天对象的关系越亲密，日常生活中的社交焦虑程度以及在学校的孤独感就越高（Elisheva，2002）。网络交往依赖程度能够显著正向预测现实中人际交往的困扰程度（李菲菲，2010）。在网络上投入的时间和精力过多及缺少现实人际交往会引发个体心理的孤独感和压抑感，导致自我封闭，形成社交心理障碍。网络社会的虚拟性和道德规范的弱化，使青少年以游戏心理进行网络人际交往，这种交往模式如果没有得到现实的矫正和改变，就会使青少年形成固定的交往模式，从而在现实中引发责任危机和信任危机，甚至还会导致情感危机，陷入网恋误区。

(三)网络关系成瘾与问题行为

网络关系成瘾会使个体产生不良的学业、工作表现。金伯利·杨发现 58% 的学生报告了由于过度使用网络而造成学习成绩大幅下滑、错过上课时间等问题（Young，1996）。一项研究表明，一天使用社交媒体超过 4 小时就会对学业产生影响，直接导致学业成绩下降，过度上网的学生对学习更加不感兴趣（吕媛，易银沙，邓昶，易尚辉，2004）。有研究者对一家公司的 276 名员工进行调查发现，网络关系成瘾会导致任务分心进而影响员工的工作表现（Moqbel & Kock，2017）。过度使用社交网络对个体的身体健康也有许多不良的影响，网络关系成瘾个体更容易出现睡眠问题和视力问题。

(四)与心理疾病的关系

网络关系成瘾与焦虑症、抑郁症等心理疾病相关。研究表明了在线社交网络使用与抑郁症有关，且个体在社交网络上花费的时间与抑郁症呈正相关(Pantic et al.，2012)。一项研究使用经验抽样的方法，通过收集密集的纵向数据评估个体的即时性反应，结果表明社交网络使用能够预测抑郁(Verduyn et al.，2015)。在一项基于 QQ 空间的研究中，研究者发现，社交网络使用对抑郁有显著的正向预测作用，社交网络主要通过上行社会比较和自尊的中介作用对抑郁产生影响(牛更枫等，2016)。一项旨在探讨新加坡学生网络关系成瘾的发生率及其与其他行为障碍和情感障碍的共病率的研究发现，网络关系成瘾可能与不健康的食物摄入和购物同时发生，且成瘾与抑郁情绪障碍、焦虑、狂躁的共病率分别为21%、27.7%和26.1%，患有网络关系成瘾的学生，尤其是女性，更易患其他行为成瘾和情感障碍(Tang & Koh，2017)。

扫描拓展

社交媒体，影响健康？

二、网络关系成瘾的预防与干预

(一)预防方法

1.培养社交技能

网络关系成瘾的一个很重要的成因是个体在现实人际交往中缺乏良好的社交技巧而遇到挫折，转向社交网络寻求社会支持，进而导致了网络关系成瘾。因此，家庭和学校教育应注意培养个体的社交技能，这样可以激发个体与人交往的主动性，降低个体对社交网络的使用需求。学校可对学生进行德育教育，加强校园网络和学校活动的建设，引导个体进行健康的网络使用和网络交往。同时家庭和学校教育应引导个体正确处理网络交往和现实交往的关系，使个体认识到网络人际关系并不等同于也无法取代现实生活中所必需的人际关系，应重视现实人际交往，建立健康和谐的良好人际关系。

2. 纠正不合理认知

个体要学会纠正自己的不合理认知，如消极的自我评价等。此外，个体应建立积极的认知方式，提高自己的心理抗压能力、自我调控能力和自我约束力，健康积极地进行网络社交。

(二)干预手段

对大多数人来说，如果不加以注意就会很容易受到包括网络关系成瘾在内的所有成瘾行为带来的消极后果的影响。有研究发现，对其他行为成瘾有效的干预手段，如自助策略、治疗性干预和药物干预等，在治疗网络关系成瘾时也同样有效（Andreassen，2014；Griffiths，2014；Grant，2013）。

1. 自助干预

社交网络使用者可以通过一些应用程序来屏蔽自己想要避开的网站。这些应用程序可以帮助人们减少花费在社交媒体上的时间，消除干扰。人们经常通过智能手机访问社交网络，在不想被打扰的时候，这些应用程序可以帮助人们将社交网络关闭，或者将手机设置为飞行或静音模式。社交网络用户还可以设定精确规范，比如工作或上学时不登录社交网络、安排适当的上网休息时间、根据其他任务设定合理目标以及尽量参加线下活动等（Andreassen，2015）。此外，个体还可以运用放松技术（如正念训练）等自助干预方式。

2. 治疗性干预

研究表明，一些行为成瘾的治疗方式源于认知行为疗法（Andreassen，2014），认知行为疗法同样适用于网络成瘾（Young，2007）。该疗法包括探究心理过程，着重关注成瘾者如何感知、记忆、思考、谈论和解决问题。因此，与网络社交相关的功能失调的认知会被集中重建。研究者还会运用不同策略来应对成瘾者情绪上的不适、需求和分离（Andreassen，2015）。基于行为的演练、建模、恢复、自我指导和获得新的适应技能等行为管理技术，同时适用于线上行为和线下行为（Andreassen，2014）。

此外，动机性会谈（motivational interviewing）也是一种有效的治疗方法。动机性会谈是一种以来访者为中心、半指导的方法，咨询师可以通过探索来访者当前状态与期望状态之间的差异，发现和解决来访者的矛盾心理，激发其内在动机，从而改变其行为（Miller，2012）。动机性会谈的第一个主要目的是帮助来访者发现行为的消极方面，并且增强改变的内在动机；第二个主要目的是激发和解决"改变谈话"（谈话包括原因、需求、欲望和改变的能力），并且能更有效地推动改变过程。

综上所述，本章主要从网络关系成瘾的概念、测量方法、影响因素等方面进行了探讨，并在此基础上提出了几种预防和干预网络关系成瘾的方法。从国内外的研究文献来看，网络关系成瘾的研究主要集中在：

（1）揭示心理和行为变量与网络关系成瘾之间的关系；

（2）探讨网络关系成瘾给人们心理发展带来的消极影响；

（3）揭示网络关系成瘾的发生机制。

这3个研究领域大多是基础性的研究，能够加深人们对这一现象的认识。但是较少文献能够系统地提出网络关系成瘾的干预方案和模型，其中一个原因可能是现有研究大多是关系研究，没有深入探讨其发生机制，并且关于网络关系成瘾的很多基础问题还没有澄清，比如基本概念的确定、理论基础和模型建构。这些基础问题研究的缺少会影响干预和引导方案的确定。因此，未来研究者们可以尽可能丰富网络关系成瘾的理论基础，从而为干预方案提供基石。

第十章

网络信息成瘾

开脑思考

1. 当今社会已经进入信息时代，科学技术的高速发展使信息日益全面化、共享化。面对林林总总的信息，我们应该如何正确使用它们呢？
2. 在这个信息"爆炸"的时代，你认为应该怎样规范信息"市场"？如何正确利用信息技术以有效预防网络信息成瘾？
3. 你认为应该如何提升辨别信息价值的能力呢？

关键术语

　　网络成瘾，网络信息成瘾，信息过载，错失焦虑，生活满意度，社交回避，父母教养方式，社会支持

　　网络信息的广泛性和获取途径的便捷性使网络具有传统媒介无可比拟的吸引力，对渴望不受限制、自由获取信息、具有高感觉寻求特征的个体来说，这无疑具有巨大的诱惑力。具备不同特质的网络使用者，可能会受到不同网络功能特性的吸引，从而产生不同的网络成瘾形态。作为网络成瘾的类型之一，网络信息成瘾的相关研究很少，也未能有很大的进展。本章将综合整理国内外关于网络信息成瘾的已有研究现状，从定义、诊断测量标准、影响因素以及未来研究展望几方面进行述评，希望对该领域研究有所帮助。

第一节　概念及测量

　　不少研究者将网络信息成瘾纳入网络成瘾。不过，目前该领域的研

究相对较少。本节将从网络信息成瘾的定义和不同的测量标准出发，以期对该领域研究进行梳理。

一、网络信息成瘾的界定

(一)网络信息成瘾的概念

戴维斯(2001)根据使用内容将网络成瘾分为特定性网络成瘾和泛化性网络成瘾，其中泛化性网络成瘾包含网络信息成瘾。网络信息成瘾是指强迫性地从网上收集无关紧要的或者不迫切需要的信息，堆积和传播这些信息。有研究者认为，网络信息成瘾是网络使用者因害怕信息不足而强迫无目的地浏览网页以搜索和查找数据资料。那些通过现代科技设备能搜集到的大量信息，可能会导致个体产生害怕错过信息的恐惧，这可能会提高个体检查信息的频率，甚至导致成瘾(Przybylski, Murayama, DeHaan, & Gladwell, 2013)。网络信息成瘾者常具有强迫性人格缺陷，这种人格特质的个体做事追求完美，一旦有信息没有收集就会令其痛苦不安，但强迫性地收集信息，一旦信息量超过个体能处理的能力极限时就可能导致紊乱，信息带给他们的不再是快捷方便，而是心理上的痛苦与困惑。

不同的网络成瘾类型比例因网络使用功能的吸引力不同而存在差别，说明网络成瘾者存在不同的网络功能使用偏好。许多研究证明了这一观点，周治金和杨文娇(2006)的调查研究表明，大学生网络信息成瘾所占比例为 10.1%，高于网络游戏成瘾(9.9%)和网络关系成瘾(4.5%)。李昊等人(2016)在河南抽取了 395 名大学生被试，其中，网络游戏成瘾人数为 20 人(5.1%)，网络关系成瘾人数为 18 人(4.6%)，网络信息成瘾人数为 57 人(14.4%)。

(二)网络信息成瘾与信息过载的辨析

有学者认为网络信息成瘾与信息过载是一个概念。但与信息过载相关的研究大多为信息管理、经济学、营销管理、图书馆管理等领域的研究，针对的是信息过载这一社会现象，而不是心理学中所指的网络信息成瘾。国外有学者认为信息过载是指信息超过个人接受和处理的能力，从而导致人们厌烦和焦虑的现象(Schick, Gordon, & Haka, 2004)；也有学者认为信息过载是接受、体验大量超过个人信息加工容量信息的过程

(Soucek & Klaus，2010)。国内比较有代表性的观点有：信息过载是指人们在工作或学习过程中，如果接收到的具有潜在价值的信息的数量过多，就会造成信息使用效率降低的现象。也有学者认为信息过载是由海量的信息与有限的信息处理能力之间的矛盾造成的，致使个体不能有效地对信息进行整合和利用(曾晓牧，孙平，2004)。由此可见，心理学领域中的网络信息成瘾与其他研究领域内的信息过载有着不同的含义。

二、网络信息成瘾的测量

国内外很多诊断测量工具从不同角度对网络信息成瘾进行了评估。网络信息成瘾属于病理性网络使用的一种，很大程度上符合网络成瘾的病理特征、核心症状和相关问题等，故很多学者会采用网络成瘾的测量工具来测量网络信息成瘾，未加以区分。以下将介绍国内外该领域研究中所广泛采用的诊断测量工具。

(一)基于 DSM-IV 的成瘾标准

金伯利·杨认为在 DSM-IV 上列出的所有诊断标准中，病态赌博的诊断标准最接近网络成瘾的病理特征。因此，他对病态赌博的诊断标准加以修订，开发了两个有关网络成瘾的测量工具。一个是《网络成瘾测验》，共 20 个项目；另一个是《网络成瘾诊断问卷》，共 8 个项目，如果被试对其中的 5 个(及以上)项目给予肯定回答，就被诊断为网络成瘾。

(二)基于前人理论模型及网络成瘾定义的成瘾标准

1.《戴维斯在线认知量表》(Davis Online Cognition Scale，DOCS)

戴维斯编制的《戴维斯在线认知量表》包含 5 个维度，分别是安全感、社会化、冲动性、压力应对、孤独—现实，共 36 个项目，采用 7 点计分。如果被试测出的总分超过 100 分或任一维度上的得分达到或者超过 24 分，则认为其网络成瘾。该量表改进的地方在于：

(1)量表的名称《戴维斯在线认知量表》未明确告知被试量表要测量的内容；

(2)该量表项目不是对网络成瘾病态症状的简单罗列，是通过测量被试的思维过程(即认知)来映射行为而非直接测量行为表现。

因此该量表具有一定的预测性。初步研究表明《戴维斯在线认知量表》有较好的效度，但尚待对其进行更加严格的信效度测定。

2.《中文网络成瘾量表》

陈淑惠（2003）以大学生为样本，编制了《中文网络成瘾量表》，该量表目前在国内网络成瘾的相关研究中被广泛使用。该量表由网络成瘾核心症状及网络成瘾相关问题两部分组成：网络成瘾核心症状分为强迫性上网、网络成瘾戒断行为与退瘾反应、网络成瘾耐受性 3 个因素；网络成瘾相关问题分为人际与健康问题、时间管理问题两个因素。笔者认为网络信息成瘾的表现符合网络成瘾的核心症状，故也可采用此量表测量网络信息成瘾。量表共 26 个项目，采用 4 点计分。总分代表个体网络成瘾的程度，分数越高表示网络成瘾倾向越高。这一量表综合了 DSM-IV 对各种成瘾症的诊断标准和对临床个案的观察，遵循传统成瘾症的诊断概念模式，并以更侧重心理层面为原则，依据较严格的心理测量学程序编制而成。初步研究表明该量表具有良好的信度和效度，1999 年测得重测信度为 0.83，2000 年测得全量表内部一致性系数为 0.92。

3.《大学生网络成瘾问卷》

周治金和杨文娇（2005）根据金伯利·杨对网络成瘾的定义编制了《大学生网络成瘾问卷》，其中有一个维度为信息成瘾，该维度共 6 个项目，采用 5 点计分，题目为"经常花很多时间在网上浏览或下载信息""上网浏览或下载信息是生活的重要组成部分""只要一上网，就忍不住要去浏览或下载信息""一有空就想上网浏览或下载信息""不能上网浏览或下载信息会感到烦躁不安""花在网上浏览或下载信息、资料的时间越来越长"。得分超过 19 分即可认为被试有网络信息成瘾倾向。国内有些学者使用网络信息成瘾的分量表来测量网络信息成瘾，如潘曙东等人（2013）对高职在校生的网络信息成瘾调查采用的就是此量表。

从以往研究可以看出，研究者们在进行网络成瘾的相关研究时，采用的是一种统一的诊断标准，并未对网络成瘾类型加以区分。由于人们对网络服务的偏好不同，不同类型的网络成瘾者，其成瘾原因是不同的，而且不同类型的网络成瘾者的心理机制也可能存在一定的差异。因此，统一的诊断标准可能会忽略不同类型的成瘾之间的差异，所以有必要对网络成瘾的各种类型加以区分并进行研究，目前还没有形成只针对网络信息成瘾的具体诊断标准。

第二节 影响因素

网络信息成瘾的影响因素与网络成瘾的影响因素大致相同，本节主要从个体和环境因素出发，对前人关于影响网络信息成瘾的研究进行综述总结，并基于此提出未来研究方向，以期为网络信息成瘾提供有效干预指导。

一、个体特征因素

(一)人口统计学因素

1. 性别差异

目前研究中性别对网络信息成瘾的影响尚不明确，结果未达成一致。王丽慧(2015)的研究表明性别差异在网络信息成瘾上边缘显著，男生的成瘾倾向高于女生。但国内也有一些不一致的研究结果。有研究发现，在网络信息成瘾倾向方面女性成瘾倾向显著高于男性，但这可能是由被试群体的选取造成的。国外也有研究表明，男生会花费更多时间在网络游戏上，女生会花费更多时间在用社交网络浏览信息和网络购物上(Kuss，Griffiths，Karila，& Billieux，2014；Chiu et al.，2013)，这可能与文化差异因素有关。

2. 生源地差异

研究表明，生源地对大学生网络信息成瘾存在影响。城市大学生网络信息成瘾的比例(14.2%)显著高于农村大学生(7.5%)。这可能是由于来自城市的大学生接触网络较早，更早地感受到网络信息获取的便利性与网络内容的广泛性，所以对网络信息的敏感性比来自农村的大学生要强，更易对网络信息产生依赖。

(二)人格特质

人格特质对网络信息成瘾的影响与其对网络成瘾的影响一致。有研究发现网络成瘾行为与网络使用者的人格特质有较强的相关(Hills &

Argyle，2003）。杨文娇、周治金（2006）采用陈仲庚、张雨青等（1988）修订的《感觉寻求量表（第五版）》（Sensation Seeking Scale-V，SSS-V）对大学生进行施测，结果表明在网络信息成瘾这一成瘾类型上，高分组与低分组在感觉寻求的分量表 TAS（寻求激动和惊险）和 BS（厌恶单调）上无显著差异，但在感觉寻求总量表和其分量表 ES（寻求体验）、DIS（去抑制）上存在显著差异。网络中信息内容丰富且新奇，具有广泛性、传递形式的多样性、便捷性等特点，这使其具有传统媒介无可比拟的吸引力，这对于渴望不受限制、自由获取信息的具有高感觉寻求特征的大学生来说无疑具有巨大的诱惑力。

（三）抑郁

网络成瘾领域的研究发现，抑郁是导致网络成瘾的一个主要因素。一些实证研究也发现了抑郁对网络信息成瘾的影响。李娇朦等人（2013）研究发现，网络信息成瘾与抑郁自评之间存在正相关。潘曙东等人（2013）也发现抑郁情绪频率越高的高职生越容易网络信息成瘾。

（四）情绪低落

网络信息成瘾得分与情绪低落存在正相关关系，网络信息成瘾倾向越高，其情绪低落表现越明显。这可能是因为情绪低落时人会更容易产生强烈的不安全感、无价值感，不安全感使他们害怕落后于时代、被社会淘汰，无价值感会使他们总想抓住一些东西，想要向社会证明自己的价值，于是个体就会下载更多的信息来了解社会动态以及期望提升自己，最终却陷入了网络信息成瘾。

（五）错失焦虑

有研究者对网络环境下的错失焦虑进行了界定（赵宇翔，张轩慧，宋小康，2017）：人们借助或依赖各类移动智能终端开展一系列用户信息行为，包括浏览、搜索和社交等，从而与现实世界或虚拟世界保持即时连接，当这种即时连接无法得到满足的时候，人们会在潜意识或心理上产生一系列程度不同的焦虑情绪，包括不适、不安、烦躁或恐慌等症状。有研究表明，青少年的错失焦虑会使其形成网络信息成瘾。

(六)社交回避

王启晨(2012)以大学生为样本的一项研究发现，在网络游戏成瘾、网络关系成瘾和网络信息成瘾三种类型中，网络信息成瘾与社交回避的相关度最高。这可能由于我们处于一个信息化时代，网络上充斥着各种各样的信息，大学生在浏览、下载他们所需要的信息时很容易沉迷其中，耗费大量时间，久而久之在社会交往上所花的时间相应减少，导致社交方面出现一些问题。大学生群体接触网络较早，并且由于学习、娱乐等原因对网络信息的需求不断增加，他们会借由搜寻网络上的信息来缓解自己的学习压力与弥补自己知识的不足，进而对网络信息产生依赖。近些年兴起了网购的潮流，大学生对新鲜事物具有很强的好奇心和购买欲，但大多数人没有独立而稳定的收入，经济承受能力差，又受到新鲜事物上市总是具有一定的地域性局限。网购突破了普通购物受地域和价格影响的局限，以低价、方便和快捷的特点俘获了大量的大学生，让其花费很长的时间在网上进行物品的选择和对比。个体这样长时间地接受单方面的信息，会逐渐减少与人交往的时间和频率。这种现状和趋势势必会使网络信息成瘾与社交回避呈现较高的相关。

(七)生活满意度

大量研究证实了网络成瘾与低生活满意度之间的显著相关关系(Cao，Sun，Wan，Hao，& Tao，2011；Vyjayanthi et al.，2014)。国内也有研究表明，对教学较满意的学生不易形成网络信息成瘾，可能是由于这类学生能体验到学习的乐趣，把更多的精力用在学习上，在学习中也不易出现较多的负性情绪，网络使用的时间和频率都较低，出现网络信息成瘾的可能性也较小(潘曙东等，2013)。

(八)羞怯

羞怯是指在社交情境中的不舒服或者抑制，是一种对消极评估的恐惧，伴随着情绪上的沮丧或抑制。羞怯个体往往表现出逃避社交的行为，但其内心仍有社交需求。研究表明，羞怯与网络信息成瘾呈显著正相关，羞怯能够预测网络信息成瘾。可能由于可用于支持羞怯个体的社会资源较少，他们体验到的社交效能感低，从而出现逃离社交的行为(田雨，卞玉龙，韩丕国，王鹏，高峰强，2015)。

(九)沉浸体验

沉浸体验指的是具有适当的挑战性的事项能让一个人较大程度地沉浸于其中，忘记了时间的流逝，同时也意识不到自我存在和周遭发生的变化。其特点是丧失自我意识而完全忽略其他事物，并有抽离时间的感觉。目前，这个概念已经被广泛应用于信息系统与互联网信息的研究中。霍夫曼、诺瓦克和查特吉(Hoffman，Novak，& Chatterjee，2010)论述了用户在浏览互联网信息期间产生沉浸体验的特点。斯卡德伯格(Skadberg，2004)等人研究了用户浏览网页时所产生的沉浸体验，他们认为网站设计的吸引力、交互的速度、网站的易用性等与沉浸体验相关，并且产生沉浸体验的用户会更加积极地使用该网站(Skadberg & Kimmel，2004)。因此，网络信息成瘾者在浏览或下载网络信息时所获得的沉浸体验会进一步促进他们的网络信息成瘾，然而其中的具体机制有待进一步研究。

(十)生理因素

不同类型网络成瘾的脑功能模式不同。左侧楔前叶、舌回、楔叶和小脑的局部一致性与网络信息成瘾呈正相关，额下回和额中回的灰质体积与网络信息成瘾倾向正相关，中央前回、颞上回、中央后回和舌回的局部一致性与网络信息成瘾负相关。研究者以右侧顶上回为感兴趣区域，发现右侧顶上回与右侧额下回三角部和右侧眶部额下回之间的功能连接与网络信息成瘾负相关(曲粒，2016)。上顶叶参与工作记忆中对信息的操纵，上顶叶的损伤与工作记忆中与信息操纵和重新布置有关的测试中出现的损伤相关(Koenigs，Barbey，Postle，& Grafman，2009)。额下回皮质的神经活动与个体的反应抑制能力有关(Forstmann，Jahfari，Scholte，Wolfensteller，& Ridderinkhof，2008)。因此，顶上回与额下回之间的功能连接的弱化可能与个体的信息操纵和反应抑制能力的下降有关。

曲粒的研究还证明了自信能部分中介右侧顶上回和网络信息成瘾之间的关系(曲粒，2016)。信息搜集成瘾是指因为害怕信息不足而不停地上网或搜集信息，研究者推测缺乏自信可能是害怕信息不足的原因之一。因此，提高个体的自信可能会减少这种"不安全感"，从而减少个体的网络信息成瘾行为。

(十一)成瘾者信息素养

2001 年，美国教育技术 CEO 论坛第四季度报告提出，21 世纪的能力素质包括基本学习技能（读、写、算）、信息素养、创新思维能力、人际交往与合作精神、实践能力。尽管各国各学会学者对信息素养的定义略有不同，但对于信息素养的内涵却早已达成了基本共识，包括信息意识素养、信息获取素养、信息评价素养、信息利用素养和信息反馈素养。根据映射关系模型，研究者将网络信息成瘾与信息素养缺失要素匹配。网络信息成瘾实际上是对信息获取的一种强迫性症状，即成瘾者对信息的拥有成瘾，强迫性地拥有更多的信息，甚至在不拥有信息时会产生一种恐惧感。这种成瘾主要缺失了 3 个方面的信息素养，分别是信息意识素养、信息评价素养和信息利用素养。其中，信息意识素养的缺失表现为：成瘾者虽能够意识到自身对信息的需求状态，却不能够正确把握所需信息的具体内容，因此，其对数字信息都会产生需求感，从而形成网络信息成瘾；信息评价素养的缺失导致成瘾者不能够正确地判断其所面对信息的价值程度，换言之，成瘾者将所有信息都视为重要信息，因此一旦停止收集，便产生恐慌，从而形成网络信息成瘾；信息利用素养的缺失表现为，成瘾者对信息需求状态的把握缺失及不准确，使其所获取的信息或多或少都存在一定的价值，当然也会使其产生不满足需求的状态，这些状态就迫使成瘾者不间断地进行网络信息成瘾行为。

═════ 拓展阅读 ═════

网络信息成瘾预防：优化信息素养教育

1974 年，美国信息产业协会主席保罗·泽考斯基（Paul Zurkowski）提出了"信息素养"一词。根据 1989 年美国图书馆学会对信息素养的描述，信息素养是指能够判断需要信息的时间，并且懂得获取信息的方法，掌握评价和有效利用所需的信息的能力。网络信息成瘾与家庭、学校、社会等外界因素有着密不可分的关系，但个人主观因素中信息素养的缺失，也是导致网络信息成瘾的重要影响因子。有研究者在前人研究的基础上构建了信息素养缺失与网络信息成瘾的立体映射模型图（李菲，宋向春，2014）。该理论模型

（见图 10-1）反映出信息素养的缺失可直接导致不同类型的网络信息成瘾（包括网络色情信息成瘾、网络交际信息成瘾、网络游戏信息成瘾、网络信息超载成瘾、网络程序信息成瘾），其中信息意识素养不足在网络信息成瘾成因中所占的比重最大。由此可见，优化信息素养教育是预防网络信息成瘾的重要途径之一。

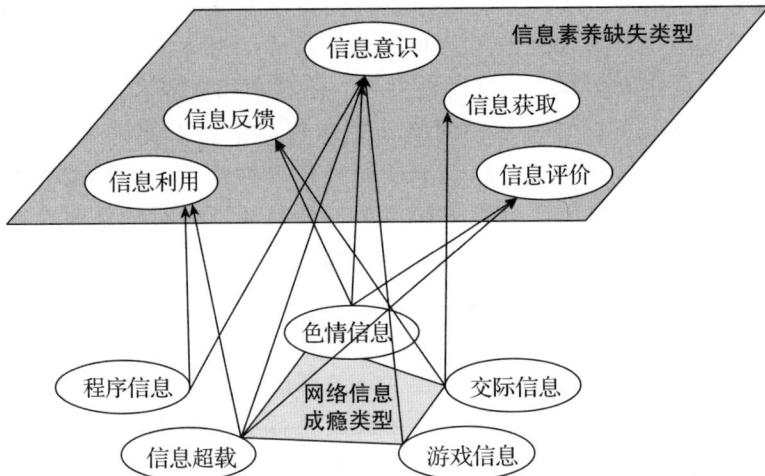

图 10-1　信息素养缺失与网络信息成瘾立体映射模型图

信息素养教育优化要求教师在教学过程中运用启发式教学，最大限度地发挥学生学习的主观能动性。学校应开展相应的教育课程，着重加强对学生信息意识素质和信息评价素养的培养，加强对学生信息利用、信息反馈能力的培养，增强学生判别优劣信息的能力，以减少其网络信息成瘾的可能性。在图书馆和相关网站等主要信息来源地，可以通过增加信息导向服务，让用户明确自我的信息需求，引导用户进行科学的信息使用过程，即信息意识→信息获取→信息利用→信息反馈，从而间接地提升用户的信息素养水平，预防网络信息成瘾。

二、环境因素

(一)父母教养方式

网络成瘾领域的研究发现，父母教养方式和青少年网络成瘾相关显著。父母的过分干涉、拒绝否认、父亲的严厉惩罚和母亲的缺少温情都和青少年网络成瘾相关显著（刘勤学，方晓义，周楠，2011）。潘曙东等人（2013）研究发现，溺爱型教养方式的孩子易网络信息成瘾。这种家庭往往会过多满足孩子的愿望，代替孩子解决应该由他们自己去解决的各种问题，这种被溺爱的孩子非常容易在社会上碰壁，缺少成就感，从而转向在网络上寻找补偿。学者还发现父母经常过问上网情况的学生网络信息成瘾率较高，这两者之间可能存在交互影响，但还有待进一步考证。

(二)社会支持

金伯利·扬的研究发现，个体在网络中可以扮演不同角色，所以通过网络可获得现实生活中不能够获得的社会支持。但也有研究者认为，网络中建立的关系是浅薄的、虚幻的，有时是冒险和充满敌意的，因此，要想在网络中得到社会支持，就必须花费大量的时间和精力来获取他人的信任，要与他人分享信息、交流经验。雷雳和李宏利（2004）发现，父母与同伴卷入对青少年网络成瘾具有明显的预防作用。此外，成瘾组的社会支持总分、主观支持得分均低于非成瘾组，而在客观支持和支持利用度上存在争议。综合来看，高成瘾倾向青少年获得更少的社会支持和感受到更少的社会支持，在对网络成瘾的影响上，主观体验到的支持可能比实际的支持更为重要。另外，还有研究证实了社会支持在工作压力对网络成瘾的影响中起中介作用（Chen et al.，2014）。

陈琦等人（2008）研究发现网络信息成瘾倾向在主观社会支持方面也存在显著差异，在客观社会支持、社会支持利用度及总分方面无显著差异。网络成瘾倾向高的被试会体验到丧失感带来的生活事件压力，他们获得社会支持的主观感受不足，很可能通过浏览及下载信息来弥补现实中的丧失感。主观社会支持不足还可能降低生活满意度，进而导致使用者将大部分精神能量投注到虚拟世界中。但也有研究者发现网络游戏成瘾、网络关系成瘾均与社会支持显著相关，而与网络信息成瘾的相关不显著。这与以往关于网络成瘾的研究结果矛盾，可能是由于网络信息成瘾机制和其他成瘾类型的机制存在差异，具体原因还有待进一步研究。

综上所述，随着社会的发展和互联网的普及，网络信息成瘾的问题越来越值得关注，由于网络上大量信息的更新，越来越多的人会出现网络信息成瘾的倾向。比如在一些社交网站的使用过程中，越来越多的人以很高的频率不断检查新闻、社会事件的更新。总体来说，由于目前关于网络信息成瘾的研究较少，其诊断标准、测量方式、影响机制等尚不明确，其研究方式在很大程度上与网络成瘾重叠。网络信息成瘾作为网络成瘾亚类型的突出特点和与其他成瘾类型的区别有待明确，具体表现为以下几个方面：

诊断标准方面，目前 DSM-IV 有针对网络游戏成瘾的诊断标准，却缺少学界认可的针对网络信息成瘾的诊断标准来指导相关研究。相较于网络成瘾的其他几种类型，如网络游戏成瘾、网络关系成瘾等，对网络信息成瘾的研究十分有限，未来要走的路还很长。

影响因素方面，前人研究的影响网络成瘾的很多变量，都可能对网络信息成瘾产生影响，如儿童虐待、强迫症、依恋类型……同时应考虑不同变量所针对的不同被试群体的差异，如针对已工作成人的工作倦怠、工作效率等，针对青少年的学业倦怠等，此外，青少年和老年人在上网时浏览或下载的信息内容可能会有所不同，未来研究应考虑这一因素。

作用机制方面，目前网络成瘾已有很多理论模型，如具有代表性的金伯利·杨的 ACE 模型、戴维斯的认知—行为模型和格罗霍（Grohol）的阶段模型，也有针对网络游戏成瘾和网络关系成瘾的理论模型。感知信息过载（perceived informntion overload）是一种心理压力，指当互联网提供信息过多，超过了人们的认知负荷时，人们感受到的心理压力（Evans & Cohen，1987）。其他领域关于感知信息过载的理论也很多，但目前心理学领域内还未有针对网络信息成瘾机制的理论模型。

与其他概念的区分方面，对于目前很多学者提出的网络成瘾类型分类中的"信息超载"，这一词指的是心理学意义上的网络信息成瘾，却在很多研究中和其他领域的"信息过载"这一社会现象相混淆。"信息过载"一词无法体现出成瘾性。其他领域的很多研究是有关信息过载现象的应对策略的，如过滤策略、退出策略等（Savolainen，2007），可以参考用来预防、治疗网络信息成瘾。

此外，网络信息成瘾的个体"强迫性地下载或浏览网络信息"，不断地通过社交网络检查、浏览、转发最新的信息、新闻。这和网络关系成瘾的概念有重合的部分，沉迷社交网络的个体很可能会频繁浏览更新的消息，这两者之间的关系和划分有待研究。在其他领域有很多研究是针对网络购物成瘾的，随着购物网站和 APP 的兴起，越来越多的人去浏览上面的产品信息，因此，很多和网络购物成瘾相关的变量可能也和网络信息成瘾存在联系。

扫描拓展

负面评价，更为可信？

第十一章

网络色情成瘾

1. 很多时候受访者都不太愿意报告其接触了网络色情信息，那么你有没有比较好的方法可以测量到这些信息呢？

2. 你认为网络色情成瘾的个体是否存在某些共同的特征？这些特征对我们理解这一行为有何帮助？

3. 网络色情成瘾会对人的正常生活造成一定的影响，那么应该用什么方法来"对症下药"呢？能否提前预防呢？

网络色情成瘾，纵欲障碍，问题性网络色情，网络色情作品使用，在线解离，3A引擎理论，消极紧迫性，网络色情线索，接纳与承诺疗法

网络色情一般是指个体通过各种网络途径进行的与性爱、色情相关的网络行为(Döring, 2009)。一些网络色情活动具有很强的互动性，如色情聊天室等，而另外一些活动则相对被动，如浏览色情文学、观看色情影片等。很多研究指出，浏览色情作品（文学、影片、图片等）是传播最广的网络色情形式，至少在男性用户中是如此(Paul & Shim, 2008; Shaughnessy, Byers, & Walsh, 2011)。尽管正常的、适度的网络色情行为对个体来说是无害的，甚至可能对个体的情绪调节、性欲释放等产生积极影响(Grov, Gillespie, Royce, & Lever, 2011; Hald & Malamuth, 2008)，但是过度沉迷网络色情活动，会对个体的身心健康、生活工作等各方面产生不良影响，这种现象称为网络色情成瘾。研究网络色情成瘾可以有助于我们建设更加绿色、和谐的网络环境，倡导健康的上网方式，尤其对于易受诱惑、缺乏自制力且性功能还未发育成熟的青少年来说，

该领域的研究具有重要的应用价值和意义。

本章试图对近年来学界关于网络色情成瘾的研究进行梳理，从网络色情成瘾的概念、测量工具、影响因素和治疗手段 4 个方面介绍此领域的研究进展，归纳目前研究存在的局限性以及对未来的研究方向进行展望。

第一节　概念及测量

学者根据不同的标准，提出了不同的网络色情成瘾概念。相应地，学术界进一步探索出许多测量工具。

一、网络色情成瘾的概念

目前来说，学界并没有形成统一的网络色情成瘾的定义（Wéry & Billieux，2017）。国外研究者在研究网络色情成瘾这一领域时提出了很多不同的叫法，比如问题性网络色情（problematic cybersex）、强迫网络色情（compulsive cybersex）、网络色情强迫症（Internet sexual compulsivity）等。虽然表述不同，但是这些概念的内涵大致相同，因此都可以划为网络色情成瘾的范畴。

一些学者主要是从网络成瘾角度来界定网络色情成瘾，将其列为网络成瘾的子类型之一。金伯利·杨（1999）是最早研究网络成瘾的学者之一，起初，她把网络成瘾大致分为网络色情成瘾、网络关系成瘾、网络强迫行为、网络信息成瘾和计算机成瘾五大类型。其中网络色情成瘾是指过度沉迷成人色情网站和性爱网站的行为。网络色情成瘾者的主要行为特征是：网络色情行为已经成为他们生活的重心，他们总是期待从网络色情信息中得到更强的性唤醒和性满足感，在上网或色情聊天时伴随手淫行为等。之后金伯利·杨又在 2008 年提出网络色情活动可以分成两大类型，一类是网络色情消费，指浏览、下载及交易网络色情作品（如色情文学、电影等）；另一类是网络色情互动，指包含互动因素的网络色情活动（如包含性幻想的角色扮演成人聊天室）。后者包含的互动特性正是网络色情容易令人成瘾的重要因素，是网络色情不同于线下色情行为的最主要的特征。

另外，金伯利·杨还对网络色情成瘾的发展过程进行了描述。她将这一过程划分为 5 个连续且相互作用的阶段：发现（discovery）、试验（experimentation）、升级（escalation）、强迫（compulsion）、绝望（hopelessness）。在第一个阶段，即发现阶段，网络使用者体会到网络的便捷性、信息的丰富性、接触到网络聊天室等网络互动形式，这些吸引用户进一步探索网络世界，更可能接触到与性相关的内容，如成人网站和色情聊天室。网络空间对色情信息的限制少，导致用户可以进一步探索新的性行为模式。

接下来，用户进入第二个阶段——试验阶段。网络具有匿名性特征，这无异于给网民提供了安全的庇护，使人们更敢于尝试新鲜事物，这其中就包括各种形式的网络色情行为，尤其是在现实世界中被视为禁忌或者难以实现的行为。

紧接着，这些网络色情用户进入第三个阶段——升级阶段。正如酗酒者需要越来越大量地饮酒来满足自己一样，网络色情用户也开始寻求更多的虚拟刺激来满足自己的幻想和需求。

随着进一步的发展，这些网络色情成瘾者的行为达到了强迫的程度，进入第四个阶段——强迫阶段。在这个阶段中，成瘾者已经不能控制自己的行为，每天花费大量时间参与网络色情活动，即使影响到了自己的正常生活，仍然无法停止。

在成瘾的最后一个阶段——绝望阶段，成瘾者意识到自己问题的严重性，于是尝试改变。他们可能会暂时转移自己的注意力，从事其他活动，但是往往只能控制一小段时间，一旦放松下来或者遇到压力事件等，还是容易重新开始接触网络色情，又开始成瘾行为。不断尝试改变却失败的过程使成瘾者陷入绝望，而这时网络色情活动本身带来的暂时的放松、快感可以帮助成瘾者暂时逃避问题，于是成瘾者只能陷入恶性循环，成瘾症状越来越严重。

有研究者主持了网络色情活动的首次大规模研究（Cooper，Scherer，Boies，& Gordon，1999）。这次研究基于线上网站，对网站上的用户进行了大规模有关网络色情活动参与情况的线上问卷调查。之后他们采用同样的调查方式进行了一系列有关网络色情的研究（Cooper，Delmonico，& Burg，2000；Cooper，Griffin-Shelley，Delmonico，& Mathy，2001；Cooper，Galbreath，& Becker，2004；Cooper，Delmonico，Griffin-Shelley，& Mathy，2004）。他们提出了一些概念，如网络色情活动（Online Sexual Activity，OSA）、网络色情或网络性爱（Cybersex，OSA 的子类型之一）、网络色情问题（Online Sexual Problems，OSP）以及网络色情强迫症（Online Sexual Compulsivity，OSC）。其中网络色情强迫症属于 OSP 的一种，类似于网络色情成瘾，是指个体持续从事网络色情活动，以至于影响到了工作、社交等生活的各个方面，可是仍然不能控制自己停止从事这些活动。

另外一些学者则将网络色情成瘾看作是纵欲障碍（hypersexual addiction）或者性成瘾（sex addcition）的一种特殊表现形式（Egan & Parmar，2013；Kaplan & Krueger，2010），因此，他们定义及诊断网络色情成瘾时往往采用性成瘾障碍的标准。如古德曼（Goodman，1998）认为性成瘾是一种适应不良的性行为模式，会导致符合临床显著性的损伤或心理困扰，在 12 个月之内出现 3 个以上的症状表现就可判定为性成瘾，这些症状包括耐受症状，长时间高频率地从事性活动，持续渴望且难以戒断，对社交、职业、生活各方面产生了严重影响等。

有研究者对意大利的一个网络成瘾自助团体成员自我报告的症状进行了深入研究，归纳出了网络色情成瘾者的 5 种典型症状（Cavaglion，2009）：

（1）沉迷：网络色情行为已经成为他们生活中最重要的活动；

（2）情绪缓解：网络色情行为已经成为他们摆脱和逃避消极情绪的工具；

（3）耐受性：他们需要越来越多的网络色情行为才能达到先前那种情绪上的解脱感；

（4）戒断症状：当网络色情行为因故不能持续或忽然减少时，他们生理和心理上会产生严重的不良反应；

（5）冲突：他们因为网络色情活动与周围人、与自己内心以及与学习和社会工作等都产生了较大冲突。

有研究者（Chaney & Dew，2003）对网络色情作品过度使用者进行了质性研究，结果发现他们的症状表现与线下色情成瘾或者纵欲障碍的描述并不完全一致。这些过度使用网络色情作品的人，他们的主要症状表现可以概括为 5 个方面：

（1）强迫性使用；

（2）否认，即不承认网络色情行为给自己或他人带来了不良影响；

（3）由于网络色情作品使用而产生情绪改变；

（4）在线解离，即在从事在线色情活动时出现精神上、情感上的分离；

（5）为了满足社会联结的需要而沉迷于网络色情内容。

其中在线解离症状在其他类型的线上活动中也有所体现（Schimmenti & Caretti，2010）。因此，网络色情成瘾不应该仅仅作为纵欲障碍或者网络成瘾的子类型，而是兼具两者的典型特征，属于两者的交叉部分（Griffiths，2012）。在研究网络色情成瘾时，研究者应该从两个角度共同考虑。

二、网络色情成瘾的测量工具

1.《卡利切曼色情成瘾量表》(Kalichman Sexual Compulsivity Scale, K-SCS)

有研究者发现每周沉迷于网络色情的时间达到 11 小时以上的人，报告了显著更多的网络色情对生活重要领域的负面影响，包括社交、职业、教育等各方面（Cooper，1999）。因此在之后的研究中，研究者使用《卡利切曼色情成瘾量表》，结合从事网络色情行为的时间，作为测量网络色情成瘾的方法。《卡利切曼色情成瘾量表》包括 10 个项目，主要测查成瘾者对色情的沉迷程度和受色情困扰的程度（Kalichman et al.，1994）。库珀（Cooper）等人认为，符合《卡利切曼色情成瘾量表》诊断标准，并且每周沉迷于网络色情的时间达到 11 小时的人，可以确诊为网络色情成瘾者。

2.《网络色情筛查量表》(the Internet Sex Screening Test，ISST)

《网络色情筛查量表》是一个自我报告式的筛查工具，帮助人们判断他们的网络色情行为是否达到了临床问题的程度(Delmonico & Miller，2003)。ISST 是目前研究网络色情成瘾最常用的量表之一(Hook，Hook，Davis，Worthington，& Penberthy，2010；Wéry & Billieux，2017)。ISST 中包含 25 个关于网络色情行为(Online Sexual Behavior，OSB)的问题，采用是否式的提问方式，总得分介于 0～25，分数越高，网络色情成瘾程度越高。有研究者对此量表进行了因素分析，结果显示该量表项目可以分成 5 个维度(Delmonico & Miller，2003)：网络色情强迫，即网络色情问题，包含 6 个项目；社交型网络色情行为(Online Sexual Behavior-Social，OSB-S)，即从事如网络色情聊天等人际互动类网络色情行为的倾向，包含 5 个项目；隔离型网络色情行为(Online Sexual Behaviour-Isolated，OSB-I)，即从事如观看色情电影等独自进行的网络色情行为的倾向，包含 4 个项目；网络色情消费(Online Sexual Spending，OSS)，即在网上购买色情产品或者付费加入色情交流小组或网站的倾向，包含 3 个项目；网络色情行为兴趣，即使用电脑寻求性满足的倾向，例如将性爱网站的网址存入书签等，包含 2 个项目。各维度的一致性系数介于 0.51～0.86。量表中还有 2 个项目因为测量了网络色情行为的重要方面，研究者建议单独保留，剩余的 3 个项目则被剔除(Delmonico & Miller，2003)。效度方面，目前还没有研究对 ISST 的结构效度进行验证，但有研究表明其效标效度和聚合效度良好(Chaney & Blalock，2006)。总体来说，该量表的信效度还有待进一步的检验，而且该量表没有设定分数线，无法用于诊断。

3.《简版网络色情成瘾量表》(the short Internet Addiction Test adapted to online sexual activities，s-IAT-sex)

《简版网络色情成瘾量表》共包含 12 个项目，测量问题性网络色情使用的 2 个维度(Wéry，Burnay，Karila，& Billieux，2016)。每个项目采用 5 点计分。第一个维度包括失控和时间管理(loss of control/time management)，评价的是与控制或减少网络色情活动参与时间失败有关的症状；第二个维度包括渴求度和社交问题(craving/social problems)，测量的是网络色情行为带来的功能损害。该量表的一致性信度及由验证性因素分析得到的结构效度均在研究中得到了验证，说明它可以作为有效测量网络色情成瘾的工具使用。但是目前该量表的信效度检验仅限于男性被试，另外，2 个维度之间的关联也需在未来的研究中进一步加以验证。

4.《网络色情作品使用清单》(the Cyber-Pornography Use Inventory, CPUI)

很多研究都指出，网络色情作品使用是最普遍的网络色情活动，同时也是与负性后果及成瘾症状相关度最高的色情活动(Ross, Månsson, & Daneback, 2012)。因此，也有学者专门开发了量表来测量网络色情作品成瘾。

有研究者在 2010 年开发了《网络色情作品使用清单》这一工具，用于被试自我报告对网络色情作品的成瘾程度。该量表共包含 32 个项目，分为 3 个维度：

(1)成瘾模式，评估与网络色情作品使用有关的缺乏控制、过度使用及强迫性行为，包含 17 个项目；

(2)愧疚情绪，测量与色情作品使用有关的道德情绪反应和一般性困扰，共 10 个项目；

(3)社交性网络色情行为，包含 5 个从 ISST(Delmonico & Miller, 2003)中选取的测量与色情作品使用无关的社交型网络色情行为的项目。

该量表虽然主要测量的是网络色情作品使用，但是项目并不限于此类网络色情行为，因此也可用于测量一般性的网络色情成瘾。

格拉布斯等人(2015)修订了简版 CPUI，新量表仅包含 9 个项目。CPUI-9 删去了原量表的社交型网络色情行为这一维度，专门测量网络色情作品使用情况。简版量表的 3 个维度为强迫性(compulsivity)、接入努力(access efforts，如为了看网络色情作品而推迟重要事件)、情绪困扰(emotional distress，如看完网络色情作品之后感到羞愧、抑郁、恶心)。CPUI-9 的测量结果与 K-SCS(Kalichman & Rompa, 1995)测出的纵欲倾向及性强迫症状具有强相关性，这也支持了网络色情作品成瘾属于纵欲障碍的子类型的观点。

第二节 影响因素及干预

在对网络色情成瘾进行测量之后，我们需进一步了解其影响因素，并探究其治疗手段。本节将从网络色情特征和个体因素两方面对影响因素进行梳理，并且将介绍网络色情成瘾的干预方法。

一、网络色情成瘾的影响因素

(一)网络色情特征

网络本身的一些特性使网络色情活动对人们产生吸引力。许多学者对网络色情特征进行了归纳总结。

德尔莫尼科(Delmonico，1997)用 4 个词概括了网络色情特征对成瘾者的吸引作用：隔离性(isolation)、幻想(fantasy)、匿名性(anonymity)和低成本(low cost)。首先，在参与网络色情活动时，人们觉得自己与他人是隔离的，不用担心性疾病传染，同时又可以获得性满足，因此网络色情成瘾者认为这些行为于人于己都无害，以此来合理化自己的行为。其次，网络色情活动参与者可以在网络中随意把自己塑造成完美的幻想对象，也可以按照自己的意愿选择可以满足自己性幻想的对象、方式，并且完全不用考虑会被拒绝、需要负责任或者承担后果等问题。另外，网络上的色情资源丰富，个体可以随时参与，并且网络具有匿名特性，让参与者感到更安全、更私密。此外，该方式的参与成本也相对较低，只需要负担网费就可以享受大多数网上色情服务。

库珀等人(1999)用 3A 引擎理论(the Triple A Engine)概括网络色情的特性：易得性(accessibility)、可负担性(affordability)和匿名性(anonymity)。他认为，这个引擎的作用不仅在于能够吸引更多的青少年进行网络色情行为，而且促使了有两类倾向的人发展成为网络色情成瘾者。一类是先前就有色情成瘾行为的人，另一类是人格特质上对色情较为敏感的人(Cooper，Delmonico，& Burg，2000)。

金伯利·杨(1999)在分析网络色情成瘾时也描述了网络的 3 个特征：匿名性、便利性和逃避现实性，她称其为"ACE"模型。匿名性和便利性的解释与库珀的观点基本相同，逃避现实性则是指因为无须为网络色情行为承担某些责任而带来的轻松感。

(二)个体因素

1. 人格特质

虽然网络色情本身具有很大的吸引力，但并不是所有接触网络色情的人都会成瘾，这说明存在个体差异。其中一个重要的因素就是人格特质。例如，有研究发现，神经质、强迫症倾向与知觉到的强迫性网络色情作品使用相关(Egan & Parmar，2013)。格拉布斯等人(Grubbs，Volk，Exline，& Pargament，2015)的研究也发现特质自我控制与网络色情作品使用呈负相关。另外，有研究者研究了冲动特质与网络色情成瘾的关系(Wéry，Deleuze，Canale，& Billieux，2017)，研究结果表明，特质冲动的维度之一——消极紧迫性(negative urgency，即消极情绪状态下容易轻举妄动的倾向)与消极情感的交互可以显著预测网络色情成瘾。

2. 参与动机

一些研究调查了人们参与网络色情活动的动机。库珀等人(2004)的研究发现，消遣型网络色情用户从事网络色情活动的目的是性唤起、适当放松或者获取性知识，而问题型网络色情用户更多是为了减少压力、管理情绪以及补偿现实中未得到满足的性幻想。戈等人(2014)研究发现问题性色情作品使用与更高水平的情绪不安全感、依恋焦虑或依恋回避以及更多的创伤经历相关。这在一定程度上说明，网络色情行为往往成为人们逃避痛苦和创伤性记忆的一种途径，人们可以在这种行为中得到暂时的解脱和快乐，这种负强化作用会促使他们不断重复此类行为，结果可能导致成瘾，引发更多的问题。因此，情绪调节动机(如为了减少负性情绪)和性幻想动机(如为了补偿未得到满足的性渴求)可能是成瘾性网络色情行为的重要预测因素(Ross，Månsson，& Daneback，2012；Wéry & Billieux，2016)。

3. 心理病理症状

学者在研究网络色情成瘾时，发现它与一般性的心理病理症状的严重性是相关联的 (Brand et al. 2011；Kor et al.，2014；Kuss & Griffiths，2011)。金伯利·杨的研究(1999)发现，那些自尊水平低、身体发生畸变、有未治愈的性功能障碍或者本身就是色情成瘾的人是网络色情成瘾的高危人群。在叙事分析研究中，研究者也发现心理困扰的迹象（如抑郁、孤独）和感知到的网络色情成瘾是有关的（Cavaglion，2008；Philaretou，Mahfouz，& Allen，2005）。格拉布斯等人（2015）在控制了使用时间这一变量之后，仍然发现了心理困扰和网络色情作品使用的显著正相关关系。卡夫卡（Kafka，2010）认为本身就患有纵欲障碍的人也更加易感于网络色情成瘾。综上所述，我们可以发现网络色情成瘾一般都会伴有共病症状，那么究竟是这些心理问题（如焦虑、抑郁等）引发了网络色情成瘾，受困扰的人们倾向于参与网络色情来获得暂时的解脱，还是网络色情成瘾引起了其他心理病理症状呢？二者之间的关系还需进一步研究。

4. 其他因素

从职业类型来看，学生群体的成瘾风险更大。对于易感性人群的进一步研究也许可以帮助我们进一步掌握网络色情成瘾者的特征，并及时进行有效预防和干预。

布朗等人（Brand et al.，2011）研究发现，被试观看网络色情线索时的性唤起水平与自我报告的网络色情成瘾症状是显著相关的。在另一项研究中，研究者（Laier，Pawlikowski，Perkal，Schulte，& Brand，2013）将异性恋的男性作为研究样本，结果发现问题性网络色情与暴露在网络色情线索下时产生的更高的性唤起、渴求以及强迫性手淫有关。类似的，研究者（Laier，Pekal，& Brand，2014）在女性被试中也发现了该联系。从以上研究中可以看出网络色情成瘾者对于色情线索的性反应会更强烈，反过来，本身性兴奋性、性敏感性强的人也许更容易成为网络色情成瘾者。

钱尼和常（2005）对网络色情成瘾进行了研究，发现无聊倾向、缺乏社会联结以及过度参与在线色情活动时体验到的解离现象是促成和维持网络色情成瘾的重要因素。

值得注意的是，影响网络色情成瘾的因素并不是单独作用的，因此要更好地解释网络色情成瘾的形成过程，还需要建立更加综合的模型。例如，莱阿尔和布朗（Laier & Brand，2014）从认知—行为观点出发，构建了一个综合的网络色情成瘾的模型。该模型的核心观点是网络色情成瘾的形成是由于个体本身具有的对网络色情的易感性特征（如心理病理症状、适应不良的人格特征、对性兴奋的敏感性等）和期望（如希望获得性满足、消除不良情绪等）会导致网络色情行为，行为结果使个体得到满足，通过正负强化作用使个体逐渐形成网络色情成瘾。研究者已经通过实证研究验证了模型中的部分路径，但其他路径仍需进一步的研究支持，同时还有其他因素可能需要考虑，比如年龄的差异、社会文化背景的作用等（Laier & Brand，2014）。

二、网络色情成瘾的干预

(一)行为疗法

　　普特南（Putnam，2000）从行为矫正角度出发，提出了利用强化原理治疗网络色情成瘾的方法。网络色情成瘾可以看成是经典条件作用和操作性条件作用的结果。首先，需要消除网络使用与性唤醒之间建立起来的经典条件反射。例如，对于轻度成瘾者，可以让他们在图书馆等公共场合使用网络，制造公众压力，以阻止其浏览色情信息。对于程度较重的成瘾者，可以考虑在他们的电脑上安装过滤软件或者防护软件，使其难以接触到网络色情信息。一段时间之后，就可以消除之前建立的经典条件反射。其次，网络色情行为可以带来性满足、愉悦情绪、消除负性情绪等强化结果，对于这一方面，普特南指出可以通过传统的心理治疗方法消除成瘾者的焦虑情绪，改善成瘾者的应对策略，使成瘾者建立健康的性关系和性态度等。

(二)认知行为疗法

　　认知行为疗法是目前治疗网络色情成瘾最常用、可能也是最有效的治疗方式（Dhuffar & Griffiths，2015），认知行为疗法包括各种形式，比如个人的（Orzack & Ross，2000）、在线的（Hardy，Ruchty，Hull，& Hyde，2010）、团体的（Sadiza，Varma，Jena，& Singh，2011）。特别指出，接纳与承诺疗法（Acceptance and Commitment Therapy，ACT）作为认知行为疗法的一种具体形式，其治疗效果在临床上已经得到了验证。研究者对有问题性网络色情作品使用的个体进行了 ACT 治疗（Twohig & Grosby，2010）。罗斯比（2011）采用对照组设计，检验了接纳与承诺疗法对于网络色情成瘾的治疗效果。

接纳与承诺疗法主要通过正念、接纳、认知解离、以自我为背景、明确价值和承诺行动等过程以及灵活多样的治疗技术，帮助来访者增强心理灵活性，投入有价值、有意义的生活。研究者使用该疗法时将整个过程分为 8 个阶段(Twohig & Grosby，2010)：

阶段 1，与成瘾者交流治疗的内容及使用的治疗方法，并承诺完成所有阶段的治疗。

阶段 2，让成瘾者接受"性唤醒和浏览色情信息的欲望是正常现象"这一观点，而不是总想努力控制或消灭自己的这些行为。

阶段 3，在继续增强成瘾者对上述观点的接受程度的同时，引导成瘾者建立新的价值观，如重视学校工作，重视与朋友或其他重要他人在一起的时间等。

阶段 4 到阶段 6，通过冥想训练使成瘾者学会表达自己的内心体验，让成瘾者学会以客体的身份观察自己的内心经历。总之，前 6 个阶段的疗程在于让成瘾者接受自己的内心世界和建立新的价值观。

阶段 7 到阶段 8 则是让成瘾者践行对新价值观的承诺，即在生活中实践这些新的价值观，逐步摆脱以前的网络色情行为，同时还要告知成瘾者这种实践要在生活中持续下去，以防止网络色情成瘾的复发。

(三)动机性访谈疗法

动机性访谈疗法，主要是通过帮助患者寻找并挖掘改变自身行为的内在愿望，将愿望与现实进行对比，使患者从内心的意愿出发，达到彻底改变不良习惯的目的。该疗法最大的特点就是不采取逼迫以及评价患者的方式，而是在充分尊重患者及其行为的基础上，使其真正认识到问题的严重性和由此带来的隐患，同时，该疗法帮助患者预见美好的未来，使患者从内心激发自身的改变潜能。动机性访谈疗法属于人本主义取向疗法，以当事人为中心，最初主要用来治疗物质成瘾，但有研究者发现，它在治疗网络色情成瘾方面也有较好疗效，在他们报告的两个使用该方法治疗网络色情成瘾的案例中，成瘾行为最终都得到了控制(Matthew & Kutinsky，2007)。欧扎克等人(2006)采用小组式动机性访谈疗法结合认知行为治疗，有效减少了患者的问题性网络色情行为以及抑郁等不良情绪。

(四)其他治疗手段

为网络色情成瘾者提供线上支持也具有有效的干预作用。有研究发现，许多网络色情成瘾者通过在线帮助后，能够主动和治疗者联系，希望得到进一步的、面对面的专业心理治疗(Putnam & Maheu，2000)。哈迪等人(Hardy，Ruchty，Hull，& Hyde，2010)开展了一个基于认知行为取向的网上自助项目，帮助参与者减少问题性网络色情使用，参与者有138人，其中97位为男性。最终的干预成效显著，被试自我报告减少了网络色情作品使用和手淫，能更好地对诱惑作出反应，在情绪、自我控制能力、亲密关系质量等方面都有了显著改善。由于与性相关的行为、症状等对一般人来说羞于启齿，即使发现自己存在网络色情成瘾的问题，人们也不一定愿意寻求专业帮助。而这时候网络作为一个匿名、安全、隐蔽的方式，如果可以提供专业、便捷的治疗和支持资源，对于需要帮助的人来说是一个很好的机会，可以避免羞愧、尴尬等问题，也可以在有效引导下正视自己的问题，寻求专业帮助。因此，临床研究者可以考虑通过建立一些网络平台提供在线支持。

综上所述，我们可以发现：

(1)关于网络色情成瘾的概念目前还没有达成一致，需要对不同学者提出的概念进行整合，并对概念的有效性提供实证支持。另外，概念的不同也导致了诊断标准的差异，这对临床工作者造成了工作上的困扰和混乱，因此有必要统一诊断的标准。这方面可以借鉴其他行为成瘾的诊断标准。

(2)网络色情成瘾的测量工具虽然已经形成，但是各个量表的信效度都还需要进一步的研究来进行检验，不同量表的适用范围、适用人群等需要进一步规范。另外，目前的量表都无法用于诊断，没有可以根据分数线来划分是否成瘾的依据。

(3)关于网络色情成瘾的影响因素，目前的研究主要围绕网络色情特征和人格、动机、其他心理病理症状等个体因素展开。前者属于外部因素，其他的外部因素也可能对网络色情成瘾的形成和发展产生影响，如社会文化环境、人际关系质量、社会支持等，未来可以进一步探讨这些因素的影响。关于内部因素，可以参考药物成瘾等方面的研究，进一步探索网络色情成瘾的认知神经机制，这样也可以为将网络色情成瘾列为真正的成瘾行为提供证据支持。另外，为了深入了解网络色情成瘾的发生机制，研究者需要尝试建立综合的模型并提供实证研究证据的支撑。

　　（4）目前来说，网络色情成瘾最有效的治疗方法是认知行为疗法，如接纳与承诺疗法，此外，网络治疗领域也有发展的前景。但是对于治疗方法疗效的持久性如何、是否会复发等问题还缺乏长期研究的结果，未来可以多开展追踪研究、对照研究等进一步确认不同治疗方法的疗效。

　　目前网络色情成瘾的研究成果几乎都来自国外，在国内虽然也有学者对这一领域研究的重要性和迫切性进行了阐述（贺金波，李兵兵，郭永玉，江光荣，2010；刘粤钳，姚红玉，2012），但是目前国内很少有学者针对中国样本进行此领域的实证研究。笔者通过中国知网进行文献检索，仅发现一篇相关的实证研究文章。袁大忠（2004）采用问卷调查的形式，对 276 名大学生进行施测，以调查大学生的网络色情行为及成瘾情况。结果发现，大学生中可能存在一定比例的网络色情成瘾现象和亚状态现象，但是大部分大学生还是能正常使用网络色情作品，并没有产生网络色情成瘾的问题；男性比女性、文科生比理科生更容易网络色情成瘾；大学生网络色情使用和成瘾与特定的人格因素有关，一定的人格倾向使个体容易成瘾（如神经质）；大学生的网络色情行为以及成瘾状态和身心健康的 8 个因子都没有显著相关，说明网络色情对大学生身心健康的影响非常小。但是此项研究样本量少、缺乏代表性，且研究结果不一定适用于当下情况。因此，国内学者有必要基于中国样本，进一步开展网络色情成瘾的相关研究，揭示我国网络色情成瘾现状及成瘾者特征。

══════ 拓展阅读 ══════

大学性教育与网络色情

　　在当今网络普及的时代，上网已成为青年生活的重要组成部分，他们可以利用网络进行许多活动，例如工作、学习、交友等。除此之外，人们还可以利用网络进行情感的宣泄。处于性活跃年龄段的大学生，难免被网络色情所影响。在我国网络监督十分有限的状态下，已有的大学性教育课程在多大程度上能帮助学生抵御网络色情的诱惑？有研究者对此进行了相关的研究（王培，曾凡，2008）。

研究者选取了两种样本。一种为对照组样本，另一种为干预组样本。对照组样本为大学专科生、本科生和研究生。其中网龄在1～5年及以上的个体占总人数的70.9%。干预组样本为大学性教育课堂的学生，其中网龄在1～5年及以上的个体占98.4%。使用统一的问卷进行测量。该问卷内容包括个人基本情况、参与网上色情活动的时间、具体内容、身心反应、价值观与行为改变以及网络色情成瘾的倾向等。研究结果出现了"倒挂"现象，即接受过性教育的干预组群体，自认浏览网络色情的比率，高于对照组约20个百分点。以此为前提，关于大学生受到网络色情消极影响的数据，也绝大多数是"倒挂"的。

在网络色情对性价值观的改变方面，浏览色情网页后，干预组对婚前性行为持完全肯定态度的比例大于对照组。类似的，在行为方式的改变方面（如用金钱换取性交）以及在对网络色情的心理依赖方面（如不上网就烦躁），干预组的成瘾比例都大于对照组。

（1）数据"倒挂"的背后：社会根源和认识根源。首先，从客观因素的角度分析，两组学生在个人基本情况和接触网络经历方面存在差异。干预组的学生中，来自城市以及经济条件尚好者的比例都高于对照组。除此之外，从接触网络的经历来看，干预组的上网年限总体要显著长于对照组的学生。可能是农村环境和经济条件的制约从一定程度上减少了对照组学生接触网络色情的机会，从而使其受到的影响相应减少。其次，从主观因素的角度讲，两组学生对待性问题的态度也有很大的差异。对照组的大多数学生都是"谈性色变"；而干预组的学生由于接受性教育的缘故，对性不再感到神秘，态度从紧张变为放松，再到理解，他们能够比较坦诚地面对自己的网络性行为，因此，他们更可能接触更多的网络色情信息。

（2）数据"倒挂"的警示：性教育亟待普及。"倒挂"现象表明，网络色情如同洪水猛兽，对青少年的心灵有极大的冲击力。而我们的性教育在规模和影响上，远没有强大到与之抗衡的程度。大学性教育面对的学生中，不仅有羞涩的性盲以及一些片面追求"性自由"

的人，还有一些已经迈过了传统性道德底线的个体。因此，到大学才开始对学生进行性教育，便如同"亡羊补牢"，因为学生受网络色情的影响可能已经达数年。所以，应该从中小学开始进行性教育，同时还应对网络色情进行更严格的治理，减少网络色情的传播与危害。

扫描拓展

网络色情，增性风险？

Part Ⅳ | 第四部分

网络成瘾的测量与干预

第十二章

网络成瘾的测量

开脑思考

1. 我们已经了解到网络成瘾是网络使用者可能出现的一种症状，那么我们是否可以如"医生看病"那样对它进行测量和诊断呢？各种测量工具又是依据什么理论基础建立的呢？
2. 仔细分析当前已有的测量工具，它们存在哪些不足之处？我们又应该如何对它们进行改善呢？
3. 研究者发现，网络成瘾会与一些其他的精神疾病共同发生，从测量层面有没有方法可以对它们进行区分评估？

关键术语

病理性赌博，病态网络使用，网络成瘾，共病，自伤行为，述情障碍，意向控制障碍

为了准确评估个体的网络成瘾总体水平或判定其成瘾类型，研究者们基于不同的理论取向和研究方法，开发出了不同的测量工具。与此同时，在测量过程中，还需确定个体的网络成瘾和其他相关疾病的区别以及是否存在共病问题。因此，本章分别从网络成瘾的测量工具、工具存在的问题和共病3个方面进行梳理，以期为读者提供一个系统的概观。

第一节　测量工具的发展

研究者依据不同的理论基础和项目来源，编制了不同的网络成瘾测量工具。本节对相关测量工具进行了划分和梳理，并且指出其不足之处，

以便未来进行改进。

一、已有的测量工具

目前网络成瘾的主要测量方法是问卷调查法。不同的研究者根据不同的理论基础、概念架构以及成瘾标准来源发展出了多个测量工具。根据测量工具编制的理论基础和项目来源，目前的网络成瘾测量工具主要有以下几类：

(一)基于成瘾标准

有研究者倾向于将网络过度使用定义为一种行为成瘾，因此其筛选标准主要参考 DSM-IV 中的强迫性成瘾的标准或者其他成瘾标准，如病理性赌博等。

目前被广泛使用的金伯利·杨(1998)编制的《网络成瘾测验》就是根据 DSM-IV 中病理性赌博的 10 项标准确定了网络成瘾的 8 项标准。该量表一共有 8 个项目，个体对其中 5 个以上的项目回答"是"，就可以被诊断为网络成瘾。这一量表结构简单，方便易行，得到了国内外研究的广泛运用(Chou, Condron, & Belland, 2005)。但就像金伯利·杨本人所指出的那样，该量表的结构效度和临床应用还需进一步探索。因此，在 8 项目 IAT 量表的基础上，金伯利·杨进行了修订，编制出《网络成瘾损伤量表》(Internet Addiction Impairment Index, IAII)，该量表包含 20 个项目，采用 5 点计分法。总得分介于 0~30 分，属于正常范围；31~49 分为轻度成瘾；50~79 分为中度成瘾；80~100 分为重度成瘾。由于 IAII 最初提出时只是根据量表总分进行评价，而未细分到各个维度的情况，因此，后来有许多研究者对其进行因素分析，最终得出的维度结构各有不同。目前，IAII 量表的维度划分仍未形成统一的定论。此外，该量表的另一个不足是成瘾等级划分依据不明确，其有效性还需进一步考察(苏文亮，林小燕，2014)。

布伦纳(1997)也基于 DSM-IV 的物质滥用标准编制了《互联网相关成瘾行为量表》(Internet-Related Addictive Behavior Inventory, IRABI)，共有 32 个项目。经过修订后(Chou, 2000)的《互联网相关成瘾行为量表》中文版量表第二版(C-IRABI-II)共有 37 个项目，内部一致性系数达到 0.93，与金伯利·杨的《网络成瘾诊断问卷》之间为正相关($r = 0.643$)。

这在客观上证实了金伯利·杨的量表与其他量表可能存在一致性。

此外，研究者基于 DSM-IV 的物质依赖标准编制了《计算机和网络使用量表》(Computer and Internet Use-2，CIU-2)，共 95 个项目，其中 21 个为类别项目，74 个为计分项目，采用 5 点计分(1＝强烈不同意，2＝不同意，3＝不确定，4＝同意，5＝强烈同意)，分数越高代表网络使用的经历越多，网络成瘾越严重(Pratarelli & Browne，2002)。同样，研究者 (Nichols & Nicki，2004)基于 DSM-IV 中 7 条物质依赖标准以及 2 条成瘾标准编制了《网络成瘾量表》(Internet Addiction Scale，IAS)，共 31 个项目，采用 5 点计分(1＝从不，2＝很少，3＝有时，4＝经常，5＝总是)，分数越高代表网络成瘾越严重，该量表的内部一致性系数为 0.95。

近年来，有研究者同时参考了 DSM-IV 中关于物质依赖的 7 个标准、病理性赌博的 10 个标准以及格里菲斯提出的关于行为成瘾的 6 个标准，编制出《强迫性网络使用量表》(Compulsive Internet Use Scale，CIUS) (Nichols et al.，2009)。该量表包括 5 个维度：失去控制、沉浸、戒断症状、冲突、应对或情绪改变，共 14 个项目，采用 5 点计分(0＝从不，1＝很少，2＝有时候，3＝经常，4＝很频繁)，得分越高代表强迫性程度越高。该量表的内部一致性系数为 0.89。

国内也有研究者采用类似的标准来编制网络成瘾的测量工具。赵鑫 (2004)根据 DSM-IV 中病理性赌博的标准，并参照金伯利·杨给出的 8 项标准和戈德伯格给出的 7 项标准，同时结合实践经验，最后保留了 12 个项目。个体如果对其中的 7 个及以上项目给出肯定回答即为成瘾者。钱铭怡等人(2006)参考了 DSM-IV 中酒精依赖诊断标准编制了《大学生网络关系依赖倾向量表》，该量表有 4 个维度、29 个项目。4 个维度分别是依赖性、交流获益、关系卷入和健康网络使用。总量表的内部一致性系数为 0.87，4 个维度的一致性系数分别为 0.84，0.76，0.74，0.70，5 周后的重测信度为 0.619。

(二)基于前人的理论建构及网络成瘾本身的特征

有研究者根据网络过度使用的定义、理论模型制定其标准。戴维斯 (2001)提出了"病理性网络使用"(PIU)的认知行为理论。戴维斯认为 PIU 有 2 种不同的形式：特定的和一般性的病理性互联网使用。PIU 的认知行为模型认为，不合理的认知对一般的 PIU 行为发展具有较大的影响。该模型还提供了关于一般的 PIU 的认知和行为症状以及导致的消极结果。认知层面包括与网络有关的强迫性想法、低控制上网冲动、对在线使用网络感到内疚、与不上网相比上网时有更多积极的感受和体验等；行为层面包括强迫性网络使用导致个体在工作、学习或人际关系上体验到消极结果、对网络使用的情况否认或撒谎、使用网络逃避个人的问题（如抑郁、孤独）；消极结果层面包括降低的自我价值感、增加的社交退缩。

戴维斯（2002）在 PIU 认知行为模型的基础上编制了《戴维斯在线认知量表》，包含 36 个项目，共 4 个维度：孤独/抑郁（loneliness/depression）、低冲动控制（diminished impulse control）、社会舒适感（social comfort）、分心（distraction），采用 7 点计分方式。该量表的改进在于：

（1）量表的名称未明确告诉被试量表要测的内容，具有较低的表面效度；

（2）题目不是对网络成瘾病态症状的简单罗列，所要测量的是被试的思维过程（即认知）而非行为表现。

因此该量表具有一定的预测性。

卡普兰（Caplan，2002）根据戴维斯的理论编制了《一般性病理性网络使用量表》，测量了 PIU 的认知、行为和结果 3 方面，其中认知和行为包括 6 个维度，结果包括 1 个维度，这 7 个维度分别是：情绪改变、社交利益、消极结果、强迫性使用、过多上网时间、社交控制、戒断反应。该量表的维度和戴维斯的 3 个维度有所出入，但是从具体维度来看，情绪改变、强迫性使用和过多上网时间属于行为层面，知觉到的社交利益、知觉到的社交控制和戒断属于认知层面。该量表被翻译成中文后，7 个子量表的内部一致性系数介于 0.70～0.91，但是探索性因素分析发现只有 6 个因素，和原量表的结构有所出入（Li，Wang，& Wang，2008）。后来，该量表经过卡普兰（2010）的修订，得到了更新的版本，即 GPIUS-2。其包括 2 个新维度，分别是对在线社交互动的偏好（用户体验）和自我调节不足。在最初的 GPIUS 中，社会利益和社会控制是分开的维度；新的 GPIUS-2 中 2 个维度被编写成一个单一的维度，这与卡普兰（2003）的概念化是一致的。另一个重要的变化是 GPIUS-2 将自我调节不足作为影响认知专注和强迫性网络使用亚量表得分的高阶维度来运作。此外，原有的过多上网时间维度在新的量表中被省略，因为互联网使用频率本身并不一定代表着使用问题。虽然人们可能认为他们花在网上的时间过多，但事实上，许多人可能会说他们过度使用互联网是出于工作的实际需要。这种用法更多的是功能性使用，而不是冲动控制障碍。另外，强迫性使用在 GPIUS-2 中被保留为一个维度，清楚地反映了冲动控制的问题。此外，量表修改了 2 个原始维度的名称，以提高其概念清晰度。具体来说，在原来的测量中，"情绪改变"被重新命名为"情绪调节"，强调使用互联网缓解痛苦情绪的动机。此外，"戒断"概念被重新命名为"认知专注"，以更清楚地反映出它强调对网络世界的强迫性思考。其余的维度中保留了消极结果和强迫性使用的概念。综上所述，GPIUS-2 的目的在于关联 4 个结构：对在线社交的偏好，情绪调节，自我调节不足（包括强迫性使用量表和认知专注量表），消极结果。GPIUS-2 包含 5 个维度：能触碰、情绪调节、认知专注、强迫性使用和消极结果。参与者被要求按照 1（绝对不同意）到 8（绝对同意）的程度等级，对 GIPUS-2 中的 15 个项目进行评分（Caplan，2010）。

　　研究者新开发的《社交媒体成瘾量表》是基于《网络成瘾量表》《脸书网成瘾量表》和《网络游戏障碍量表》得到的（Liu & Ma，2018）。目前该量表包括 6 个核心维度：对在线社交的偏好、情绪调节、使用持续性及负面影响、强迫使用和戒断反应、显著性、复发，共 58 个项目。它可以作为一种有效的工具来评估中国当代成人的社交媒体成瘾。因为社交媒体属于网络的一部分，从而可以通过该量表间接评估中国成人的网络成瘾。

　　我国台湾地区学者陈淑惠等（2003）以大学生为样本，根据网络成瘾的特征编制了《中文网络成瘾量表》（CIAS），其包括网络成瘾核心症状和网络成瘾相关问题 2 个方面，为 4 点计分，共 26 个项目。量表共包含 5 个维度：强迫性上网行为，戒断行为与退瘾反应，网络成瘾耐受性，时间管理问题，人际及健康问题。量表总分代表个体网络成瘾的程度，分数越高表示网络成瘾倾向越高。初步研究表明该量表具有良好的信度和效度，再测信度为 0.83，各维度量表内部一致性系数介于 0.70~0.82，全量表内部一致性系数为 0.92。白羽和樊富珉（2005）对 CIAS 进行了修订，编制了大陆版的《中文网络成瘾量表修订版》（CIAS-R），CIAS-R 有

19 个项目，量表及其分量表与效标之间的相关系数介于 0.65～0.85。CIAS-R 的优点是，它是在中国文化的背景下按照严格的心理测量学过程编制的，具有较高的信效度。同时，CIAS-R 量表也存在不足，它根据个体得分在人群中的百分比位置来判定个体是否有网络依赖，在不同的调查人群中判断标准不同，从而造成结果可比性差。此外，该量表在测量单个个体的网络依赖时存在困难（苏文亮，林小燕，2014）。为了使划分标准更加严格，中国台湾地区学者柯志鸿等人（2005）等人采用受试者操作特征曲线（ROC 曲线）方法得出了 CIAS-R 的网络依赖标准的最佳分界线，即总分≥58 分为潜在网络成瘾者，总分≥68 分则确诊为网络成瘾者。

周治金等根据网络成瘾的症状和特征编制了《网络成瘾类型问卷》，该问卷采用 5 点计分法，共 20 个项目，包括 3 个维度：网络游戏成瘾、网络关系成瘾和网络信息成瘾，总问卷及各分问卷的内部一致性系数、分半信度及重测信度分别介于 0.80～0.92、0.79～0.90 和 0.81～0.91（周治金，杨文娇，2006）。

雷雳和杨洋根据 PIU 的界定和维度构想，并结合其他量表、访谈和专家教师意见，编制了《青少年病理性互联网使用量表》。该量表采用 5 点评分，共 38 个项目，包含 6 个维度：突显性、耐受性、强迫性上网/戒断症状、心境改变、社交抚慰和消极后果。量表的内部一致性系数为 0.948，重测信度为 0.857。同时该量表与金伯利·杨的 8 项标准以及 CIAS 的相关分别为 0.622 和 0.773，具有良好的会聚效度，同时其区分效度也在可接受范围内（雷雳，杨洋，2007）。目前该量表在国内青少年网络成瘾领域的应用十分广泛。

陈侠和黄希庭（2007）根据网络成瘾的定义，从"类型—成瘾倾向"的角度把网络成瘾构想为一个包含 2 个层次、3 个维度的理论体系。第一层次是网络成瘾的类型，包括网络关系成瘾、网络娱乐成瘾和信息收集成瘾；第二层次是网络成瘾倾向所表现的维度，包括认知依赖、情绪依赖和行为依赖。研究者据此编制了《大学生网络成瘾倾向问卷》。该问卷包括 3 个分量表，其中 R 量表包括 16 个项目，E 量表包括 13 个项目，I 量表包括 12 个项目，加上 6 个测谎项目，正式问卷一共包括 47 个项目。采用 5 点计分法，"完全不符"记 1 分，"比较不符"记 2 分，"难以确定"记 3

分，"比较符合"记 4 分，"完全符合"记 5 分，个体在某一维度得分高说明具有较高的成瘾倾向。

此后昝玲玲等(2008)以中学生为被试，根据网络成瘾的临床表现编制了《网络成瘾诊断量表》，共 29 个项目，包含 4 方面内容：耐受性，上网渴求冲动，戒断反应，成瘾相关问题(包括身体、心理等方面的损害)，回答"是"计 1 分，"否"计 0 分。流量表严格按照心理测量学程序进行编制，各项指标均符合心理测量学要求，具有较高的信效度。同时，该量表条目简明扼要、语言精炼、操作简便。但适用对象较为狭隘，仅为中学生，无法应用到更普遍的人群中(昝玲玲，刘炳伦，刘兆玺，2008)。

胡丹丹等(2017)以大学生为被试，参考网络成瘾的特征，并结合智能手机自身的功能特点，通过专家访谈并开展预调查，编制了适合中国大学生的《手机网络成瘾分类量表》。该量表共 24 个项目，分为社交成瘾、娱乐成瘾、信息成瘾、购物成瘾 4 个子量表。其内部一致性系数为 0.874，4 个子量表的 Q 系数均在 0.754 以上，总量表奇偶分半信度的斯皮尔曼布朗(Spearman-Brown)系数为 0.661，相关指标达到了心理测量学标准。

(三)基于前人已有的测量工具

有研究者在对计算机/网络使用和成瘾已有文献和调查的元分析基础之上，结合专家的意见编制了《计算机/网络成瘾量表》，该量表共有 74 个项目，4 个维度，分别是：因过度使用网络或成瘾而产生的社交孤独和忘记吃饭、约会迟到或爽约等现实错误，计算机技术及网络技术的利用和有效性，使用网络来获得性满足以及个体是否意识到已经处于问题使用阶段(Pratarelli，Browne，& Johnson，1999)。但是该问卷还缺乏相关的实证研究的支持。

研究者(Huang，Wang，Qian，Zhong，& Tao，2007)编制的《中国网络成瘾量表》和《病理性网络使用问卷》(Demetrovics，Szeredi，& Rózsa，2008)皆参考了金伯利·杨的 IAT 量表。

杨晓峰等(2006)编制的《大学生网络成瘾量表》则是以在我国广泛使用的陈淑惠编制的《中文网络成瘾量表》(CIAS)提出的架构为主，并参考金伯利·杨(1996)、布伦纳(1997)等人的观点，结合开放式问卷资料和个别访谈的结果编制而成。该量表包括 6 个维度：耐受性、人际健康和学业问题、强迫性、戒断性、突显性、时间管理问题，共 30 个项目，采用 5 点计分（1＝完全不符合，2＝不太符合，3＝一般，4＝比较符合，5＝完全符合）。量表总的内部一致性系数为 0.949，分半信度分别为 0.898 和 0.915，各个维度内部一致性系数介于 0.773～0.861，5 周后的重测信度为 0.810，数据显示其信度较好。

此外，研究者参考金伯利·杨的 IAT 开发了土耳其版本的《网络成瘾测验》（Gunuc & Kayri，2010）。它由 35 个项目组成，采用 5 点计分（0 ＝从不，1＝偶尔，2＝有时，3＝比较频繁，4 ＝非常频繁）。该量表用 4 个维度评估网瘾：戒断、控制困难、功能障碍和社交孤立。量表的内部一致性系数为 0.94，具有良好的效度。

综合来看，目前在世界范围内应用最为广泛的仍是金伯利·杨的 IAT 量表，并且有不少研究对其信效度和区分标准进行了验证；在中国，陈淑惠的《网络成瘾中文量表》和雷雳的《青少年病理性网络使用量表》是使用最多的两个测量工具。但值得注意的是，研究者在使用不同测量工具进行筛查时，需要关注到不同测量工具、不同标准带来的成瘾率的差异。有研究者在一项研究中比较了金伯利·杨（1996，1998），彼尔德和沃尔夫（Beard & Wolf，2001），撒切尔和古拉姆（Thatcher & Goolam，2005b）的 3 种标准下网络成瘾的比率，证实了标准的选择对网络成瘾率的影响（Thatcher & Goolam，2005a）。研究发现，使用撒切尔和古拉姆的量表测得的网络成瘾率为 1.67％；使用彼尔德和沃尔夫的标准测得的网络成瘾率为 1.84％；使用金伯利·杨的标准测得的比例为 5.29％。所有符合彼尔德和沃尔夫严格标准的人都符合金伯利·杨的标准，但是符合金伯利·杨的标准的人只有 35％ 符合彼尔德和沃尔夫的标准。符合撒切尔和古拉姆使用标准的人，分别有 80％ 和 40％ 也被金伯利·杨、彼尔德和沃尔夫的标准判定为网络成瘾。因此研究者认为，使用更为宽松的标准会导致明显更高的网络成瘾率（Thatcher & Goolam，2005a）。相对而言，研究者认为金伯利·杨（1996，1998）关于网络成瘾的标准较为宽松，可能会高估网络成瘾的状况（Morahan-Martin，2013）。因此，研究者建议：为了测定出有重大临床意义的网络成瘾的准确流行情况，我们需要在诊断标准上达成一致，并使用临床上有效的结构性访谈对一个大型的代表性样本进行研究（Aboujaoude et al.，2006）。

拓展阅读

网络成瘾测量工具的比较：美国 VS 中国

以往在对中美青少年的网络成瘾率进行测量时，美国和中国研究采用的测量工具有所不同。在美国，不同的研究者采用不同的研究工具，缺乏专门的判断标准对网络成瘾进行诊断。而中国的研究者使用的测量工具较为统一，经常会进行大规模的调研，以期更加全面地了解我国网络成瘾的基本情况（胡谏萍，严正，喻承甫，张卫，2012）。

（一）美国研究中测量工具的使用

美国研究者使用的网络成瘾测量工具大多数是基于 DSM-IV 的病理性赌博、冲动控制障碍、物质依赖等条目改编而成。尽管缺乏专门的判断标准，但是量表的信效度较好，能够客观地反映美国网络成瘾的真实情况。

研究者根据 DSM-IV 中病理性赌博的鉴别标准，编制了《虚拟成瘾量表》（Virtual Addiction Survey，VAS），该量表包括 10 个项目，采用"是"或"否"作答，回答"是"记 1 分，"否"记 0 分，得分大于或等于 5 分，则被诊断为网络成瘾（Greenfield，1999）。研究发现，在年龄跨度为 8 岁到 83 岁的 16 333 名被试中，网络成瘾率为 5.6%。研究者参考 DSM-IV 的冲动控制障碍以及前人的量表，编制了《认知—行为检查表》（Cognitive-Behavioral Checkliast，CBC），共有 9 个项目，采取"是"或"否"作答（DiNicola，2004）。通过在线收集数据，在 731 名大学生中有 51 名大学生报告符合 4 个或以上症状，网络成瘾率为 7%。另有研究者参照 DSM-IV 中物质依赖的诊断条目编制了一个 7 项目的《网络成瘾量表》，采用 2 种计分方法：3 点计分，分为不符合、稍微符合、绝对符合；5 点计分，分为绝不、很少、有时、时常、很经常（Fortson，Scotti，Chen，Malone，& Del Ben，2007）。在测量网络成瘾的发生率时，采用 2 种标准：宽松和严格。在宽松的标准下，只要回答稍微符合、绝对符合或者有时、时常、很经常，就认为达到标准。而在严格的标准下，只有回答绝对符合或者时常、很经常才认为达到标准。研究结果发现，在 411 名大学生中，宽松标准下的成瘾率为 26.3%，严格标准下的成瘾率为 1.2%。

（二）中国研究中测量工具的使用

中国测量网络成瘾的工具较为统一，普遍使用金伯利·杨（1998）的 8 项目《网络成瘾诊断问卷》、金伯利·杨（1999）的 20 项目《网络成瘾测验》和陈淑惠等人（2003）的《中文网络成瘾量表》。

研究者在研究中使用了金伯利·杨的 8 项目《网络成瘾诊断问卷》，并且采用的是"5＋1"模式，即必须满足其中指定的 5 项标准以及另外 3 项标准中的 1 项才能被诊断为网络成瘾（Cao & Su，2006）。研究结果发现，高中学生的网络成瘾发生率仅为 2.4%，这可能是由于"5＋1"模式更严格。杨宏飞和薛尚洁（2008）采用金伯利·杨的 20 项目《网络成瘾测验》测量网络成瘾。量表采用 5 点计分方式，总分介于50～79 分为中等成瘾，总分介于 80～100 分为严重成瘾。研究发现，603 名大学生中有 9.1% 达到中等或严重程度的成瘾。另有研究者在大学生中采用陈淑惠等人编制的 26 项目《中文网络成瘾量表》进行施测（Yen，Ko，Yen，Wu，& Yang，2007）。该量表采用 4 点计分方式，当个体分数高于 63 分时，则被诊断为网络成瘾者。研究发现，在 3 480 名中学生中，网络成瘾率为 20.7%。

二、测量工具的不足及展望

研究者根据不同的理论基础、概念构架和成瘾标准测量网络使用对个体造成的消极影响，已经获得了不少有价值的研究成果。但仔细分析已有研究中所使用的测量工具会发现它们仍存在着不足之处，需要日后进一步地修订和完善。

（一）不同量表的成瘾标准差异较大

尽管将网络成瘾综合症作为一种新疾病得到了大多数人的认可，国内学者陶然等人（2008，2010）也提出了相应的临床诊断标准，但是修订的DSM-V 认为，目前仍然缺乏足够的研究证据支持网络成瘾是一种疾病，因此尚不考虑将其纳入正式的疾病范畴中。由于网络成瘾目前缺乏统一的诊断标准，因此，如何科学地界定网络成瘾仍是一个难题。在网络成瘾的判定标准中，国内使用最多的是常模参照的方法，如参考 CIAS-R 的做法将人群中得分在 95% 以上的个体判定为网络成瘾（白羽，樊富珉，2005）。然而，该判定标准本身就确定了发病率的大小，如 5%，这是值得商榷的。不同的测量工具以及判定标准在不同的群体、不同的调查中，造成的成瘾率的差异是非常大的。因此，在以后调查研究群体的成瘾比例时，应该明确地报告其使用的测量工具、版本以及判定的标准（苏文亮，章之韵，林小燕，方晓义，2014）。

（二）自评测量受个人主观影响较大

目前网络成瘾量表主要采用的是自评的方式，测量结果受主观影响较大，可能产生答题者对题目不理解或误解以及不真实作答的情况（Beard，2005）。从研究方法的角度看，若研究获得的数据均是通过一个渠道得来的，如被试的自我报告，则容易产生共同方法偏差（Podsakoff et al.，2003），从而导致数据的真实性和有效性降低。因此，研究者在以后有必要考虑结合多种网络成瘾测量方法，例如采用他评的方式。

网络成瘾的他评主要有 2 种方式，一种是由专业人士通过临床访谈来对个体的网络成瘾进行评估（Beard，2005）。这种评估方式准确性高，但是需要专业人士对个体进行一对一的访谈后再进行逐一评定，专业性强且成本较高，不利于大规模的推广。另一种方式是由个体周围的人对其进行评估。比如金伯利·杨在其建立的网络成瘾网站上提供的网络成瘾的配偶版本和父母版本的测量工具。但是由于金伯利·杨提出的这些工具均未经过心理测量学的实验检验，不具有很高的可信度，之后的研究可以进一步对该工具进行校正修订和信效度检验（苏文亮，章之韵，林小燕，方晓义，2014）。

（三）量表的覆盖面较小

网络成瘾量表的覆盖面在目前来讲比较狭隘，主要体现在 2 个方面：适用年龄段窄及成瘾类型单一。

首先，虽然目前国内网络成瘾的研究对象以青少年为主，开发或修订的量表的适用对象主要是大学生和中学生，但是成年人网络成瘾的现象也不容忽视。有研究者指出，工作场所（尤其是会提供上网设施的岗位）中员工的网络成瘾问题也值得关注（Young，1998）。其中最常见的与网络成瘾相关的上网内容是网络色情、游戏和聊天（Young，2004）。由于成年人与未成年人网络成瘾的内部原因和外部表现方式上存在着差异，因此未来的研究可以针对成年人群体（特别是上班族）开发相对应的网络成瘾测量工具，以使我国网络成瘾量表覆盖更广的年龄段。

其次，目前网络成瘾量表的类型比较单一，主要集中在网络游戏方面。然而不同类型的网络成瘾群体是不同质的群体，在成瘾原因以及成瘾表现上也是不同的，因此未来研究有必要针对网民的网络实际使用情况进一步开发其他类型的量表(苏文亮等，2014)。

(四)量表的质量较低

目前已经开发的网络成瘾量表数量众多，但是能够被国内外学术界普遍认可，并且信效度较高的量表却很少。将来的量表应该朝着"少而精"的方向发展，着力提高量表的信效度以及原创性，为网络成瘾的科学领域提供高质量和可以信赖的测量工具(苏文亮等，2014)。之后的研究可以从加强网络成瘾的理论研究，改进网络成瘾的研究方法以及多方面探讨网络成瘾的原因等角度逐步提高测量工具的质量(李雪，2011)。

第二节　测量中的共病

在对网络成瘾的测量与评估中，研究者发现网络成瘾得分较高的个体常常表现出学习、工作效率低下的状况，其身体健康也受到了一定的损害。且相对来说，此类个体更容易产生共病，即在患有网络成瘾之前已经存在或者在网络成瘾过程中出现其他疾病或不良反应，这可能意味着它们之间有共同的发病机制或者存在着因果关系(齐印宝等，2010)。近年来，国内外所研究的网络成瘾共病主要有抑郁症、自伤行为等。根据共病的类型，可以将其分为情感、行为和其他成瘾三大方面。因此，本节将从这三个方面进行梳理，以期为读者提供一个对网络成瘾共病的系统概观。

一、网络成瘾与情感方面的障碍

(一)社交焦虑和网络成瘾

网络成瘾者的典型特征是其自身存在焦虑问题，这一观点得到了大量研究的证实。卡普兰（2006）的研究发现，社交焦虑是解释孤独者偏好网络社交的原因。该研究认为网络环境可以降低社交活动的风险性，提高个体自我表露水平，因而社交焦虑水平较高的个体会偏好网络交往的方式。当社交焦虑者因为网络交往的安全性而强化其网络交往使用行为时，容易导致个体网络成瘾。有研究者发现，网络交往具有降低社会抑制（即个体因他人在场而工作效率降低的现象）和自我意识的特点，能使较为孤独的个体有更多的安全感和亲密体验，有助于其更好地进行自我表露，进而增强其网络交往的信心（Morahan-Martin & Schumacher，2013）。这也是导致社交焦虑个体倾向于在网络环境中寻求情感支持的原因。研究者总结了大量有关网络成瘾的研究文献，发现网络成瘾和社交焦虑障碍（Social-Anxiety Disorder，SAD）有着较高的共同发病率，并且社交焦虑和人格特质、家庭环境以及父母因素等是网络成瘾的有效预测因素（Weinstein & Lejoyeux，2010）。有研究者考察了人格和社会支持因素对网络成瘾发生的影响，结果发现相对于一般网络使用者，网络成瘾者的社交焦虑得分显著较高，在现实交往中体会到更多的孤独，并且在网络上寻求社会支持的程度也更高（Hardie & Tee，2007）。社交焦虑和网络成瘾之间的关系在中国台湾地区青少年群体中也得到证实（Yen，Ko，Yen，Wu，& Yang，2007）。另外，研究者的研究发现成年网络成瘾者中15％的个体同时呈现出某种程度的社交焦虑障碍（Bernardi & Pallanti，2009）。有研究者还发现，具有高度完美主义态度的人常常有更高的期望和标准，并且会进行高度自我批评和自责。这些具有不正常的完美主义态度的人解决问题的能力受损，且易受社交焦虑的影响，可能表现出成瘾倾向和行为（Kaviani，Mohammadi，& Zarei，2014）。

　　网络成瘾的 ACE 模型较好地概括了相关的研究。网络环境具有匿名性、便利性和逃避现实的特点，使得在现实交往中存在困难的个体能够在网络环境中进行安全而且自由的人际交往。以上研究和模型说明，现实社交焦虑者在现实社交环境中存在一定的交往困难，体验到更多的孤独和较少的人际支持，而网络环境可以为其提供安全交往的空间，因而网络社交可以作为现实社交焦虑者满足自身需要的一种补偿性选择。这便进一步减少了其在现实中进行社交的动力，导致现实社交更加困难，从而更多地求助于网络，加重网络成瘾（王帅等，2017）。

(二)抑郁症和网络成瘾

有研究报道，7%的网络成瘾者有恶劣心境（Bernardi & Pallanti，2009）。此外，研究者在韩国青少年被试中，发现网络成瘾和抑郁症之间存在相关（Ha，2002）。并且另有研究者和他的同事在中国台湾地区青少年被试中证实，在控制了其他精神症状的影响之后，网络成瘾和抑郁症状仍存在相关（Yen，2008）。另一项精神疾病诊断访谈研究也证明在大学生被试中网络成瘾和抑郁症状（重度抑郁和恶劣心境）存在相关（邹立巍，2021）。这些横断研究表明网络成瘾和抑郁症之间存在相关关系，但是网络成瘾与抑郁症之间的因果关系无法得到证明。

为了更进一步地探讨两者的关系，柯志鸿和他的同事进行了一项前瞻性的调查研究，结果发现患有抑郁症的青少年更可能形成网络成瘾。网络给青少年提供了社会支持、成就感、控制的快感以及一个虚拟的世界，使他们能够从现实世界的情绪困扰中逃脱。这样来看患有抑郁症的青少年更可能使用互联网来减轻抑郁，从而更容易发展成为网络成瘾。后有研究者提出了"富者越富"模型，它指出网络给那些适应良好的人提供更多的利益（Kraut et al.，2002）。相反，对于具有抑郁症的适应不良的青少年，它可能更多地产生有害的影响，导致他们过度使用网络，最终发展成网络成瘾，加重他们的抑郁情绪。研究者发现，抑郁症患者普遍存在的消极态度可能与环境因素共同作用于患者抑郁症的发展（Taaymur et al.，2016）。同时，它也进一步促进了网络成瘾的发展。另有研究发现，网络成瘾共病抑郁的风险在不同国家或地区之间存在差异。研究者从7个国家招募了8 067名年龄在18～30岁的大学生，学生们完成了一项关于他们使用互联网的情况以及是否存在抑郁症的调查（Tang et al.，2018）。结果发现，网络成瘾的中国港澳学生比美国学生更容易抑郁。

总之，网络成瘾的青少年存在明显的抑郁情绪和人际关系冷漠问题，其表现为情绪低落、消极悲观，对周围的人或事持逃避或对抗的态度，从而使自己的抑郁、孤独、焦虑等消极情绪增加，影响心理健康水平和正常的人际关系。青少年通过上网缓解不良的情绪和逃避现实，实际上是将网络作为"药物"来治疗自身心理问题，容易产生精神紊乱和抑郁等一系列恶性循环。

　　此外，关于网络成瘾与抑郁症内在的生物联系，以往的研究发现，5-羟色胺转运体基因启动子区(5HTTLPR)多态基因的短位基因与抑郁症存在相关，也与网络成瘾存在相关。并且过度的网络使用会导致更高的5HTTLPR 的突变和较高的抑郁得分，这说明网络成瘾和抑郁症可能存在共同的基因遗传特征(Lee et al.，2008)。

　　总的来说，一方面，抑郁症是影响网络成瘾的因素之一，之后的相关研究中，应对网络成瘾者的抑郁情况进行评估和干预。另一方面，网络成瘾对抑郁症的发生和之后的影响并未被彻底研究，故对这一重要问题进行深入的前瞻研究是必要的。

二、网络成瘾与行为方面的障碍

(一)自伤行为与网络成瘾

　　自伤行为(Self-Injurious Behaviour，SIB)是对身体组织的自我损伤。更准确地说，是指个体在没有自杀目的的情况下，有意识地、反复地对自身身体造成轻微或中度的伤害，是一种特殊的心理病理行为(陶梦馨，2014)。有研究显示，互联网为有自伤行为的人群提供了交流生活经历和自伤经验的平台，该平台会产生双重影响，一方面可以使部分自伤者认识自伤的实质从而减少自伤行为的发生，另一方面则会使部分自伤者因更容易获得信息而实施更多的自伤行为。

　　可怕的是，网络成瘾可使青少年将自伤行为正常化，从而增加了自伤行为的发生及危险性。谢永标(2010)调查了广州在校中学生自伤行为与网络成瘾的关系，结果显示，15％的网络成瘾学生表示在过去的 6 个月内有过严重的自伤行为。段佳丽(2013)对 39 798 名北京市大中学生的调查也发现，网络成瘾倾向的报告率与自伤行为、自杀意念和自杀计划成正相关。可见，自伤行为与网络成瘾之间存在关联。研究者对自伤行为与网络成瘾的关系有许多不同的解释。一些具有影响力的观点认为，青少年的自伤行为的主要动机和目的就是释放紧张的情绪，这很像成瘾的动机。在最近的报道中，有研究者认为网络成瘾和自伤行为都应该被认为是冲动控制障碍(谢永标，2010)。

(二)攻击、敌对行为与网络成瘾

有研究者的研究指出，敌意与青少年的网络成瘾存在相关，且一年后随访发现敌意可以预测网络成瘾的持久性(Yen et al.，2007，2008)。在网络成瘾与攻击行为的关系研究中，网络成瘾与大学生攻击性行为之间存在一定程度的联系。一方面，攻击行为对大学生网络成瘾有着显著的推动作用。当具有攻击倾向的学生在现实生活中无法得到必要的支持和理解时，他们更倾向于在网络中寻找虚拟的情感空间以宣泄自己不良的情绪，从而推动了网络成瘾的发生。另一方面，网络成瘾是使个体产生攻击行为的因素之一。研究者发现网络成瘾青少年更可能表现出攻击行为。所有的这些研究表明网络成瘾与敌意之间存在高度相关，但以往的这些研究无法证实者的因果关系。一项前瞻性的研究表明青少年的攻击性越高，其发展成网络成瘾的可能性越大。对于青少年，高敌意可能导致人际冲突或拒绝，互联网可以为其提供一个廉价的或免费的虚拟世界以逃脱现实世界中的人际困扰。此外，许多互联网活动，特别是网络游戏，创造了一个可以任意表达敌意和暴力的世界，但这并不意味着这些暴力是无害的。回顾以往研究，在线行为或上网行为会导致青少年的敌意或攻击行为这一观点并没有得到证实。未来的研究有必要评估网络成瘾者在线上是否比在现实世界中更具有攻击性以及这种趋势是否会增加其在现实世界中的敌意和攻击行为。

(三)述情障碍与网络成瘾

在实际生活中，存在一定比例的人不善于描述自己的情感，不善于用语言表达自己的内心感受，这种情况被称为"述情障碍"(alexithy-mia)。述情障碍又称"情感难言症"或"情感表达不能"，是以反映和调节自己情绪能力有缺陷为特征的一个多层面人格建构。这一构造最初是由研究者用来描述那些有心理疾病的临床病人"不能辨认、加工、调节情绪"的人格特征(Nemiah, Freyberger, & Sifneos，1976)。研究者提出了述情障碍的 4 个显著特征：很难识别和描述主观感觉；很难区分情感和情绪唤起的身体感觉；缺乏想象能力，如缺少幻想的能力；外向性的认知风格(Nemiah et al.，1976)。

作为一种和情绪相关的人格特质，述情障碍对网络成瘾行为影响的研究，最近几年才得到研究者的重视。述情障碍个体由于不能很好地识别和表达自己的情绪，导致他们获得很少的社会支持，他们进而会产生较多的孤独感。但同时述情障碍个体内心又有与人交往的需求，网络作为一种隐匿、便捷的交往方式，可能会吸引患有述情障碍的个体通过网络活动来进行补偿。同时也有部分研究证实了述情障碍会对网络成瘾行为产生影响。

研究者采用非临床网络成瘾大学生为样本的研究发现，《述情障碍量表》(Toronto Alexithymia Scale，TAS)总得分和识别情绪困难分量表(Difficulty Identifying Feelings，DIF)得分是网络成瘾行为的高预测因素，但描述情绪困难(Difficulty Describing Feelings，DDF)和外向型思维(Externally-Oriented Thinking，EOT)与网络成瘾行为不存在相关(Berardis，2009)。

高文斌(2006)的研究发现，网络成瘾青少年的总体情绪智力并不低，但会表现出对他人情绪过度敏感和自身情绪表达与情绪调控能力不足等特点。心理测评结果显示，网络成瘾青少年对他人情绪过度敏感的同时，其情绪表达能力不够好，难以得到他人很好的理解，这使他们在处理人际关系时常会遇到困难，从而经常处于不良情绪中。这一结果似乎证实了述情障碍个体由于不能很好地表达情绪，因而会存在更多的网络成瘾行为。国内学者郑希付(2009)在《网络成瘾的心理学研究：认知和情绪加工》一书中也提到网络成瘾者中存在高比例的述情障碍特征。另外，关于高职学生述情障碍与网络成瘾关联性的研究也表明，有述情障碍症状的高职生发生网络成瘾的风险更高(陶磊等，2014)。

(四)注意力缺陷多动障碍与网络成瘾

研究者(Yoo et al.，2004)在初中生群体中最早报告了多动症和病态网络使用有关。后有研究(Bernardi & Pallanti，2009)显示被诊断为多动症的患者中有14％具有网络成瘾行为。注意力缺陷多动障碍(ADHD)是一种临床常见的儿童青少年行为问题，其发生率在各类学习与行为障碍发生率中位居前列(盖笑松，兰公瑞，刘希平，2009)，且近些年有不断增加的趋势。75％的ADHD儿童发展成为成人ADHD患者。ADHD往往与其他心理与行为障碍一同发生，这种共患疾病的比率非常高(时琴琴，周思洋，吴增强，2012)，一直以来都是ADHD研究领域的热点问题。尤其是近十年，由不合理的网络使用带来的心理问题在 ADHD 个体身上的表现尤为明显，尤其是成瘾问题。而成瘾性与 ADHD 的关系早在二十年前研究者探索 ADHD 个体的物质成瘾（酗酒、海洛因成瘾和吸烟等）时就已经被发现，ADHD 个体仅物质滥用的发生率就高达 28.9%（Regier et al.，1993），是普通人群物质滥用发生率的 5 倍之多。

自从研究者首次报告网络成瘾与 ADHD 的密切关系后（Yoo et al.，1994），越来越多的人开始关注网络成瘾和 ADHD 的共病问题。研究表明，二者的共病率要远远高于各自的患病率。有研究发现，32.7%的 ADHD 青少年患有网络成瘾，而网络成瘾者中有 22.5%的青少年患有 ADHD（Yoo et al.，2014）。国内曹枫林等人（2007）的研究结果显示，中学生互联网过度使用组中被诊断为 ADHD 的个体占 22%；江文庆等人的调查研究得出，网络成瘾中学生的 ADHD 检出率为 20.6%（江文庆，杜亚松，辛秦，赵滢，蒋良函，2010）。尤其是近些年在以大学生为研究对象的相关研究中，研究者更是发现了网络成瘾与 ADHD 的高度相关，并且网络成瘾与 ADHD 的关系要甚于网络成瘾与社交焦虑、抑郁和述情障碍问题的关系（Yen，Ko，Yen，Wu，& Yang，2007）。此外，来自持续两年的追踪研究的结果揭示，ADHD 青少年更有可能发展成为网络成瘾障碍（Ko，Yen，Chen，Yeh，& Yen，2009）。从这些研究结果中我们可以看出，网络成瘾与 ADHD 的共病率远远高于各自的患病率，并且二者关系之密切，已甚于网络成瘾与其他障碍的关系。还有研究者的研究表明，与未患 ADHD 的儿童及青少年相比，ADHD 儿童及青少年的《网络成瘾测验》评分更高，使用网络的持续时间更长，入睡时间更晚（Weinstein et al.，2017）。另有研究表明，ADHD 症状越严重的个体网络成瘾倾向越高，两者之间存在正相关关系（Panagiotidi & Overton，2018）。

关于网络成瘾与 ADHD 共病的机制主要包括：

（1）反应抑制功能缺陷：研究表明，ADHD 患者可能由于行为反应抑制方面的缺陷，更容易被网络吸引，缺乏对网络使用的自控能力，易形成网络成瘾（Lee，Lee，Lee，& Jung，2017）。

（2）奖赏机制异常：ADHD 患者经常选择小的但可以获得即时满足的奖赏，而互联网，尤其是网络游戏，可以给人带来即刻满足，因此可能会强化、促进 ADHD 患者的上网行为。

（3）逃避挫折和失败：以往的研究表明，ADHD患者往往在学业和人际关系上遭受较多的失败和挫折，他们可能会通过网上聊天和玩网络游戏寻求刺激和安慰，宣泄负面情绪，逃离现实世界，从而使上网行为被强化，进而导致网络成瘾。

因此，重视网络成瘾共病ADHD并积极进行干预治疗，有助于预防网络成瘾（王帅等，2017）。

三、网络成瘾与其他行为成瘾方面的障碍

（一）酒精使用和网络成瘾

网络成瘾经常和其他行为成瘾障碍共同发病，研究者已经发现经常酗酒者更易网络成瘾（Yen et al.，2008）。研究者对297名被试开展的调查研究发现，网络成瘾被试的酒精使用行为相当普遍，被试在网络成瘾量表上的得分和其酒精使用行为存在显著的正相关，并且这些人在现实社交中的表现要比一般被试差很多（Wolfe，2012）。2009年，中国台湾地区的学者对大学生网络成瘾和酒精使用障碍之间的关系进行了探讨，并且分析了两个群体所共有的人格特征（Yen，Ko，Yen，Chen，& Chen，2009）。研究对2 453名中国台湾地区在校大学生开展问卷测量，结果显示大学生网络成瘾得分和酒精使用障碍得分之间存在着显著的相关性，网络成瘾得分较高的大学生被试在"行为抑制系统——行为趋近系统"的快乐寻求分量表上的得分显著高于网络成瘾得分较低的学生，酒精使用障碍得分较高的大学生在快乐寻求分量表上的得分显著高于得分较低的学生。该研究表明，网络成瘾和酒精使用障碍之间存在相关性，而且快乐寻求是这两种问题行为所共有的人格特征。研究者推断，网络成瘾和伤害性酒精使用两种问题行为在这种人格特征上的相似性或许可以解释二者之间的相关性。另外，中国台湾地区的研究者以高中生群体为研究对象探讨了网络成瘾与酒精使用障碍之间的关系（Ko，Yen，Chen，Chen，& Yen，2008）。被试是来自中国台湾地区的2 114名高中在校学生，研究采用问卷测量的方法，结果显示，被试网络成瘾得分和其酒精使用态度得分之间存在相关性。此外，被试在一些问题行为上的心理倾向性也和网络成瘾以及酒精使用障碍之间存在显著的相关性。研究者认为这样的结果可以说明，网络成瘾应该被归纳为一种行为问题，并且对网络成瘾行

为的治疗和预防措施应该关注和其本身存在高相关性的其他问题行为。

(二)赌博成瘾与网络成瘾

一些研究者认为，表现出网络使用脱离困难的人具有更高的风险产生与赌博相关的问题(Phillips, Ogeil, & Blaszczynski, 2012)。研究者进行了一项研究，探讨了青少年的赌博成瘾问题及其与网络成瘾和情绪智力的关系(Parker, Taylor, Eastabrook, Schell, & Wood, 2008)。他们将被试分为两组，年龄分布分别为 13～15 岁和 16～18 岁。参与研究的被试分别完成情绪智力、网络成瘾、物质成瘾和网络游戏成瘾的问卷调查。研究结果显示，他们的网络成瘾得分和赌博成瘾得分之间存在显著的相关，情绪智力对两组青少年的成瘾行为形成都具有中等到较强的预测作用。2012 年，韩国的研究者比较了网络成瘾者和病理性赌博患者的冲动性特征(Lee et al., 2012)。结果表明，网络成瘾者和病理性赌博患者的量表得分之间存在显著相关。在特质性冲动方面，网络成瘾者的特质冲动要高于病理性赌博患者。该研究结果说明网络成瘾可以被归纳为一种行为冲动控制障碍，而较高的冲动性可以被认为是网络成瘾的易感因素。耶鲁大学的研究者于 2014 年进行了一项调查研究，探讨了高中生问题性网络使用和问题性赌博之间的关系(Yau et al., 2014)。研究结果表明，将近一半的被试(48.6%)具有问题性网络使用的风险，问题性网络使用和问题性赌博之间存在显著的相关，并且问题性赌博行为在高程度问题性网络使用被试群体中出现的可能性明显高于低程度问题性网络使用的被试群体。这表明二者之间存在较高的并发可能性。还有研究发现，网络成瘾者和病理性赌博患者类似，存在决策功能受损的问题，决策行为表现出"即时收益优先"，对强化物具有潜在的高耐受性，并且有更高的感觉寻求渴望(徐四华，2012)。

综上所述，网络成瘾容易共病情感、行为等多方面的障碍，包括抑郁症、自伤行为、赌博成瘾等，它们之间可能存在相同的致病机制，涉及心理学、神经生物学和社会学等各个方面(王帅等，2017)。因此，关注网络成瘾共病是非常有必要的。以往的研究表明，治疗网络成瘾共病的情感等方面的障碍在一定程度上可以缓解网络成瘾者的症状。另外，由于某些精神障碍能够预测青少年的网络成瘾，因此，在治疗这些精神障碍的同时，选择合适的网络成瘾量表测量患者的网络成瘾症状非常重要。今后，我们还需对网络成瘾的发病原因进行更深入的研究，从而提高网络成瘾量表的质量，提高网络成瘾测量的准确度，同时为网络成瘾和共病的预防以及治疗提供良好的理论基础。

扫描拓展

网络轰炸，自控变弱？

第十三章

网络成瘾的干预与治疗

开脑思考

1. 网络成瘾的干预目标和物质成瘾的干预目标是否一致？能否直接使用其他相关领域的干预方法来干预网络成瘾？
2. 基于你个人的网络使用经验，你认为针对不同网络使用内容的成瘾干预是否应该在干预方式上有所区别？如何体现这些区别呢？
3. 目前，智能手机已经成为最主要的网络客户端，你认为这一新的变化趋势会给网络成瘾的干预带来怎样的影响呢？

关键术语

网络成瘾，个体干预，团体干预，家庭干预，综合性干预

第一节　个体干预

在网络成瘾的个体治疗领域里，认知疗法是应用较为广泛的治疗方法。除此以外，我们也将对音乐疗法和体育疗法做简单的介绍。

一、认知行为疗法

金伯利·杨、戴维斯和霍尔等人分别提出了自己的认知行为疗法的理念。

金伯利·杨（1998）认为，考虑到网络的社会性功能，我们很难对网

络成瘾采用传统的节制式干预模式。根据其他成瘾症状的研究结果和他人对网络成瘾的治疗方法，他提出了自己的具体治疗方法：反向实践、外部阻止物、限制时间、制定任务优先权、提醒卡、个人目录、支持小组和家庭治疗。这些方法分别是从时间控制、认知重组和集体帮助的角度提出的，强调治疗应该帮助患者建立有效的应对策略，通过适当的帮助体系改变患者网络成瘾的行为。金伯利·杨（2007）采用认知行为疗法对114名网络成瘾者进行干预，共进行12次在线咨询，并追踪6个月，结果发现经过咨询后，来访者停止互联网滥用的动机、网络时间管理、社会孤立、性功能和问题上网行为的戒除等方面都有明显的改善。

戴维斯（2001a）提出了"病态互联网使用的认知—行为模型"，并在这个模型的基础上提出了网络成瘾的认知行为疗法（Davis，2001b）。他把治疗过程分为7个阶段，依次是：定向、规则、等级、认知重组、离线社会化、整合、总结报告。整个治疗过程需要11周完成，并从第5周开始给患者布置家庭作业。这种疗法强调弄清患者上网的认知成分，让患者暴露于他们最敏感的刺激面前，挑战他们的不适应性认知，从而逐步训练他们上网的正确思考方式和行为。

霍尔和帕森斯（2001）也认为认知疗法很适合那些有上网问题的人。他们的具体治疗方法包括：诊断与评估、当前的问题和社会功能、成长史、认知的情况（自动化思维、核心信念、规则等）。这些方法将认知情况与成长史进行整合和概念化，依此制定治疗的目标。他们认为多数咨询师都或多或少知道一些认知疗法，因此这种方法较为适合用来干预网络成瘾。

上述研究者都提出了各自的治疗方法，但是大多为理论建构，其效果还有待进一步的验证。目前，我国针对网络成瘾青少年的个体干预主要集中在医疗系统内，即面向前来医院就诊的个体。治疗方式为认知行为治疗的咨询干预、住院式的综合治疗等方式。

有研究者报告了由临床心理咨询师采用认知行为疗法对住院青少年进行的干预研究（杨容，邵智，郑涌，2005）。咨询师根据来访者人格特质、成瘾程度、进展情况的不同，对其进行6～8次的干预，每周进行1次，每次1～2小时。整个干预过程由诊断、治疗、结束3个阶段组成，诊断阶段以药物治疗为主，结束阶段根据进展情况逐渐加入认知行为治疗。成瘾中学生在治疗后，总成瘾程度及各因子评分均较治疗前明显下降，总体焦虑分数显著降低，治疗前后差异显著。同样以认知行为疗法作为咨询干预理论，针对网络成瘾青少年的研究报告也发现，实验组的成瘾得分较治疗前明显下降，且治疗后实验组成瘾得分低于对照组，显效率为 59.1％（26 例），总有效率达 88.6％（39 例）（李庚，2009），这说明认知行为疗法对网络成瘾的治疗效果较好。

二、个体干预的其他疗法

除了认知行为疗法之外，也有研究者尝试用其他方法治疗网络成瘾。比如，有研究者用音乐治疗的方法帮助成瘾青少年。一个案例报告显示，经过每周 1 次，每次 1.5 小时，共 3.5 个月的咨询后，来访者精神上恢复到以前的状态，与父母可以互相理解，消极情绪减少，日常学习和生活也比较正常（姚聪燕，2010）。研究显示，体育治疗的方法对成瘾青少年也有一定的帮助。根据 IAT 的测量结果，非专门设计的体育项目对轻度和中度网络成瘾青少年的干预效果较好，但是对重度成瘾者不一定能产生理想的效果。进一步研究发现，团体项目的干预效果优于个体项目，尤其是对中、重度网络成瘾青少年而言（刘映海，2013）。

以上研究报告显示了不同的个体干预方法对网络成瘾的治疗效果。但是，由于面询干预模式的有效性很大程度上取决于咨访关系的质量以及咨询师的个体特质，因此，研究者们很难评估在针对网络成瘾青少年的咨询中独特的有效性因素，从而对有效干预模式的形成造成了一定的阻碍。

第二节　团体干预

团体干预是治疗成瘾行为的主流模式（Fisher & Harrison，1997），因此也被大量引入网络成瘾的治疗，本节将介绍基于不同理论基础的团体干预方法。

一、认知行为疗法

杨彦平(2004)采用认知行为疗法对 15 名网络成瘾的中学生开展了为期 3 个月的团体干预(共计 17 次,每周 1 次,每次 1 小时)。参与团体心理辅导后,成瘾者在自我灵活性、人性哲学和网络依赖等方面获得了显著改善,但是追踪研究却发现部分学生有再次成瘾的现象。此外,研究发现,个体的气质类型对团体心理辅导干预效果有显著影响。根据杨晓峰、陈中永所编制的《大学生网络成瘾量表》(2006)中列出的 6 个维度:耐受性,强迫性,戒断性,突显性,人际、学业及健康问题,时间管理问题,不同气质类型的网络成瘾大学生在团体辅导前后发生变化的维度不同,并且相同维度改变的程度不同。因此,根据学生存在的问题和学生的气质类型进行分类,有针对性地制订团体辅导方案,才能达到最好的干预效果(朱雅兰,2017)。

白羽和樊富珉(2005)也提出,可以采用团体辅导的方式对网络成瘾者进行干预。他们编制了《大学生网络依赖团体辅导技术手册》,以认知行为疗法以及个人中心疗法为理论依据,对 24 名网络成瘾的大学生进行为期 1 个月、共 8 次的团体辅导,并在团体辅导开始时、团体辅导结束时、团体辅导结束后 6 周进行前测、后测及追踪测试。数据分析结果显示,团体辅导前实验组与对照组的网络成瘾得分无显著差异,但是在辅导刚结束及结束后 6 周,实验组网络成瘾得分显著低于对照组。实验组的学生在干预前、后及 6 周追踪测试中网络成瘾的得分有显著差异,而对照组的学生 3 个时间段的网络成瘾得分无显著差异。

曹枫林(2007)也采用认知取向的团体治疗方法对长沙市的网络成瘾中学生进行了干预,其中实验组为 29 名学生,对照组为 35 名学生。实验组进行每周 1 次、共 8 次的团体治疗,对照组则接受学校常规的心理健康教育。其中,实验组在治疗中有 3 例脱落(没有完成全部治疗内容),对照组脱落 4 例(没有完成学校提供的全部心理健康教育课)。研究结果显示,实验组学生治疗后显效 15 例,有效 5 例,无效 6 例,对照组则分别为 2 例、7 例、22 例,两组的显效率及无效率差异显著。同时,在治疗前后的两次测试中,实验组学生在《儿童焦虑性情绪障碍量表》上的得分有显著差异,但是在《长处和困难问卷》中,只有情绪症状的分量表得分在干预后显著低于干预前,而注意缺陷多动障碍和品行问题没有明显改善。

二、现实疗法

有研究者采用基于现实疗法，对大学生进行准实验前测—后测控制组设计的团体干预（每次时长 60～90 分钟，每周 2 次，共计 10 次）（Kim，2008）。研究发现，实验组与控制组在研究者自编的测查网络成瘾程度的量表的 7 个子量表的后测得分上都有显著差异，实验组的即时后测自尊分数显著高于前测，甚至高于控制组。国内学者也用现实疗法的理念对大学生开展了 10 次团体辅导，但是并没有报告其实际的干预效果（徐广荣，2008）。

三、积极心理干预疗法

目前，国外有研究者探索用积极心理干预的方法治疗网络成瘾（Khazaei et al.，2017）。积极心理干预（Positive Psychology Interventions，PPIs）是指以个体/群体为基础的治疗方法，这种方法能够增加个体的积极情绪和社会关系（包括社会接触的频率和质量）。该研究运用的是团体积极心理干预，一共包括 9 个环节，重点培养网络成瘾者的积极心理品质和积极情绪，通过相应的任务帮助他们意识到宽恕和感恩对积极和消极记忆的作用，并向参与者传达了满意、希望、乐观、完美主义等概念。结果发现，基于群体的积极心理治疗能显著增加感知社会支持、关系深度和减少人际冲突，这表明积极心理干预对网络成瘾有较好的治疗效果。

积极心理学的使命是提高人的能力，从而为人们提供更幸福、更健康的生活。因此，它非常重视研究个体积极的情绪和个人特征，以提高人们的健康水平（Brand，Young，Laier，Wölfling，& Potenza，2019）。根据这个理论基础，积极心理干预对网络成瘾的治疗将从两方面提供帮助：一是直接促进社会适应；二是提高社会关系质量。这也给网络成瘾的干预和治疗提供了新的研究方向：基于改变生活方式的治疗可能是未来研究的主题。

除了以上提及的以认知行为疗法、现实疗法和积极心理干预为理论基础的团体干预之外，还有研究者对于青岛市麦岛精神病院就诊的 15 名网络成瘾的中学生进行了为期 3 个月、共 12 次的团体心理干预，并选择

15 名无网络成瘾的学生为对照组。团体心理干预后，网络成瘾青少年在生活无序感、心理防御方式和人际关系方面得到了显著改善(于衍治，2005)。杜亚松等人(2006)采用多种干预手段，包括心理辅导老师每周安排固定时间，以"网络兴趣小组"的形式对网络过度使用学生、网络过度使用倾向学生开展干预；班主任以发展性的班会课形式对网络正常使用学生予以指导，而心理辅导老师也会介入班主任的工作中，事先予以资料分析与说明；医生则负责家长群体，在学校的家长会或者家访时先对网络成瘾予以专门介绍，并且与学生、家长协商时间，每 2 周开展 1 次干预。但是这个研究采用的方法过于复杂，难以推广，且该研究只是对干预的过程进行研究，没有用量化指标来考察干预的效果。

以上研究都表明团体辅导在治疗网络成瘾，尤其是学生的网络成瘾方面具有一定的优势。同时团体的结构化特征，使得形成实际可操作、可推广的团体干预方案的可能性大幅增加。

但是，以上团体干预研究除两个研究(曹枫林，2007；白羽，樊富珉，2005)外，都没有直接报告网络成瘾行为的改善效果，只是报告了相关因素的前后测差异，这在一定程度上影响了对方案有效性的评估。同时，目前针对青少年的团体干预，都只是采用了单一的实验组和对照组对比的方法，没有将不同理论基础的团体干预方案进行对比，这是一大局限。此外，网络成瘾青少年是一个庞大的群体，但是团体治疗的研究报告少有形成具有可操作性的治疗手册以供推广，也是一大遗憾。在以后的干预研究中，这些都需要研究者们进一步努力完善。

第三节　家庭干预

起初，家庭干预的治疗方法立足于单个家庭，近年来研究者们对家庭团体治疗的兴趣也愈发浓厚。这两种家庭干预方法各有所长，我们不妨都了解一下。

一、单个家庭治疗

金伯利·杨(1998)提出家庭治疗是针对网络成瘾的 5 种有效方法之

一，我国学者也多次提出并论述家庭治疗在网络成瘾治疗中的有效性（郭斯萍，余仙平，2005；张凤宁，张怿萍，邹锦山，2006；徐桂珍，王远玉，苏颖，2007），但是实证的干预研究并不多，目前还处于探索阶段。

卓彩琴和招锦华（2008）采用家庭治疗理论对 3 个来自不同类型家庭的网络成瘾青少年进行了治疗，取得了良好的效果。徐桂珍等人（2007）将对父母的家庭教育纳入住院网络成瘾青少年的治疗当中，要求父母至少一方陪同孩子参与治疗，结果发现父母参与组与对照组之间的疗效差异显著。

高文斌和陈祉妍（2006）在"失补偿"假说的指导下，结合临床研究结果，制订了"系统补偿综合心理治疗"方案。通过筛选与匹配，有 65 人/家庭进入研究范围，其中 38 人/家庭接受了完整的"系统补偿综合心理治疗"和为期半年以上的追踪。在接受心理治疗前，研究者对每个参与者进行了入组评估与基线心理测量，并在治疗结束后 1 个月、3 个月和 6 个月分别进行了阶段性追踪回访。结果发现，38 人中有 34 人（89.5%）在各方面都有明显改善，有 4 人（10.5%）未表现出明显改善。但是该方案并没有采用家庭治疗的理念和方法，只是简单地把患者的家庭纳入治疗范围。因此严格说来，这只是把家庭纳入干预体系的一次尝试，而不是真正意义上的家庭治疗。

由以上研究可以看出，单个家庭治疗是一种有效的网络成瘾的干预方法，但是到目前为止，该治疗方法还处于尝试和探索阶段，有待研究者们探索更加有效和结构化的治疗方案和推广方式。

二、多家庭团体治疗

多家庭团体干预是家庭治疗和团体辅导的结合，在国外不同的研究中有不同的呈现方式，包括父母团体和青少年团体平行设置的多家庭讨论团体（family discussion group）（Lemmens，Eisler，Migerode，Heireman，& Demyttenaere，2010），父母和孩子在干预过程中的部分治疗环节共同参加而其他部分分开进行的多家庭团体（Anderson，Reiss，& Hogarty，1986）以及家庭成员和孩子一起参与的心理教育性质的多家庭团体（McFarlane，2002）。多家庭团体干预最初多被应用于治疗较为严重的精神类疾病，如精神分裂症和躁狂—抑郁双向障碍。麦克法兰（McFarlane)在 2002 年出版的《多家庭团体在严重精神障碍治疗中的作用》一书中正式提出多家庭团体治疗的治疗形式和研究范式，提出将病人家属纳入治疗过程，并建立支持性的团体以帮助病人应对病症，从而获得更好的治疗效果(McFarlane，2002)。多家庭团体模式与常规的团体治疗相比，加入了家庭的单位元素，因此团体过程中不仅要注意激发大团体的动力，同时也要意识到家庭作为一个小团体也会有其独特的动力系统。因此，这样一个多家庭团体在设置上会更加复杂，同时也会更加有互动性。

莱曼斯认为，对于家庭团体来说，团体本身是一个重要的治疗工具，家庭的存在可以重组团体内的结构，使一个人不是将自己视为一个单个的个体，而更多地将自己看成是家庭或者夫妻系统的一部分(Lemmens，2010)。因此，个人的问题也就能自动地转变成夫妻或者家庭的问题。同时，治疗者的角色也会被团体本身的组织所影响，他/她只是团体的一部分，永远不会完全控制治疗的进程。此外，团体也作为一个治疗性的社会网络发挥着功能。团体内部的家庭之间适当的社交互动可能会在家庭内外促进更多的正常行为和沟通。来自不同社区的家庭的共同经历使家庭认为他们在与所遇到的困难作斗争的时候不是孤独的，同时也会认识到他们的反应、情感以及遇到的困难是正常的，从而能减少因为问题而带来的歧视感(Asen & Schuff，2006)。

吉尔伯特和莱曼斯(Gilbert & Lemmens，2007)用多元家庭团体的方法治疗住院的抑郁病人，要求夫妻一起参加，结果发现，夫妻一起参加的团体能很好地把个体的抑郁症状转化成夫妻的关系问题，并能够促进个体抑郁康复和提高疗效的持久性。有研究者在针对孩子危险性行为的家庭学校一体化方案(families and schools together program)的研究中，将父母和孩子一起纳入治疗作为实验组，而对照组由老师给予孩子有关危险行为的信息教育(Thomas et al.，2009)。研究者分别对实验组和对照组进行前测、后测和一年后的追踪测试。结果发现，后测时实验组效果显著好于对照组，并且这种差异在一年后的测试中仍然存在，有力地证明了家庭团体治疗的生态化和持续性效果。

由于家庭团体治疗具有较大优势，有研究者尝试采用以家庭为基础的团体干预对中国的 57 名网络成瘾青少年进行了 14 次干预，并进行了 1 个月和 3 个月的效果追踪测试(Zhong et al.，2011)。实验组采取家庭成员和青少年团体分开进行的方式，针对青少年的团体干预有 7 次，针对父母的团体干预有 4 次，最后还包括 3 次青少年和父母一起参加的团体干预。对照组则采用常规的团体干预。研究结果发现，与常规的团体治疗相比，以家庭为基础的团体干预在青少年网络成瘾的治疗中具有更好的效果，这可能与更好地恢复家庭功能和更明显地改善社会支持有关。

显然，家庭团体治疗对网络成瘾的干预是可行的，但是家庭成员和青少年之间的治疗模式有待进一步探究。刘勤学等研究者提出了新的思路，首次将家庭团体治疗模式引入网络成瘾的干预，使父母和孩子作为一个家庭单位，共同进入团体。正如上文对多团体家庭治疗的介绍，治疗过程中不仅可以激发大团体的动力，同时家庭作为一个小团体也会有其独特的动力系统，因此，这样一个家庭团体在设置上会更加复杂，同时也会更加有互动性。实证研究包括了 46 个家庭，分为实验组和对照组，进行了 3 个月的追踪测查。研究发现，通过 6 次的家庭团体干预，将青少年和父母(一方)都纳入干预系统中，这对于青少年网络成瘾行为的改善具有显著的效果。对青少年网络使用行为干预的前后测对比分析发现，个体成瘾程度显著降低，同时整体脱瘾率达到了 95.2%。3 个月的追踪测试发现只有 2 个被试恢复到先前的成瘾程度，整体的干预有效率为 88.9%。这在一定程度上说明家庭团体干预能有效改善青少年的网络成瘾。此外，研究者发现多家庭团体干预的效果具有一定的持续性。因为在多家庭群体中，每个家庭都是一个子系统，因此干预作用的对象既针对整个家庭，也针对成瘾者本人。此外，其他家庭成员参与干预可以创造一个更具支持性的环境，这意味着即使在干预结束后，成瘾者的行为变化也会得到重视、鼓励，从而一直保持下去。

第四节　综合性干预

虽然个体干预、团体干预、家庭干预在青少年网络成瘾的干预和治疗中具有广阔的应用前景，但是我们也应该看到，网络成瘾是多方面因素共同作用的结果，对其进行干预也是一个复杂的系统工程，单靠一种治疗方法是远远不够的。因此，人们不断探索多种干预方法的整合模式，视其为综合性干预。

我国的杨放如等研究者(2005)首次尝试了心理整合疗法和家庭治疗的综合干预方法，对 52 例网络成瘾青少年进行治疗。心理整合疗法以焦点解决短期疗法(Solution-Focused Brief Therapy，SFBT)为主体，辅以认知行为疗法，其治疗框架如下：

(1)强调正向积极作用；

(2)循序渐进，由易于做到的小改变起步；

(3)例外构架，寻找例外的成功；

(4)建构有效解决模式；

(5)假设解决构架，奇迹问句，水晶球问句等；

(6)评分式问句；

(7)其他，如外在化问句，关系导向问句，适应性问句，追踪性问句等。

SFBT 是近 20 年逐步发展成熟的心理治疗模式，重在帮助患者寻求个人改变和未来发展，而不过多地追溯心理或行为问题的起因，因此能减少治疗中的挫折感和维持患者的自我效能感。家庭治疗指的是父母与患者同期参与治疗(具体可参见第三节)。结果显示，此方法的显效率、有效率、总有效率分别为 61.54%(32 例)、25.0%(13 例)、86.54%(45 例)，治疗后患者的上网时间与频度较治疗前均明显下降，在一定程度上说明此法可获得令人较为满意的疗效。

还有学者探讨了临床综合干预的方法(任慧敏等，2015)。通过对包括个体心理治疗、团体心理治疗、家庭心理治疗、药物治疗(中药汤剂)在内的综合性干预治疗和只进行个体心理治疗的被试进行对照研究，他们发现整合多种方法的综合性治疗对网络成瘾者的症状有显著改善，能够最大限度地帮助患者。这表明临床综合干预治疗更加合理。

刘珺(2017)研究了运动处方和心理辅导结合的综合性干预方法。运动处方干预共进行 12 周，前 6 周为处方一，后 6 周为处方二，每个处方都分为准备部分、基本部分和结束部分，但是具体内容略有差别（均有专门的教练进行督导）。同时，被试接受每周1次的心理辅导，共12周。结果显示，干预后这些学生基本摆脱了网络成瘾状态，不仅其心理状态在某些方面恢复到正常水平，其健康体能指标也有了极大的改善。因此，运动干预和心理辅导相结合，在帮助青少年戒除网络成瘾的基础上还增强了其体质和自信心，是一种非常有效的手段。

以上研究都表明，综合性干预比单个方法干预更加有效。综合性干预不仅是心理干预方法的相互结合，心理干预与非心理干预结合的疗法也成为目前研究的一大热点，有待人们进一步去探索。

综上所述，本章主要介绍了针对网络成瘾的几种干预和治疗方法，包括个体干预、团体干预、家庭干预以及将多种方法整合的综合性干预。我们可以看到，国内外的研究人员正在不断探索、不断推进网络成瘾疗法的相关研究。鉴于个别方法原是西方主流文化的产物，国内的研究者还非常注重跨文化的普适性，力求方法的本土化，获得了一些最新的研究进展。

拓展阅读

网络干预

你是否想过用基于网络的干预方法治疗网络成瘾呢？这听起来是不是很荒谬，就好像在啤酒厂治疗酒精成瘾一样？我们不妨带着问题和思考来了解网络干预。

基于网络的干预方法，这可不是一个天马行空的想象，已经有研究者用一个名为健康在线自助中心（Healthy Online Self-Helping Center，HOSC）的在线专家系统，来研究网络干预对网络成瘾的治疗效果（Su，Fang，Miller，& Wang，2011）。

专家系统（Expertise System，ES）是一种技术与治疗相结合的系统，已广泛应用于抑郁症、焦虑症、社交恐惧症、创伤后应激障碍、饮食障碍、药物滥用、饮酒行为、吸烟行为等多种心理障碍，并得到了实证检验。ES干预有许多优点，包括完全评估、融入现有干预、对更大群体的适应性、数据检索的简单性和成本效益。

因此，这项研究是首次针对网络成瘾的ES干预。网络成瘾的在线 ES 被命名为健康在线自助中心，它基于动机性访谈的流程和以来访者为中心的谈话风格。HOSC 有 4 个模块：

1. 准备好开始：本系统欢迎用户访问，介绍每个模块，并给出使用说明。系统邀请用户注册，填写一些相关的人口学信息，并选择昵称。

2. 理解我自己：系统要求用户填写每周上网时间、单次连续上网最长时间、上网时的主要追求、合法上网比例、杨氏（Young）诊断量表。系统评估后，使用柱状图和饼状图给用户提供反馈报告。在报告中，系统将该用户的数据与同年龄、同性别的用户群体的使用规范进行比较。系统还提供了用户在过去半年中上网的时间和相应的不合理使用时间的数据，并将其转换为天数（和工作日）。之后，系统要求用户描述自己的在线活动的优缺点。最终，系统给出用户在线活动的决策平衡表。

3. 改变的目标：该模块首先显示一个标尺，表示用户准备更改自己成瘾的程度。用户移动标尺上的标记，表示他/她准备更改的级别。如果用户完全不准备更改，他/她可以选择退出计划。如果用户还没有准备好改变或不确定是否要改变，程序允许用户第二次完成决策平衡练习（即第二步），然后再次报告他/她的准备程度。如果用户已经准备好进行更改，或者已经采取某些方式进行更改，系统将跳过第二次练习并继续。

在目标设定部分，用户被要求填写他/她期望的在线时间、在线活动和合法上网比例，系统会生成一个可行性报告。一旦用户设定了变更的目标，系统就会计算可以带给用户的变更时间效益并询问他/她做出改变的信心。

4. 改变的方法：系统首先询问用户过去的改变经历以及是否产生了积极的结果。系统提供 5 种认知行为改变方法供用户学习和实践：

(1)调整非理性认知；

(2)创建在线计划；

(3)抵制网络诱惑；

(4)使用提醒卡；

(5)访问支持资源。

除了上述认知行为方法，用户还可以添加自己的改变方法。系统让用户选择下一步的改变，并学会评估改变，设计自我激励计划，学会如何预防复发。最后，系统再次要求用户对改变的信心做出评价。

研究者根据受试者的入组顺序，将受试者随机分到以下4种情况之一：

1. 实验室环境组（Laboratory Environment，LE）：受试者在实验室中使用HOSC。

2. 自然环境组（Natural Environment，NE）：受试者获发注册编号，并在自己熟悉的环境（如家中或宿舍）使用HOSC；他们被要求在1周内访问ES网站。

3. 非交互组（Non-Interactivity，NI）：受试者在实验室中使用非交互式系统；该系统是交互式HOSC的改进版（除了交互功能外，其余方面都与HOSC一样），它提供所有可能的反馈，而不是针对受试者量身定制的反馈。

4. 对照组：受试者在研究过程中未接受任何干预，但随访1个月后给予HOSC干预。

研究结果显示，LE组和NE组在每周在线时长、量表评分、在线满意度方面均有显著的干预效果，而对照组无显著变化。在1个月的随访中，LE组和NE组的互联网使用正确率也明显高于对照组。然而，与LE条件相比，NE组有更高的辍学率，并且更多的受试者不准备改变。因此，在实验室使用ES的效果将会更好。

该研究还评估了交互式和非交互式系统的有效性。出乎意料的是，在1个月的随访中，NI组在每周的在线小时数和量表评分方面显示出中等水平的效应，在网络满意度方面显示出高水平的效应。这种结果有可能是因为非交互式系统提供了一种自我评估的方法和规范，取代了专家系统中的个性化反馈。另一个可能的原因是研究的追踪周期相对较短（仅1个月），而交互系统可能需要更多的时间来显示其实际效果。

最后，我们重新考虑开始时提出的疑惑：为什么网络干预能被纳入研究者的考虑中呢？实际上，中国心理学家在应用认知行为疗法的同时，还开展了团体干预、家庭治疗、运动处方治疗等。但是所有这些干预方法都涉及面对面的个人或团体干预，需要有资质的引导者，导致人力资源成本高，服务分配受到限制。

鉴于这些问题，网络干预就成为一种创新的方式，它不受时间、空间的限制，也不受用户数量的限制，用户只要上网就可以轻松方便地访问。另外，我们需要知道，网络成瘾的治疗目标与酒精成瘾的治疗目标存在着至关重要的差异：完全戒断通常用于从药物滥用中恢复，而适度和可控的使用通常是行为成瘾的目标，这类目标在治疗病态赌博方面已被证明是有效的。所以运用网络干预治疗网络成瘾并非如看起来那么荒谬，其最终的目的是帮助青少年学会适度地使用网络。

扫描拓展

健康上网，家庭有为

第十四章

健康合理使用网络

开脑思考

1. 你如何理解"健康使用网络"？你是否有自己的关于健康合理使用网络的标准？

2. 目前，与"健康上网"相关的研究很少，这是否说明了解与健康上网有关的知识对预防网络成瘾并不重要？如今互联网发展日新月异，我们应当如何有效避免形成网络成瘾呢？

3. 你认为影响健康上网行为的因素有哪些？树立现实长远的目标、发展兴趣爱好等因素是否有利于健康上网行为的发生呢？

关键术语

健康上网，预防，环境因素，个体因素，家长作用，同伴影响，二维视角，预防性干预，团体辅导，P. A. T. H. S. 计划，环境干预

目前对于青少年网络成瘾的研究数量颇多，却少有研究致力于指明和规范青少年应该如何健康合理地使用网络。随着时代的发展以及网络的大面积普及，我们应该意识到明确与规范健康上网行为的概念和内容的重要性以及其对青少年网络成瘾的预防性工作的重要作用。本章整理总结了近年来关于健康上网和网络成瘾的预防性干预的学术研究，以期为读者系统地提供有关健康上网的知识和网络成瘾的干预策略。第一节从概念、影响因素、实现方法等方面对"健康上网"进行了阐述与说明，第二节介绍了网络成瘾预防性干预的研究进程及干预策略。

第一节　如何实现健康上网

本节梳理和罗列了目前学术界围绕"健康上网"这一概念所做的研究和提出的相关策略。我们将从"健康上网"概念的提出背景、定义及特征、影响因素、实现方法等方面加以阐述。

一、"健康上网"的提出背景

中国互联网络信息中心(CNNIC)于 2021 年 8 月 27 日发布了第 48 次《中国互联网络发展状况统计报告》。该报告数据显示,截至 2021 年 6 月,我国网民规模达 10.11 亿,互联网普及率为 71.6%。据统计,我国网民以青少年、青年和中年群体为主。截至 2021 年 6 月,6～19 岁群体占总体网民的比例为 15.7%。由此可见,青少年是网民中极为重要的组成部分。自 2013 年来,以智能手机为代表的移动设备,由于其方便快捷、适用于碎片化使用场景的特性,在人群中迅速普及开来。此外,教育信息化的推进以及"互联网＋"战略的提出也使教育类 APP 受到了青少年的关注。同时,网络娱乐类应用作为青少年网民群体中最主要的互联网应用,同样发展迅猛。其中,"二次元"网络文化以具有架空世界观的小说、漫画、动画、游戏为主要载体,通过各类互联网娱乐应用在青少年网民中快速渗透,覆盖范围十分广泛。另外,互联网的发展也促使了新媒体运营的诞生,越来越多的新媒体和自媒体(如微信公众号)已渐渐成为青少年网络生活中不可或缺的一部分。

然而,针对以上青少年网络使用行为,一些潜在的问题是值得关注的。例如,由于青少年的世界观仍处于不稳定的未成形状态,若其过度沉迷"二次元"文化,可能会影响其形成正确的世界观;另外,在以微信公众号为首的新媒体运营中,可能会存在部分创业者为了制造流量,达到营销等目的,进而宣传一些不良的价值观与人生观等现象。若这样的情况发生率较高,或许会对在努力寻求自我同一性的青少年造成干扰。在完善网络文化的过程中,随着网络文化的逐渐丰富以及新应用及其创新体(如短视频 APP)的不断涌现,研究者们也将不断地提出与之相关的疑问。在这个互联网高速发展的时代，随着信息获取的通道增加、形式更多样化，不良信息的传播途径也"随机应变"起来。此外，各个学科的蓬勃发展和实际应用也使网络游戏越发引人沦陷。如何避免青少年接触网络暴力信息和色情信息？如何避免网络游戏给青少年带来不良影响？这些问题将一如既往地存在着，预防性措施的重要性也随之凸显。

为防止青少年被不良信息蒙骗、沉迷网络甚至危及其身心健康，中国青少年网络协会于 2005 年提出了以青少年为主要受众的"健康上网"概念，全国各地积极宣传响应。

网络发展日新月异，帮助青少年掌握健康上网的方法与策略理应成为十分重要的课题。但实际上，与"网络成瘾"相比，"健康上网"在学术上的研究十分稀少，且在心理学层面的专业研究也十分匮乏。但应注意的是，健康上网行为与网络成瘾并非是非此即彼的关系，在二者之间还有一段没有达到网络成瘾程度，但也不属于健康上网范畴的网络行为（郑思明，2007）。虽然网络成瘾的青少年群体只是少数，但大多数青少年网络使用者仍迫切地需要关于健康使用网络的专业性指导。并且，即使是在已有的关于健康上网的学术研究中，研究者们也多是采用纸笔问卷的形式，题目较为单一烦琐；且目前的研究多以大学生被试为主体，多采用某一群体做横向研究，难以体现出研究变量随时间的发展变化（郑思明，2007）。在这样的背景下，我们更应该意识到开展健康上网的相关学术研究对于青少年群体和整个社会的重要意义，并呼吁广大学者参与到与之相关的课题中。

二、"健康上网"的概念及其特征

2007 年，国内学者郑思明通过对青少年的访谈资料进行主轴编码分析、比较、归纳，最终提出了青少年健康上网行为的 6 个标准，分别是：抵制不良信息、不沉迷网络、控制时间、放松身心、利用互联网学习和影响程度。之后研究者又进行了选择编码，根据发展核心类别的原则，将这 6 个标准又归为了"控制的"和"有益的"两大类。其中，前 3 个（抵制不良信息、不沉迷网络和控制时间）归到"控制的"一类中，后 3 个（放松身心、利用互联网学习和影响程度）归到"有益的"一类中。最终得到关于青少年健康上网行为概念的界定：青少年健康上网行为是指在过程和结果上均是有节制的，能对青少年学习、生活及身心发展产生有益结果的网络行为。"健康上网"行为应该具备以下几个特点：系统性、积极性、控制性、主观性和稳定性。即"健康上网"应是在青少年自身认识的基础上建构的，考察行为的各个方面的，以青少年能控制上网时间为最高标准的，在一段时间内相对稳定的，并产生积极结果的行为。

但事实上，人们对"健康上网"概念的理解不尽相同（郑思明，雷雳，2006），如青少年与成年人对"健康上网"的关注点便有所不同，成年人认为健康上网的青少年应该更加明确健康上网对他们的社会取向用途（如更好的人际发展、扩大知识面）；而青少年似乎更关注健康上网对他们个人取向发展的好处（如提高综合素质、认知发展）等。研究者认为，要想普及"健康上网"的相关知识，应从青少年的视角出发，同时注意整合不同人群的多视角资料，以更好地帮助青少年健康上网（郑思明，雷雳，2006）。

三、"健康上网"的影响因素

影响青少年健康使用网络的因素繁多且看似杂乱，实际上它们均可以被归为外部因素或内部因素。外部因素也可以被称为环境因素，主要包括家庭因素、同伴因素、教师因素和社会因素；内部因素也可以被称为个体因素，主要包括个体的人格特征、心理动力及生理因素等方面。

（一）外部因素

1. 家庭因素

家庭在青少年是否能够健康合理使用网络中起到了十分关键的作用。目前，学术界已有很多研究表明了家庭因素和青少年网络成瘾之间的关系。有研究者通过访谈法发现家庭因素集中反映在亲子关系、教养方式和家庭环境方面（郑思明，2007）。另外，其他研究的结果也表明，在控制了性别、年龄、家庭经济状况后，母亲心理控制对青少年问题性网络使用具有显著的正向预测作用（李丹黎，张卫，王艳辉，李董平，2013）。虽然迄今学术界对于家庭因素与青少年健康合理使用网络之间的关系还缺少系统性的研究，但我们可以推测，亲密、平等、互相尊重的亲子关系，合理的教养方式以及良好融洽的家庭环境能在一定程度上减少青少年的网络成瘾行为，增进青少年的健康上网行为。

2. 同伴因素

研究者基于社会网络分析的研究表明，在控制了其他变量水平后，同伴团体的问题行为水平能够正向预测青少年自身的问题行为(侯珂，邹泓，刘艳，金灿灿，蒋索，2014)。在关于青少年网络行为的研究中，通过考察同伴侵害对青少年问题性网络游戏使用(Problematic Online Game Use，POGU)的影响，研究者们发现在控制了性别、年龄和家庭社会经济地位后，同伴侵害仍可显著正向预测青少年问题性网络游戏使用(陈圆圆等，2016)。此外，同伴侵害不仅可以直接正向预测青少年的问题性网络游戏使用，还可以通过影响学业自我效能感进而间接预测青少年问题性网络游戏使用。一项关于网络游戏宣传广告对青少年玩家购买行为的影响的研究表明，在相同的广告刺激下，同类群体或亲密群体对个体的游戏购买行为也产生了一定影响(陈璐，2012)。综上可知，同伴因素能够影响青少年健康上网行为，当青少年处于一个周围同伴都能够健康合理地使用网络的环境中时，个体将有更大的概率健康地使用网络，出现网络成瘾行为的概率也会相应减小。但同伴关系对青少年健康上网行为的作用仍需要进一步的研究加以证实。

3. 教师因素

教师作为传播知识的媒介，他们的言行对学生具有重要的影响作用(魏姜涛，左光霞，2008)。因此，教师因素也是影响青少年健康上网行为的重要因素。虽然在一项访谈研究中，较少有人提及教师因素对青少年健康上网行为有较明显的影响(郑思明，2007)，但我们不能忽视这一因素。与现如今相比，十年前青少年网络普及率以及青少年网络成瘾行为出现的频数很低，且信息技术课并不像今天这样受重视。上述原因可能导致当时教师因素在青少年健康使用网络中的占比相对较小，但是这并不能说明现如今教师的作用仍微乎其微。不同教师发挥的榜样因素不同，能够很好地利用榜样作用的教师自然能更加促进学生的健康上网行为。

4. 社会因素

如今，人们身处一个高度信息化和网络发展迅猛的时代，青少年所接触的常见网络信息将影响其观念，进而影响其行为。各种唯美的或具有较强视觉冲击力的网络游戏宣传广告在现实生活和网络世界中层出不穷，各种短视频 APP 的出现和对其的大力宣传等，无不在诱惑青少年坠入其中。但是，网络监管系统却防不胜防，无法及时清除会干扰青少年发展的不良信息。不过，网络监管系统也在不断发展，"网警"制度等其他措施的逐渐完善，或许将会让青少年在健康上网的道路上走得更加轻松自如。

(二)内部因素

1. 人格特征

研究发现某些人格因素会对青少年的健康上网行为产生直接的影响，主要包括自制力、自信心和乐群开朗性(郑思明，2007)。其中自制力在青少年健康上网行为中起到了极其关键的作用，较强的自制力能够对健康上网行为起直接的积极作用。此外，有研究者发现，自信心水平越高的个体越会较多地采用积极的行为应对方式(王玲，2003)，这一点在网络使用中的体现便是：青少年自信心水平越高，越容易出现健康上网的行为。

2. 动力性认知因素

郑思明(2007)指出，动力性认知因素包括个体的互联网态度、道德态度、现实目标以及兴趣。互联网态度是指青少年关于互联网对个体及社会的积极影响的知觉和操作以及个体使用互联网的难易程度。道德态度是指道德的认知、情感和行为成分。现实目标和兴趣则分别指的是青少年现阶段的目标和兴趣。研究表明，道德态度可以直接影响道德行为意图，继而影响健康上网行为。当学生意识到新技术是一种有效的工具并看到它们的好处时，他们便倾向于使用该技术(Zhang，2005a)；而当学生知觉到互联网更多的用途时，其对互联网的满意水平就会更高(Zhang，2005b)。因此，当青少年能够比较全面地了解互联网，并能较熟练地对其操作运用时，他们便能够成为主动的而不是被动接受信息的上网者。此外，研究者发现拥有长远目标，并掌握把长远目标分解成短期目标的能力能够帮助青少年磨炼自制力，而广泛的兴趣爱好则能帮助青少年塑造乐群开朗的性格，从而促进其健康上网行为(郑思明，2007)。

3. 生理因素

已有研究表明网络成瘾者可能存在一些特定的生理特点。有研究者发现心率变异性可以作为评估青少年是否网络成瘾的重要参考指标(王晔，高文斌，2008)。还有研究表明，成瘾者会表现出明显的 Nd170 的左脑区优势，即成瘾者表现出面孔早期加工机制优势(赵仑，高文彬，2007)。此外，成瘾者还会表现出神经元功能失调(罗江洪，吴汉荣，蒙衡，杜亚松，林治光，2011)。另外，研究还发现网络成瘾者具有更多的负性认知注意偏向(李翔宇，郑希付，2010)，并有可能存在感觉功能的易化(贺金波，郭永玉，柯善玉，赵仑，2008)。其中"易化"指网络成瘾者存在早期视知觉（如面孔识别）加工的易化，即 ND170（面孔减去非面孔）更趋于枕区分布、潜伏期明显提前。这些结论表明生理水平或许会影响个体出现网络成瘾行为的难易程度，但生理因素对于健康上网行为的影响还需进一步研究加以考证。

(三)各因素对"健康上网"的影响程度比较

郑思明（2007）利用编码分析发现，在所有的外部因素中，家庭因素对青少年健康上网行为的影响最大，其次是同伴因素，再次分别是社会、教师和学校因素；而在内部因素中，自制力最为重要，其对健康上网行为的影响最大，其次是态度变量（包括青少年对互联网的态度、对健康上网行为的态度以及道德态度），再次是目标、愉快体验、乐群开朗的性格和自信心。

四、"健康上网"的实现方法

(一)"健康上网"的合适时长

网络使用时长范围一直是互联网研究的关注热点之一。已有研究表明，青少年平均每周的上网时间与互联网卷入程度成显著正相关（陈猛，2005）。曹枫林等人（2006）认为，较差的时间管理能力可能是造成学生过度使用互联网的原因之一。根据随机抽样的中学生和大学生的数据统计结果，研究者们认为，对于青少年而言，健康上网的平均时间约为每周 9.30 个小时、每天 1.40 个小时[计算方法：根据中学生与大学生的访谈组和调查组的数据统计，将其每天（周）的各组时间之和除以组数]（郑思明等，2007）。因此，可以建议青少年健康上网行为的合理时间为每天不超过 1.5 小时，每周不超过 10 个小时。

(二)相关人士的控制与指导

考虑到家长和教师是监测青少年网络行为的较合适和有效的人选，所以可以认为家长和教师可以对未达到网络成瘾的青少年的日常网络使用进行一定的控制和指导，从而使青少年的网络行为更加合理和健康化。

研究者对青少年上网与其自我中心思维以及相应的分离—个体化过程之间的关系进行了研究（郭菲，雷雳，2009；雷雳，郭菲，2008），发现"分离焦虑"和"预期拒绝"对青少年的病理性互联网使用有直接的正向预测作用，即越是恐惧与重要他人丧失联系的青少年以及认为重要他人会对自己表现出无情和拒绝的青少年，越可能网络成瘾。基于青少年这种十分特殊的心理特征，我们更应该给相关人士提出一些专业的指导方案，使他们能够对青少年的网络行为做出正确的引导。

首先，家长和教师自身应该认识到网络使用并不是百害无一利的。社会舆论不断暴露互联网对青少年的负面影响在一定程度上损害了互联网的正面形象，致使广大家长、教师对青少年使用互联网持片面看法和悲观心态（郑思明，2007）。此外，有研究者在调查中发现，不少家长、教师甚至学校领导把青少年身上出现的一系列新问题不分青红皂白地归咎于网络（林迎春，2005）。实际上，我们应该倡导家长和教师们辩证地看待互联网给青少年群体带来的影响，既要认识到网络给青少年带来的资料获取便利性、信息知晓及时性等优点，也要正视网络可能给青少年带来的一系列不利影响。需要注意的是，我们不能够因为这些片面的不利影响就全盘否定网络，而应该引导青少年合理地使用网络，让网络的优势发挥到最大化、劣势削减至最小化。

(三)社会的正面引导

上文已提及，相比之下，目前社会对于网络使用的负面宣传是多于正面宣传的，这也是导致众多群众认为应该尽量减少青少年上网时长的重要原因。然而，网络给当代青少年带来的信息获取的便利性和学习方式的多样性对于青少年成长也具有重要的积极作用。据此，我们认为社会应该加大对网络正面影响的宣传力度，提供途径让青少年学会最大化地利用网络扩展知识、获取有益信息，从而培养他们健康使用网络的习惯。此外，社会也必须加强对非法上网机构的打击力度，严查并封锁不良网站，尽可能减少青少年不健康使用网络的途径，为青少年健康上网保驾护航。

(四)加强网络道德教育

加强网络道德教育，归根结底就是加强社会道德教育。《全国青少年网络文明公约》提出健康上网行为包含维护网络安全、不浏览不良信息。我们要帮助青少年培养明辨是非的能力及勇于承担责任的能力。必要时，我们还应对青少年进行正确合理的性教育，而不是让好奇的青少年在非法网站中"遨游"。此外，应让青少年学会承担社会责任，教导他们遇到非法网站时积极举报，一起创造健康的上网环境。

(五)树立长远目标，培养兴趣爱好

研究表明，有着长远现实目标或有着积极的兴趣爱好的青少年能够更加健康地使用网络(郑思明，2007)。树立长远目标能够帮助青少年更加自制，有着广泛的兴趣爱好会使青少年对现实生活更加满意，减少被网络吸引的程度。对于青少年来说，树立目标和培养兴趣爱好不仅对他们的上网行为有着积极的影响，也对他们的发展有着重大的意义。因此，我们鼓励青少年树立远大理想，积极参与日常活动，从而形成健康积极的人格，降低网络成瘾行为的发生率。

第二节　预防性干预的方法和策略

本节总结了近年来关于网络成瘾预防的学术研究成果，着重于向有关人士介绍关于网络成瘾的预防性干预策略，致力于做到"防患于未然"。

一、网络成瘾的预防研究

目前网络成瘾的研究重点在于对网络成瘾的干预和治疗，近年来有较多研究者着眼于网络成瘾治疗(King，Delfabbro，Grifiths，& Gradisar，2011)。研究者认为，尽管目前的这些治疗技术被证明对网络成瘾是有效的，但是我们应该把重点放在那些还未满足网络成瘾标准的青少年的预防工作上(Vondráčková & Gabrhelík，2016)。此外，有调查显示，临床医生、教育工作者和政府决策人员都一致同意在使用治疗网络成瘾问题策略的同时也要处理好对一些能够引起成瘾的危险因素的预防(Young & Abreu，2012；Yu & Shek，2013)。从以往的研究来看，研究者们关于网络成瘾预防的研究主要集中在 3 个方面：网络成瘾预防的目标群体，网络成瘾者及其相关人员需要提高的特定技能，网络成瘾的预防手段和方法。

(一)网络成瘾预防的目标群体

有关目标群体的研究指出,有 2 种网络成瘾预防手段针对的目标群体:全面性预防的目标群体和选择性与针对性预防的目标群体。

1. 全面性预防的目标群体

在全面性预防的研究中,研究者区分了网络成瘾预防需要针对的 4 类目标人群:儿童和青少年、大学生、儿童和青少年的父母与身边亲近的人、经常定期接触网络的员工。大多数研究者认为预防网络成瘾的重点对象是儿童和青少年(Jang & Ji,2012;Lan & Lee,2013)。研究表明,处于儿童和青少年时期的个体正在慢慢形成他们的价值观和道德标准,他们具有最高的网络成瘾患病率(Šmahel et al.,2009)。因此,在小学或中学开展网络成瘾预防项目显得至关重要(Jang & Ji,2012;Lan & Lee,2013),韩国政府甚至在学龄前儿童中就开始实施网络成瘾预防计划(Romano,2014)。其次,由于大学生的高患病率(Chou & Hsiao,2000;Huang et al.,2009;Lin,Ko,& Wu,2011)和网络的易接近性(Anwar & Seemamunaf,2015),大学生成为网络成瘾预防需要关注的第二大群体(Lin et al.,2011)。研究表明,目前我国存在着数量庞大的、并未达到网络成瘾标准但是确实对网络存在依赖的群体,在这部分群体之中,大学生是网络成瘾的高危人群(芮光来,王伟,姚应水,2004)。在工科院校,网络依赖的大学生可能是大学生群体中占比很大的部分。工科院校的学生由于其专业的特殊性,电脑与网络是其学习的必需品,故相比于其他专业的学生,他们对网络有更大的需求。此外,工科院校大学生的学习压力大,很多学生为了缓解课程学习的压力而全身心投入网络。因此,工科院校中沉迷网络的人数较多,在网络使用过程中宣泄负性情绪、缓解压力的现象较为普遍(沈晓梅,谢莹,2011)。除了儿童、青少年和大学生之外,研究者(Lin & Gau,2013;Park et al.,2008)认为网络成瘾预防计划的注意力还需要放在与这些群体成长相关的环境上来,特别是他们的家庭、学校环境和校外活动环境。另外,也有研究者强调要对那些经常定期接触网络的员工采取网络成瘾的预防措施(Young,2010),因为有规律地访问互联网可能是网络成瘾的一个风险因素。

2. 选择性与针对性预防的目标群体

选择性和针对性预防是针对个体具有的特定生物、心理、社会因素和与互联网使用模式相关的因素进行预防。在前人的研究中,风险因素包括精神病理性因素、个人特质、生理特征、互联网使用方式、社会人口学因素与目前情况这 6 个方面。其中，精神病理性因素包括：多动症、抑郁障碍、焦虑障碍、社交恐惧症(Alavi et al.，2012；Ang，Chong，Chye，& Huan，2012；Ko，Yen，Chen，Yeh，& Yen，2009；Lin et al.，2011；Oh，2003；Yen et al.，2008)、物质使用障碍(Ko，Yen，Yen，Chen，& Chen，2012)和强迫症(Jang，Hwang，& Choi，2008)。有关个人特质的研究则集中于多动和冲动(Wu et al.，2013)、高追求新奇和低奖励依赖(Dalbudak et al.，2015；Ko et al.，2006)、内向性、责任心、亲和度、神经质(Kuss，Shorter，Rooij，Mheen，& Griffiths，2014；Kuss，Rooij，Shorter，Griffiths，& Mheen，2013)、敌意(Alavi et al.，2012；Ang et al.，2012；Ko et al.，2009；Lin et al.，2011；Oh，2003；Yen et al.，2008)以及低自控与低自我调节(Blachnio & Przepiorka，2015)等方面。生理特征因素则包括：高血容量脉、呼吸道反应和较低的皮肤温度(Lu，Wang，& Huang，2010)。互联网使用模式包括：长时间使用网络(Kuss et al.，2013)、玩各种各样的网络游戏(Donati，Chiesi，Ammannato，& Primi，2015)以及在周末无休止地使用网络(Xu，Shen et al.，2012)。社会人口学因素包括：性别(Ha & Hwang，2014；Shek & Yu，2016)、较低的家庭经济水平(Shek & Yu，2016)。目前情况则是指孤独和压力(Alavi et al.，2012；Ang et al.，2012；Ko et al.，2009；Lin et al.，2011；Oh，2003；Yen et al.，2008)以及是否与具有低水平社会接纳或高水平网络成瘾的同伴一起玩耍(Zhou & Fang，2015)。

(二)网络成瘾风险个体及其重要他人需要提高的特定技能

研究者建议提高具有网络成瘾风险的个体及其重要他人(特别是他们的父母、教师和同伴)的特定技能。

1. 具有网络成瘾风险的个体

对有网络成瘾倾向的个体而言，具体预防网络成瘾的技能可以分为 4 个基本方面：与网络使用有关的技能、与应对压力和情绪有关的技能、与人际交往相关的技能以及与个体对日常生活和空余时间的安排相关的技能。与网络使用有关的技能是指个体在网络中表现出的自控能力、自我效能感、对网络应用软件使用的节制力(Odriozola & Gargallo，2010；Kim，Namkoong，Ku，& Kim，2008；Li，Wang，& Wang，2009；Lin，Ko，& Wu，2008；Lin et al.，2011；Oh，2003；Wang，Wu，& Lau，

2016)以及辨别与成瘾行为相关的适应不良的想法的能力（Peng & Liu，2010）。与应对压力和情绪相关的技能是指个体在网络中表现出的管理和处理情绪的能力（Lin et al.，2008）、个人的问题解决策略（Li et al.，2009；Rehbein & Baier，2013）、较少的敌意（Ko，Yen，Yen，Lin，& Yang，2007）、更为积极的人格特质（Yu & Shek，2013）和较高的自尊水平（Ko et al.，2007）。与人际交往相联系的技能则包括降低人际敏感度（Ko et al.，2007），强化情商（Castillo，Pertusa，& Campos，2013），增强对公平和宽容的规则的坚持（Rehbein & Baier，2013）以及和同伴面对面交流、完成小组活动的能力（Odriozola & Gargallo，2010；Yang，Zhu，Chen，Song，& Wang，2016）。与个体对日常生活和空余时间的安排相关的技能包括保持一个好的作息时间（Lin & Gau，2013），参与更多的小组活动和参与有新意的、探索性的和刺激性的活动（Ko et al.，2007；Odriozola & Gargallo，2010）。

2. 重要他人

研究者们提出，某些特定因素的存在或是父母的养育方式能够影响个体网络成瘾的发生和发展，因此他们强调不仅有网络成瘾倾向的个体需要进行特定的技能培养，网络成瘾个体的亲人，特别是其父母，也需要相关工作者的关注。目前，大多数研究者将研究重点放在成瘾者的父母身上，也有一部分学者研究了成瘾者的同伴、教师和雇主（Gray et al.，2015；Chen，Lee，& Yuan，2013；Zhou & Fang，2015）。

关于成瘾者重要他人的研究指出，有 2 个十分关键的技能类型需要被重视：增强亲子关系及亲密度的技能以及与网络使用的监控相关的技能。研究者们（Odriozola & Gargallo，2010；Ko et al.，2007；Lam，2015；Lin & Gau，2013）认为，增强亲子关系及亲密度的技能能够增加父母与孩子之间的交流时间和频次，有助于提高父母的心理健康水平，让他们理解孩子的需求。对于员工而言，研究者（Young，2010）建议雇主通过提升雇员们的责任心、信誉感和道德感预防其网络成瘾的出现。在提升与网络使用监控相关的技能方面，研究者们认为有效的策略包括了解孩子对网络活动的认识和对安全问题的警觉度（Ang et al.，2012；Kalmus，Blinka，& Ólafsson，2013；Wu et al.，2013），监控孩子的互联网使用（Li，Li，& Newman，2013）等。父母可以通过建立规则管理孩子网上活动的内容，也可以通过和孩子共同使用网络调节孩子的网络使用时间或者通过一些策略限制他们的网络使用时间（Regina et al.，2010；Kalmus et al.，2013）。此外，研究者指出，网络成瘾预防工作者要和教师共同采取有效的预防手段（Walther，Hanewinkel，& Morgenstern，2014）。对于员工而言，研究者鼓励公司管理者指导员工察觉网络成瘾的标志性事件和导致网络成瘾出现的早期因素以预防网络成瘾的出现（Young，2010）。还有研究者建议企业间组织相关的研讨会并监控员工的网络使用情况以达到预防效果（Frangos & Sotiropoulos，2010）。

(三)网络成瘾预防的手段和方法

我们总结了以下几种行之有效的措施：信息提供与互动、团体辅导、P. A. T. H. S. 计划、素质教育法以及环境干预法。

1. 信息提供与互动

研究者指出预防网络成瘾所采取的最广泛的形式是，在提供网络成瘾相关信息的同时，强调关于它的负面结果的事实信息（Alavi et al.，2012；Kwon，2011）。教育工作者通常会邀请专家向学生介绍网络成瘾并提供一些关于如何控制互联网使用的建议，这些学生大多数是中学生和小学生。

近年来，有不少针对网络成瘾预防和干预的研究。如有研究者调查了课程培训对网络成瘾防治教育的有效性（Korkmaz & Kiran-Esen，2012）。他们将 825 名土耳其小学生分为实验组和对照组，实验组中的学生会参加一个历时 10 个小时的教育计划课程，这个课程会教授关于网络、网络成瘾和一系列在线应用程序的安全性和风险因素的知识。研究的结果表明，学习了这些课程的学生的互联网使用受到了积极的影响。

另一项研究则开发了一门致力于提升儿童媒体素养的课程。沃尔特等人(2014)将 2 303 名 11～13 岁的德国儿童随机分为实验组和对照组，实验组的儿童会参与一门教育课程。这门课程由受到过专门训练的教师授课，主要内容包含一般性的网络使用、网络聊天和网络游戏与博彩的介绍。研究者在一年后对课程效果进行评估，结果发现学习过相关课程的儿童报告了更少的网络游戏时间和频次（Walther et al.，2014）。

　　此外，研究者们还对基于短视频教育的网络成瘾预防进行了研究（Turel et al.，2015）。他们基于健康信念模型的核心理论提出：具有较少信息量的短视频可能会通过改变观看者的态度来降低其网络使用程度。他们召集了233名大学生观看短视频（一组观看具有较大信息量的视频，另一组观看具有较少信息量但富含更多趣味性的视频）。研究者在被试观看视频的一周前、观看视频之后和观看视频的一周后分别测量了其网络成瘾程度和对减少网络使用的态度。结果表明，较少信息量的短视频能够更好地促进被试减少网络使用。

　　2. 团体辅导

　　国内有研究者从人际关系的角度开展团体辅导活动（罗秀芬，蔡宇轩，2016）。研究者以提升人际关系为主题招募团体辅导成员，通过结构化访谈和国外学者金伯利·杨编制的《网络成瘾测验》筛去成员中的网络成瘾者，并将剩下的60名非网络成瘾的大学生随机分为实验组和对照组。研究者们对实验组被试采用人际关系团体辅导，对对照组被试采用其他主题的团体辅导，分别对实验组和对照组被试进行为期8周的团体辅导。在第1次团体辅导前，被试填写了《网络成瘾倾向问卷》和《人际交往效能感问卷》，作为前测数据。在8周的团体辅导结束后，被试再次填写这2份问卷，作为后测数据。实验需要比较前后测的数据差异和实验组与对照组的数据差异。

　　结果表明，实验组和对照组在实验前的心理健康程度上基本同质。团体辅导后实验组在大部分维度上的数值改变是显著的，而对照组虽然也有好转，但是并没有明显的改变。团体辅导前，实验组班级成员之间关系冷漠，互相之间并不亲近，甚至彼此有些抵触，对该类大学生进行班级工作有困难，要改变现状并不容易，同学们往往没有把心思放在学习上，学习和生活缺少激情。经历了几次团体辅导之后，指导者发现学生们从心理到行为都在慢慢地发生转变，深深感受到了老师的关怀和同学们的友好。团体辅导增强了辅导员老师对学生们的干预作用，优化了学生的能力，调整了他们的心理状态。

　　3. P. A. T. H. S. 计划

　　P. A. T. H. S. 表示"通过整体社会项目培养积极的青少年"（positive adolescent training through holistic social programs），它是一个具备理论

背景、概念框架和广泛实施经验的积极青少年发展计划。它以课堂教学和学习活动的形式促进中国香港青少年早期的发展(Lee，Shek，& Sun，2015)。

P. A. T. H. S. 计划是由心理学家、教育工作者和社会工作者等专业人士为学校教师和学校社工设计的，它为学生生活质量的提高提供了一个综合理论框架。这个项目旨在帮助青少年发展和掌握积极的知识、价值观、社交技能、情感和认知，通过知识和经验的获得以澄清价值观冲突，学会通过分享安逸的生活方式而感到精神慰藉的技能。这些知识、价值观和技能能够很好地帮助青少年找到生活的目标和方向。

(1)通过 P. A. T. H. S. 计划预防网络成瘾。P. A. T. H. S. 计划通过提高个体的心理社会能力来减少网络成瘾情况的发生，它帮助学生认识和区分使用互联网的实际益处及其正确用途，而非对互联网产生依赖。研究者认为，对互联网正确用途的理解应当是把互联网当作一个扩展社交范围、联系远方朋友、获取知识、交易或分享方法的工具。相对地，当互联网被不正确地使用时，它就慢慢变成了一种用来逃避困难和问题的方式，一个无视法律和欺凌他人的场所，并最终成为一个避免与任何人分享或交流的工具。

表 14-1 介绍了这些发展的问题是如何在网络成瘾的特殊教学单元中解决的。

表 14-1　网络使用：单元一览

阶段	单元名称	概念	单元目的	学习目标
第一年	1.1 撒谎了吗？	道德能力（行为能力）（社交能力）	在互联网使用中学会尊重和负责任	1. 了解在上网时撒谎是不受尊重的和失礼的行为 2. 学会尊重隐私
	1.2 聪明的使用者	自我决定（社交能力）（相信未来）	学习在网络上自控，防止因互联网使用破坏我们的日常生活	1. 了解互联网的过度使用会怎样影响我们的生活和人际关系 2. 学会在互联网活动和互联网之外的活动中做出选择

续表

阶段	单元名称	概念	单元目的	学习目标
第二年	2.1　当心！	自我决定	了解网络陷阱，并学会如何在网络中保护自己	1. 学会如何浏览网站和检索想要的信息 2. 学会如何在在线交易中保护自己的权益
	2.2　"性"的冲浪	行为能力（道德能力）	培养正确的态度对待网络上与性有关的信息	学会不要完全相信网络上提供的与性相关的信息，同时学会区分信息的真假
	2.3　偷窃？	社会规范	增强学生关于互联网正确使用的知识	1. 了解侵犯版权是不道德的 2. 了解非法使用互联网的后果
第三年	3.1　解决不了！	恢复力	提高学生在互联网使用中自我反省和解决问题的能力	1. 了解如何解决问题 2. 讨论提高个体在网络中的自省能力是不是一个解决个人问题的好方法
	3.2　沉迷其中	社交能力	思考将自己全身心投入网络中的影响以及反思自己的用网习惯	1. 了解互联网过度使用的特征并自我评价 2. 了解自己全身心投入网络中的影响并且思考一些改进的方法
	3.3　网络世界	认知能力	反思网络暴力游戏和虚拟现实游戏对身心健康的影响	1. 学会不要沉迷于暴力和虚拟现实网络游戏 2. 了解如何区分虚拟和现实世界
	3.4　你觉得还好吗？	自我效能感	成为一个健康的高科技用户	1. 了解长期使用电脑和数字游戏设备对我们健康的潜移默化的影响 2. 学会如何正确地使用电脑和数字游戏以避免对我们的健康产生不利影响

在第一年，学生们学习了与网络有关的基础知识，反思和理解不当的互联网使用对自己和他人的日常生活产生的影响，并且立志要成为一名负责任的用户（单元 1.1　撒谎了吗？）。此外，学生们会在教师的引导下考虑如何分配他们使用网络和其他日常活动的时间以及思考他们对网络和日常生活的行为和态度是否应该作出改变（单元 1.2　聪明的使用者）。

在第二年，学生应该更多地发展批判性思维和自我决定能力去辨识网络中潜在的威胁并学会保护自己（单元 2.1　当心！）。这就意味着学生们要学会自我反省，学会区分在网络中获取的知识是不是合适的（单元 2.2　"性"的冲浪）。最后，还应鼓励学生认真地思考网络上的道德和违法问题，如侵犯版权和网络欺凌（单元 2.3　偷窃？）。

在第三年，学生们应该学会更辩证地看待互联网，并且在面临问题时不将网络当作主要资源。对于很多学生而言，网络是一种打发时间的方式或是解决生活中的不满意和不幸福的方法。因此，他们可能会降低他们的抗压能力，并会慢慢地对现实生活产生一种消极的态度，从而变得越来越沉迷于在网络中寻找支持。为了应对这些问题，学生们会被要求思考一些主动面对困难和挫折的方法，并且会被要求批判性地重新看待那些沉迷于网络的人（单元 3.1　解决不了！）。接下来，一些沉迷于网络的青少年的特征会被展示出来，例如，缺乏睡眠，注意力不集中，没有时间参加其他活动，情绪波动大，被禁止使用网络时表现出愤怒和攻击行为。这个活动的目的在于描述一些沉迷于网络的同龄人共有的一些特征，这样学生们就能更好地认识过度使用网络带来的危害（单元 3.2　沉迷其中）。接下来，学生们被要求思考网络成瘾可能影响到的不同领域，比如影响他们的学业表现、家庭关系、人际关系、情绪、健康和违法犯罪（单元 3.3　网络世界）。学生们不仅被引导思考长时间使用电脑和数字游戏设备带来的消极影响，还被要求更进一步地思考因长期使用网络而被忽视的现实生活中的方方面面以及虚拟生活是怎样一步一步替代他们的现实生活的（单元 3.4　你觉得还好吗？）。

（2）P. A. T. H. S. 计划的功效。基于一个纵向随机控制组实验的结果，研究者们报告称 P. A. T. H. S. 计划的参与者较对照组表现出更高的网络使用控制能力（Shek & Yu，2011）。在一项纵向研究中，研究者们从

P. A. T. H. S. 计划中收集了 8 次数据，结果表明与对照组学生相比，参加了 P. A. T. H. S. 计划的学生表现出更高的心理社会能力和较少的问题行为(Shek & Yu，2012)。有研究表明心理社会能力的提高可以通过提高青少年的内在力量有效帮助他们远离危险行为(Sun & Shek，2010；Shek & Merrick，2010；Shek，2010；Yu & Shek，2013)。

4. 素质教育法

素质教育法是陶宏开教授针对中国青少年网络成瘾提出的一种防治方法。他通过对中国青少年网络成瘾现象的观察、试验和总结，认为问题的症结在于中国的教育环境，主要体现在家庭教育、学校教育和社会教育 3 个方面。从家庭教育来讲，在青少年的成长过程中，由于溺爱，父母及其他长辈没有与青少年建立起正常的亲子关系。从学校教育来讲，单纯的应试教育泯灭了青少年对各种兴趣的培养和追求，导致青少年没有建立起对学习的正确认识。从社会教育来讲，社会的不良风气使青少年受到消极和负面的影响，不能建立起对生活的信心。

针对这几个方面的原因，陶宏开教授提出了自己的素质教育理论与方法。他认为素质教育中素质一词的内涵应该涵盖 3 个方面：第一是心理素质，包括思辨能力、自控能力和自我平衡能力 3 个方面；第二是专业素质，包括广博的技术知识、精深的专业知识和熟练的专业技能 3 个方面；第三是综合素质，是指人的适应能力、生存能力、社交能力、创新能力和实践能力以及在体育、文学、美术、音乐、舞蹈、语言等方面的特长。这 3 个方面综合起来，才是整体的素质，我们的教育必须实行整体的素质教育才叫真正的素质教育，也只有推行这样的教育方法，才能从根本上防止青少年网络成瘾(文夫，2005)。

5. 环境干预法

在很多国家，网络成瘾被认为是一项严重的健康问题，因此政府开始进行一些环境层面的预防措施，特别是下达一些与网络有关的规定(Vondráčková & Gabrhelík，2016)。我国政府就颁布了很多相关政策，包括对网吧进行严格的管控和防沉迷系统的应用，如规定网吧不能建在距离中学和小学 200 米之内的范围。此外，国家还推出了防沉迷系统。防沉迷系统是指未成年人累计 3 小时以内的游戏时间为"健康"游戏时间；超过 3 小时后的 2 小时游戏时间为"疲劳"游戏时间，在此时间段，玩家获得的游戏收益将减半；如累计游戏时间超过 5 小时即为"不健康"

游戏时间，玩家的收益降为 0，以此迫使未成年人下线休息、学习（林海卓，王继龙，张颐哲，朱晶，2014）。

二、研究总结与展望

综合目前的研究情况来看，国外关于网络成瘾及其防治问题的研究已进行了十多年时间，而我国是从近几年才开始展开对此问题的研究的。因此，我国关于网络成瘾及其防治问题的研究还处于起步阶段，很多理论和实践方面的问题还有待深入研究。虽然在各方面的共同努力下，网络成瘾的防治已经得到社会各界的重视，无论是在理论上还是在实践中都取得了比较好的效果，但是我们也应清楚地认识到当前的理论与实践研究还有很多需要继续深入的地方。主要有以下 3 个方面。

第一，目前的理论与实践研究较多地是从某一个或两个学科视角进行的，各学科间缺乏有效的整合。正如一些学者所指出的，网络成瘾防治问题是一个综合的系统工程。因此，需要综合医学、心理学、教育学和社会学等方面的研究才能取得理想的效果。下一阶段的研究应该加强各学科间的统筹和协调，共同致力于网络成瘾的防治研究。

第二，在我国，现有的研究较多地将对象集中于未成年人以及高校大学生群体。实际上，随着网络的日益普及，网络成瘾的群体日益扩大，因此，今后的研究对象应该进一步拓展，扩大研究的覆盖范围，从而构建起一个完整的研究对象群。另外，有些研究片面地套用国外的研究成果，忽视了我国网络成瘾群体的实际情况和特殊国情，因而在有效性上略显不足。这就要求研究者在下一阶段的研究中要切实考虑我国的实际情况，做到因地制宜。

第三，网络成瘾的防治仅靠理论研究是不够的，政府部门也要参与进来。我国目前的研究和政府部门的协调与配合不足，目前的研究往往是对社会方面提出一些对策和建议，但是这些对策和建议的实施还需要政府部门的有力推动才能进行。因此，在进行网络成瘾防治问题的学术研究时，研究者应该进一步与政府部门做好沟通，使相关的合理建议和对策能够真正地实施起来。

═══ 拓展阅读 ═══

"二维视角"探究健康网络使用及其测量方法

随着时代的变迁，网络变得越来越普及，网络对于人们的影响也成为学术界关注的热点。但是对于网络行为的研究存在着一个显著的问题，即大部分研究都是从病理性网络使用的视角出发的，鲜有从健康网络使用的视角来探究网络积极作用的研究。之所以出现这种情况，很大程度上是因为受到"一维视角"研究范式的影响和制约。"一维视角"范式认为，健康的网络使用与网络成瘾是同一概念的对立面，无网络成瘾者即为健康的网络使用者，减轻网络成瘾的程度即可提升健康的网络使用水平（雷雳，2010；雷雳，2012；Scherer，1997；Davis，2001；宋默涵，黄华平，2017）。有研究者则提出了不同的观点，他们认为不能简单地将健康的网络使用视为网络成瘾的对立面，其原因有如下3点：首先，对于很少接触网络的个体，他们无网络成瘾症状，但这并不意味着其善于利用网络服务现实生活；其次，对于依赖网络实现个人目标的群体，例如网络作家，他们投入大量的时间和精力于网络中，并呈现"耐受""依赖""戒断"等症状，而这些类似网络成瘾的行为实则是有益于个人发展的；最后，人们的网络使用模式是复杂的，病理性网络使用可能伴随着积极的特征，而健康的网络使用也可能伴随网络成瘾的表现（艾铭，汪燕，2018）。

研究者采用了"二维视角"，依据"融合的原则"对健康的网络使用行为做了阐述（Suler，1999）。他认为健康的网络使用是线上世界与现实生活融合的良性循环过程，使用者和线下的亲友谈论网络世界的事情，将现实生活中的兴趣和技能带入网络世界，线上线下相互促进和扩展。无网络成瘾并不意味着健康的网络使用，只有当个体能够运用网络为现实生活带来积极结果时，其使用才是健康的。

基于以上理论，研究者做了一系列的相关分析，发现从总体上看，健康的网络使用与网络成瘾各维度的关系不尽相同且均为低度相关，这意味着网络成瘾度低的人未必善于利用网络为生活服务，而一些看似网络成瘾的症状很可能是会带来积极结果的健康的网络使用（艾铭，汪燕，2018）。两种网络使用机制相互独立又重叠交织，需要采用不同的方式去测量。故研究者通过问卷发放等研究方法制定了 13 条陈述，用于测量个体的健康网络使用程度，采用 5 点计分（1 为非常不同意，5 为非常同意），得分越高表示健康网络使用的程度越高（见本书开始处表格）。经检验，此量表的信效度良好。

扫描拓展

电玩好巧，竟能防老？

主要参考文献

第一章

[1]柏辰．我国网络音乐版权许可制度的完善[D]．重庆大学，2017.

[2]陈吉荣．国外慕课研究最新发展述评[M]．外语教学与研究，2016：118-127.

[3]蔡灵，薛胜文，李方庭，沈哲彦．2017—2021慕课行业深度调研及投资前预测报告[M]．中国产业信息出版社，2016：51-60.

[4]恩格斯．家庭私有制和国家的起源[M]．人民出版社，1972.

[5]何哲．网络文明时代的人类社会形态与秩序构建[J]．南京社会科学，2017(4)：64-74.

[6]金雯婧．基于心流理论的互联网购物平台用户体验设计的研究[D]．浙江大学，2016.

[7]刘思耘，周宗奎，李娜．网络使用经验对动作动词加工的影响[J]．心理学报，2015，47(8)：992-1003.

[8]刘易斯·芒福德．技术与文明[M]．中国建筑工业出版社，2014.

[9]李雅筝．在线教育平台用户持续使用意向及课程付费意愿影响因素研究[D]．中国科学技术大学，2016.

[10]刘震，张祎嵩．慕课在高校思想政治理论课教学中应用的现状、问题及发展[J]．思想教育研究，2018，293(11)：95-99.

[11]曼纽尔·卡斯特，卡斯泰尔．网络社会的崛起[M]．夏铸九，王志弘译．社会科学文献出版社，2003.

[12]尼古拉斯·克里斯塔基斯，詹姆斯·富．大连接[M]．中国人民大学出版社，2013.

[13]曲乃云．基于层次分析法的我国购物网站评价研究[D]．安徽大学，2010.

[14]孙伯鍨 . 马克思的社会存在论——兼评卢卡奇的社会存在概念[J].
江苏行政学院学报，2001(2)：5 - 12.

[15]滕燕 . 社交网络服务使用动机与行为之间的关系以及神经质的调节
作用[D]. 武汉大学，2017.

[16]庹祖海 . 中国网络游戏商业模式的发展和变革[J]. 华中师范大学学
报：人文社会科学版，2010，49(4)：111 - 116.

[17]谢新洲，张炀 . 我国网民网络社交行为调查[J]. 图书情报工作，
2011，55(6)：16 - 19.

[18]王岩玮 . 管理哲学视阈下电子商务研究[D]. 中央民族大学，2017.

[19]阴法锐 . 关于中国网络直播热现象的探究[D]. 山东大学，2017.

[20]朱丽，杨杜 . 社会网络"大连结"的魅力——六度分隔和三度影响力
[J]. 现代管理科学，2015(2)：30 - 32.

[21]朱庆峰 . 我国高等教育"慕课"发展的困境及理路选择[J]. 教育发展
研究，2014(23)：73 - 77.

[22]詹青龙，常承阳，顾建峰 . 网络视频技术[M]. 清华大学出版
社，2010.

[23]周宗奎，刘勤学 . 网络心理学：行为的重构[J]. 中国社会科学评价，
2016(3)：55 - 67.

[24]BARAK A. Psychological Aspects of Cyberspace：Theory，Re-
search，Applications[M]. Cambridge University Press，2008.

[25]BRATSBERG B，ROGEBERG O. Flynn effect and its reversal are
both environmentally caused[J]. Proceedings of the National Acade-
my of Sciences，2018，115(26)：6674 - 6678.

[26]CORMIER D，Siemens G. The open course：through the open
door—open courses as research，learning，and engagement[J]. Edu-
cause Review，2010，45(4)：8.

[27]DRORI G S，MEYER J W，HWANG H. Globalization and organiza-
tion：world society and organizational change[J]. OUP Catalogue,
2006，24(1)：75 - 76.

[28]FELDMAN D C，KLAAS B S. Internet job hunting：a field study of

applicant experiences with on—line recruiting[J]. Human Resource Management, 2002, 41(2): 175-192.

[29]FLYNN, JAMES R. The mean IQ of Americans: massive gains 1932 to 1978[J]. Psychological Bulletin, 1984, 95(1): 29-51.

[30]FIRTHJ, TOROUS J, STUBBS B, et al. The"online brain": How the Internet may be changing our cognition[J]. World Psychiatry, 2019, 18(2): 119-129.

[31]JOINSON A, MVKENNA K, POSTMES T. The Oxford Handbook of Internet Psychology [M]. New York: Oxford University Press, 2007.

[32]KIM M. How can I be as attractive as a fitness YouTuber in the era of COVID-19: The impact of digital attributes on flow experience, satisfaction, and behavioral intention[J]. Journal of Retailing and Consumer Services, 2022, 64: 102778.

[33]MCKENNA K Y A, GREEN A S, GLEASON M E J. Relationship formation on the internet: What's the big attraction? [J]. Journal of Social Issues, 2002, 58(1): 9-31.

[34]NOVICK S, CHRISTOPHER D, DEY M, LYAPUSTINA S, Golden M, LEINER S. A two one-sided parametric tolerance interval test for control of delivered dose uniformity. part 1—characterization of FDA proposed test [J]. Aaps Pharmscitech, 2009, 10 (3): 820-828.

[35]PERSKY S, SANDERSON S C, KOEHLY L M. Online communication about genetics and body weight: implications for health behavior and internet-based education[J]. Journal of Health Communication, 2013, 18(2): 241-249.

[36]PIAZZA J, BERING J M. Evolutionary cyber-psychology: applying an evolutionary framework to internet behavior[J]. Computers in Human Behavior, 2009, 25(6): 1258-1269.

[37]SALTER C, GREEN M, DUNCAN P, BERRE A, TORTI C. Virtual communication, transformational leadership, and implicit lead-

ership[J]. Journal of Leadership Studies，2010，4(2)：16-17.

[38]SPARROW B，LIU J，WEGNER D M. Google effects on memory：Cognitive consequences of having information at our fingertips[J]. Science，2011，333(6043)：776-778.

[39]VALKENBURG P M，PETER J，SCHOUTEN A P. Friend networking sites and their relationship to adolescents' well-being and social self-esteem[J]. Cyberpsychology Behavior，2006，9(5)：584-590.

[40]VALKENBURG P M，PETER J. Social consequences of the internet for adolescents a decade of research[J]. Current Directions in Psychological Science，2010，18(1)：1-5.

[41]ZIMBARDO P. Shyness：What It Is，What to Do about It[M]. London：Pan Books，1977.

更多参考文献，请扫描下方二维码，关注"心理经纬度"微信公众号，输入关键字"网络成瘾"获取资源下载链接。